理论与自信

马克思主义中国化研究新探索

曹劲松　主编

中国社会科学出版社

图书在版编目（CIP）数据

理论与自信：马克思主义中国化研究新探索 / 曹劲松主编 . —北京：中国社会科学出版社，2023.10

ISBN 978 -- 7 – 5227 – 2618 – 2

Ⅰ.①理… Ⅱ.①曹… Ⅲ.①马克思主义—发展—研究—中国 Ⅳ.①D61

中国国家版本馆 CIP 数据核字(2023)第 178437 号

出 版 人	赵剑英	
责任编辑	孙 萍	
责任校对	王 龙	
责任印制	王 超	

出 版	中国社会科学出版社	
社 址	北京鼓楼西大街甲 158 号	
邮 编	100720	
网 址	http://www.csspw.cn	
发 行 部	010 – 84083685	
门 市 部	010 – 84029450	
经 销	新华书店及其他书店	

印 刷	北京君升印刷有限公司
装 订	廊坊市广阳区广增装订厂
版 次	2023 年 10 月第 1 版
印 次	2023 年 10 月第 1 次印刷

开 本	710 × 1000 1/16
印 张	17
插 页	2
字 数	221 千字
定 价	89.00 元

前　言

为深入学习贯彻习近平新时代中国特色社会主义思想，深化马克思主义中国化时代化的理论创新研究，助力南京创新发展和社科强市建设，南京市社科联（院）于 2020 年 6 月成立了南京市社会科学院马克思主义中国化研究中心。该中心坚持组织创新，充分汇集省市和高校社科资源，搭建外扩内聚的研究平台，通过组织专题研讨、学术交流和理论宣讲等活动，多维度、宽视角地开展习近平新时代中国特色社会主义思想的理论研究和宣传阐释工作。

中心自成立以来，吸纳江苏省内外多学科专家，聚力做好马克思主义中国化时代化创新成果的理论阐释和研究工作，分别从马克思主义哲学、中国制度优势、中国特色社会主义道路、中国式现代化、党建理论等视角，依托《南京社会科学》"习近平新时代中国特色社会主义思想研究专栏"发表高质量学术论文 27 篇，致力于将理论与实际相结合，将理论阐释与实践指导相统一，着力体现党的理论创新成果的思想性、时代性和系统性。

这些论文发表后在学术界和思想理论界产生重要反响。仅据知网数据统计，截至 2023 年 7 月，党的二十大以来所发表的 12 篇文章被引用 22 篇次，篇均下载量近 2000 次。其中：《从唯物史观到大历史观：历史自信的理论与实践逻辑》一文入选中宣部出版局主办、中国期刊协会承办的"期刊主题宣传好文章"推荐一百篇和首届江苏"期刊主题宣传好文章",被人大复印报刊资料《哲学原理》2023年第4期全文转载、《新华文摘》2023年第2期论点摘编、《历史评论》2023年第1期以"人类文明新形态'新'在何处"为题对该文的核心观点进行了专题式摘编。《开辟当代中国马克思主义发展哲学的新境界——"以人民为中心的发展思想"的哲学逻辑》一文被人大复印报刊资料《中国特色社会主义理论》2023年3期全文转载,文章作者以此文为题在由《求是》杂志社与中共江苏省委共同举办的"深入学习贯彻党的二十大精神"理论研讨会上作了大会发言;2022年12月,江苏省习近平新时代中国特色社会主义思想研究中心《成果专报》(第1期)对该文发言内容进行了专门介绍。

现将12篇论文汇编成《理论与自信——马克思主义中国化研究新探索》一书,集中展示南京市社科联(院)组织开展新时代马克思主义中国化研究的最新成果,展现社科工作者以坚定的理论自信和饱满的精神状态,投身中国特色哲学社会科学事业,用丰富和高质量的理论成果为深入实施马克思主义理论研究和建设工程,加快构建中国特色哲学社会科学学科体系、学术体系、话语体系添砖加瓦的不懈努力。

本书由南京市社科联(院)组织编纂,并列入《南京社科学术文库》重点项目资助出版。感谢中国社会科学出版社为本书顺利出版给予了大力支持,确保了本书能够高质量付印。同时,也要感谢南京市社科院马克思主义中国化研究中心的诸位专家精深钻研和热忱赐稿。希望本书能抛砖引玉,为用好党的理论创新成果贡献绵薄之力。

目　录

当代中国共产党人对马克思主义中国化时代化理论创新规律的认识与实践[*]

何怀远[①]

摘 要 党的二十大报告指出："中国共产党为什么能，中国特色社会主义为什么好，归根到底是马克思主义行，是中国化时代化的马克思主义行。"马克思主义、中国化时代化的马克思主义之所以行，还在于中国共产党人深刻认识并自觉遵循了马克思主义中国化时代化理论创新的基本规律。马克思主义中国化时代化理论创新规律作为社会行动规律，就是中国共产党人推进马克思主义中国化时代化理论创新实践的基本要素—环节之间内在的、本质的必然联系，具体体现为中国共产党人对推进马克思主义中国化时代化理论创新的价值指向、根本任务、方法论原则、立场观点方法、科学性要求、评价主体等内在要素—环节之间内在的、本质的必

---

* 原载《南京社会科学》2023 年第 2 期。

① 何怀远，国防大学政治学院马克思主义理论系教授、博导，江苏省习近平新时代中国特色社会主义思想研究中心特约研究员。

然联系的科学认知。正是党对这一基本规律的科学认识和自觉遵循，保证了马克思主义中国化时代化理论创新沿着正确方向与时俱进，使党的治国理政实践得以在马克思主义科学理论指导下成功展开。

关键词　中国共产党；马克思主义中国化时代化；理论创新规律

党的二十大对党和国家事业成功的根本原因的认识进一步具体而深化，报告指出："中国共产党为什么能，中国特色社会主义为什么好，归根到底是马克思主义行，是中国化时代化的马克思主义行。"[①] 马克思主义、中国化时代化的马克思主义之所以行，还在于中国共产党人深刻认识并自觉遵循了马克思主义中国化时代化理论创新的基本规律。马克思主义中国化时代化理论创新规律作为社会行动规律，就是中国共产党人推进马克思主义中国化时代化理论创新实践的基本要素—环节之间内在的、本质的必然联系，具体体现为中国共产党人对推进马克思主义中国化时代化理论创新的价值指向、根本任务、方法论原则、立场观点方法、科学性要求、评价主体等内在要素—环节内在的、本质的必然联系的科学认知。正是党对这一基本规律的科学认识和自觉遵循，保证了马克思主义中国化时代化理论创新沿着正确方向与时俱进，使党的治国理政实践得以在马克思主义科学理论指导下成功展开。

---

① 习近平：《高举中国特色社会主义伟大旗帜　为全面建设社会主义现代化国家而团结奋斗——在中国共产党第二十次全国代表大会上的报告》，人民出版社 2022 年版，第 16 页。

一　马克思主义中国化时代化
理论创新的价值指向

价值观是人类行为的选择与定向因素，决定着社会行为的构成要素及其连接的过程性质，成为决定实践性质与成败的首要原因。马克思主义中国化时代化理论创新的价值指向，规定着马克思主义中国化时代化理论创新的根本目的、基本过程及其趋势与方向。马克思主义中国化时代化理论创新的价值指向是由马克思主义的根本价值观决定的。马克思主义是无产阶级和全人类解放的科学理论，各国马克思主义政党既是民族解放、国家富强、人民幸福的政治力量，也是促进人类解放与进步、谋求世界发展与大同的政治力量。中国共产党推进马克思主义中国化时代化理论创新的价值指向也是由中国共产党的初心使命规定的。党的理论创新就是为了履行和兑现党的初心使命。习近平总书记在党的二十大报告中把党的初心使命概括为"四为"，即为中国人民谋幸福、为中华民族谋复兴、为人类谋进步、为世界谋大同。①

上述认识也是马克思主义中国化时代化不断深入发展的结果，经历了一个不断明晰、不断深化、不断完善的认识及其表述过程。中国共产党诞生于半殖民地半封建的中国，争取民族独立、人民解放和实现国家富强、人民富裕成为中华民族的两大历史任务，完成这两大历史任务自然成为走上中国政治舞台的中国共产党的初心使命，完成两大历史任务成为党的历史使命的固定表述，并一直沿用到 2016 年中国共产党成立 95 周年之际。党的

---

①　习近平：《高举中国特色社会主义伟大旗帜　为全面建设社会主义现代化国家而团结奋斗——在中国共产党第二十次全国代表大会上的报告》，人民出版社 2022 年版，第 21 页。

人类使命、世界使命是不是不包含在党的历史使命之中呢？不能简单做出这一结论。作为党的指导思想的马克思主义，就是无产阶级和全人类自由解放的科学，马克思主义的远大社会理想是实现共产主义，而共产主义既是民族的也是国际的。马克思恩格斯在《共产党宣言》中指出："在无产者不同的民族的斗争中，共产党人强调和坚持整个无产阶级共同的不分民族的利益。"① 中国共产党诞生伊始就背负民族和国际双重使命，1920 年 11 月中国共产党早期组织拟定的《中国共产党宣言》明确写道："中国共产主义者的目的是要按照共产主义者的理想，创造一个新的社会。"② 一代代中国共产党人都强调中国应当对人类做出较大贡献，实际上也做出了举世公认的重大贡献，党的国际使命只是没有正式写入我们党关于自身历史使命的固定表述中。2016 年 7 月 1 日，习近平总书记在庆祝中国共产党成立 95 周年大会上的讲话中提出了一个饱含人文意味的新概念——党的"初心"。党的"初心"与党的"使命"深度关联，也有细微区别，"使命"指称党的历史担当和政治职责；"初心"表达的是党的阶级性质、政治承诺与远大理想等初始规约。"使命"随着党和人民事业的发展而变化和拓展，"初心"则是党不变的阶级性质和"政治本色"。之后，"初心使命"成为党的新的表达范式。在党的十九大报告中习近平总书记强调，中国共产党人的初心和使命是为中国人民谋幸福、为中华民族谋复兴③，同时还指出，"中国共产党是为中国人民谋幸福的政党，也是为人类进步事业而奋斗的政党。中国共产党始终把为人类作出新的更大的贡献作为自己的使

① 《马克思恩格斯文集》第 2 卷，人民出版社 2009 年版，第 44 页。
② 中共中央党史研究室编：《中国共产党的九十年》（新民主主义革命时期），中共党史出版社、党建读物出版社 2016 年版，第 27 页。
③ 《习近平谈治国理政》第 3 卷，外文出版社 2020 年版，第 1 页。

命"①。2018 年 4 月 8 日，在会见联合国秘书长古特雷斯时，习近平主席针对国际反华反共势力的喧嚣，第一次将中国共产党的使命明确概括为"三为"，"我们所做的一切都是为人民谋幸福，为民族谋复兴，为世界谋大同"②。上述这些重要认识在党的二十大报告中第一次做出集中概括："中国共产党是为中国人民谋幸福、为中华民族谋复兴的党，也是为人类谋进步、为世界谋大同的党。"③

中国共产党"四为"的初心使命，把党的阶级使命与人类使命、民族使命与世界使命统一了起来，成为马克思主义政党区别于其他一切政党的根本价值观之所在，从根本上保证了马克思主义中国化时代化理论创新的价值指向。

二　马克思主义中国化时代化 理论创新的根本任务

认识规律是党的社会实践的前提性任务，运用规律是党的社会实践成功的真理保证。作为世界上最大的马克思主义执政党所要认识和遵循的规律，在最基本、最宏观、最综合的社会实践层面上，"最重要的就是共产党执政规律、社会主义建设规律、人类社会发展规律"④。因而，不断深化这"三大规律"的认识就自然成为马克思主义中国化时代化理论创新的根本任务，也是马克

---

①　《习近平谈治国理政》第 3 卷，外文出版社 2020 年版，第 45 页。

②　《习近平会见联合国秘书长古特雷斯》，《人民日报》2018 年 4 月 9 日。

③　习近平：《高举中国特色社会主义伟大旗帜　为全面建设社会主义现代化国家而团结奋斗——在中国共产党第二十次全国代表大会上的报告》，人民出版社 2022 年版，第 21 页。

④　中共中央文献研究室编：《习近平关于全面从严治党论述摘编》，中央文献出版社 2016 年版，第 67 页。

思主义中国化时代化理论创新"四为"价值指向得以实现的任务要求。

认识共产党执政规律是马克思主义中国化时代化理论创新的首要任务。共产党是马克思主义的信仰者，社会主义、共产主义理想的信仰者和奋斗者，承担着改造旧世界、建设新社会的历史使命，没有共产党的执政地位，马克思主义社会理想的实现就无从谈起。近代以来的历史证明，办好中国的事情关键在中国共产党。新民主主义革命时期，党需要认识何以能够执政，为建设新社会创造政治条件。党执掌全国政权后，就必须深入认识共产党执政规律，弄清楚共产党为什么执政、何以能够长期执政的基本条件及其内在的、本质的必然联系，遵循党的执政规律，确保党始终成为社会主义事业和中华民族伟大复兴的坚强领导核心。共产党执政规律内在于社会主义建设规律，并受到后者的支撑和制约，全面深入认识共产党执政规律必须认识社会主义建设规律。

认识社会主义建设规律是马克思主义中国化时代化理论创新的核心任务。中国共产党的存在就是为了把中国建设成为社会主义国家，并与世界各国一起共同迈向共产主义社会。马克思主义揭示出资本主义必然灭亡和社会主义必然胜利的历史规律，中国近代以来各种社会思潮和政治力量的兴衰史也证明：只有社会主义能够救中国。社会主义与资本主义的区别归根结底在于社会发展为了谁、社会发展成果属于谁，一言以蔽之，社会发展是为了绝大多数人还是为了极少数人。恩格斯明确指出："我们的目的是要建立社会主义制度，这种制度将给所有的人提供健康而有益的工作，给所有的人提供充裕的物质生活和闲暇时间，给所有的人提供真正的充分的自由。"① 中国共产党人认识社会主义建设规律，就是从根本上弄清什么是社会主义、在中国大地上怎样建设

---

① 《马克思恩格斯全集》第21卷，人民出版社1965年版，第570页。

社会主义。建设社会主义现代化国家，实现中华民族伟大复兴，是共产党长期执政的现实合法性和人心所向的社会保证，因此，没有对社会主义建设规律的科学认识，就不可能正确认识共产党执政规律。

社会主义建设规律内在于人类社会发展规律，也受到后者的支撑和制约，认识人类社会发展规律是马克思主义中国化时代化理论创新的基础性任务。社会主义的历史必然性、制度优越性、发展生命力都是建立在对人类社会发展规律的科学认识和自觉遵循之上的。马克思恩格斯通过创立唯物史观和剩余价值学说，科学揭示了人类社会发展的一般规律和资本主义演变的特殊规律，得出了"两个必然"和"两个决不会"的结论，为科学社会主义奠定了马克思主义的历史哲学根据。资本主义是人类旧文明的最高形态，它把以私有制为基础的资本关系的支配作用、贫富分化、病态自由和片面民主发展到极端形态。摆脱资本主义制度是人类社会发展的内在必然和大势所趋，建设社会主义必须在借鉴包括资本主义在内的一切人类文明成果，同时克服资本主义的基因性缺陷和弊端的基础上才有可能。当前，世界正处于百年未有之大变局，和平、发展、合作、共赢的历史潮流与美西方霸权主义和强权政治迎面相撞，美西方世界故态复萌，咄咄逼人，不断突破人类良知和道德、法律的基本底线，人类以血与泪换取的基本公平正义正在遭受践踏和涂鸦，世界又一次站在何去何从的"十字路口"。中国共产党领导的中国特色社会主义建设，只有认识和遵循人类社会发展规律，引导世界发展大势，坚定不移走和平共处、合作共赢道路，才能与世界各国一道，"携手应对全球性挑战，共同缔造人类美好未来"①。

---

① 《习近平谈治国理政》第 4 卷，外文出版社 2022 年版，第 461 页。

三 马克思主义中国化时代化
理论创新的方法论原则

方法论原则是一定社会主体关于达成特定目的的基本路径、基本举措、基本要求的原则性理论。说其"基本",是指只有这些是远远不够的,但没有这些是万万不行的。确立马克思主义中国化时代化理论创新的方法论原则,是实现马克思主义中国化时代化理论创新根本任务、确保马克思主义中国化时代化理论创新沿着正确方向发展的重要保证。

中国共产党人对马克思主义的信仰始终坚持两个原则:一是坚信马克思主义的科学性,坚持马克思主义的指导地位不动摇,坚决反对轻视理论、盲目崇拜局部狭隘经验的经验主义;二是辩证处理真理的普遍性与实践的特殊性的关系,从中国实际出发,运用马克思主义立场观点方法观察和解决中国问题,坚决反对照搬照抄、脱离实际的教条主义。这两条原则落到实处的方法论原则就是理论与实际相"结合"。关于这一方法论原则,从党成立到党的六届六中全会,逐渐形成了"马克思主义基本原理同中国具体实际相结合"的相对固定的表达范式,其中的"基本原理"在党的重要文献中有时也表述为"普遍真理""普遍原理","中国具体实际"有时也称为"中国具体情况""中国基本国情""中国的特性""中国的特点"等。从逻辑上说,"中国具体实际"当然包含中国文化,在"结合"的实际过程中也零星吸收了一些中国文化元素,但我们必须实事求是地承认,在相当长的历史时期内我们所说的"中国具体实际"主要是指中国革命、建设、改革的"客观实际"或"客观条件"。"一个结合"的表述范式一直沿用到党的十九届六中全会。党的十九届六中全会通过的《中共中央关于党的百年奋斗重大成就和历史经验的决议》提出，以习近平同志为主要代表的中国共产党人"坚持把马克思主义基本原理同中国具体实际相结合、同中华优秀传统文化相结合"①，创立了习近平新时代中国特色社会主义思想，党的二十大把习近平新时代中国特色社会主义思想的"两个结合"方法论原则正式确立为马克思主义中国化时代化理论创新的方法论原则。

马克思主义中国化时代化理论创新的方法论原则从"一个结合"拓展到"两个结合"具有重大意义。第一，把中华优秀传统文化与中国具体实际相并列，使"中国具体实际"真正"具体"丰富了，同时也表明，"中华优秀传统文化"不是一般的中国具体实际，而是具有极为重要地位和作用的实际，更易使马克思主义从中国社会的文化深层、中国人的精神根脉上融入中国，更能顺畅便捷地实现马克思主义中国化、时代化与中国马克思主义化、现代化的交融统一和一体化发展。第二，今天提出"两个结合"反映了当代中国共产党人对中华优秀传统文化与马克思主义关系的认识深化和时代自信。相对而言，中国传统主流文化与马克思主义的阶级和阶级斗争、社会革命等彻底改造旧世界的理论是难以兼容的，甚至某种程度上是格格不入的，而与和平与发展时代的国家治理、国际交往、全球治理具有相对的兼容性和较大的兼容面，特别是党的二十大报告列举的天下为公、民为邦本、为政以德、革故鼎新、任人唯贤、天人合一、自强不息、厚德载物、讲信修睦、亲仁善邻等宇宙观、天下观、社会观、道德观上的一些内容②，同科学社会主义

---

① 《中共中央关于党的百年奋斗重大成就和历史经验的决议》，人民出版社 2021 年版，第 23—24 页。

② 习近平：《高举中国特色社会主义伟大旗帜　为全面建设社会主义现代化国家而团结奋斗——在中国共产党第二十次全国代表大会上的报告》，人民出版社 2022 年版，第 18 页。

价值观主张具有高度契合性，能够成为马克思主义中国化时代化的切入点和文化资源。第三，从文化人类学上说，文化是人的社会属性的重要方面，一个民族的传统文化是这个民族在世界观、自然观、历史观、人生观、价值观以及由此决定的思维方式和行为方式等方面区别于其他民族的深层原因，马克思主义基本原理同中华优秀传统文化相结合，更有利于塑造当代中国人的理想信念、价值观念、思维方式和行为方式。第四，从传播—接受理论上说，通过"两个结合"构建起具有中国风格、中国气派、为中国人喜闻乐见的中国化的马克思主义理论形态，成为内化于中国人民的精神结构、活跃在中国人民社会实践中的马克思主义，从而"不断夯实马克思主义中国化时代化的历史基础和群众基础，让马克思主义在中国牢牢扎根"①。

四　马克思主义中国化时代化理论创新的立场观点方法

推进马克思主义中国化时代化理论创新，不仅要确立"方法论"，还要明确"世界观"，实现世界观与方法论的统一，即马克思主义立场观点方法的统一的多个基本维度，保证马克思主义中国化时代化理论创新在正确道路上扎实推进，行稳致远。党的二十大在明确马克思主义中国化时代化理论创新"两个结合"方法论原则的基础上，进一步提出新时代推进马克思主义中国化时代化理论创新必须把握好习近平新时代中国特色社会主义思想的世界观和方法论，坚持好、运用好贯穿其中的立场观点方法，第一

---

① 习近平：《高举中国特色社会主义伟大旗帜　为全面建设社会主义现代化国家而团结奋斗——在中国共产党第二十次全国代表大会上的报告》，人民出版社 2022 年版，第 18 页。

次概括了贯穿马克思主义中国化时代化理论创新全过程、统摄马克思主义中国化时代化理论创新各方面、体现马克思主义立场观点方法统一的六个关键点。

必须坚持人民至上，强调的是马克思主义中国化时代化理论创新的价值立场，明确党的理论创新"为了谁"。人民性是马克思主义的本质属性，人民立场是检验真假马克思主义政党全部实践的试金石。只有站稳人民立场、把握人民愿望、尊重人民创造、集中人民智慧，才能形成人民所喜爱、所认同、所拥有的理论，才能使之成为指导人民认识世界和改造世界的强大思想武器[①]，才能称得上共产党人的理论。这是马克思主义中国化时代化理论创新的首要问题。

必须坚持自信自立，强调的是马克思主义中国化时代化理论创新的历史立足点，明确如何认识和对待自己，清醒处理守正与创新的关系。毛泽东当年一再强调，马克思主义之"矢"的价值在于射中国革命之"的"，我们必须有的放矢。明确了中国基点，马克思主义才真正开启了中国化历程。党的二十大明确指出："党的百年奋斗成功道路是党领导人民独立自主探索开辟出来的，马克思主义的中国篇章是中国共产党人依靠自身力量实践出来的，贯穿其中的一个基本点就是中国的问题必须从中国基本国情出发，由中国人自己来解答。"[②] 奋进在中国特色社会主义新时代，我们只有坚定中国特色社会主义的道路自信、理论自信、制度自信、文化自信，以守正为基础，以创新为动力，在守正中创新，在创新中守正，才能为发展马克思主义做出新的更大贡献。

必须坚持守正创新，强调的是马克思主义中国化时代化理论

[①] 习近平：《高举中国特色社会主义伟大旗帜　为全面建设社会主义现代化国家而团结奋斗——在中国共产党第二十次全国代表大会上的报告》，人民出版社 2022 年版，第 19 页。

[②] 习近平：《高举中国特色社会主义伟大旗帜　为全面建设社会主义现代化国家而团结奋斗——在中国共产党第二十次全国代表大会上的报告》，人民出版社 2022 年版，第 19 页。

创新如何处理好源与流的关系。创新最大的风险是舍本逐末，迷航偏向。回顾国际共产主义运动史，不少马克思主义老党大党，不乏变革之志，却无守正之心，久而久之，忘记"来时的路"，模糊了"为什么出发"，在变化的世界面前茫然不知所措，甚至抱怨马克思主义过时了，最终，有的自取灭亡，有的名存实亡，有的干脆改旗易帜。为了保证马克思主义中国化时代化理论创新走新路而行正道，党的二十大提出"三个坚持"的"守正"原则，即"坚持马克思主义基本原理不动摇，坚持党的全面领导不动摇，坚持中国特色社会主义不动摇"，在此基础上，提出"两个敢于"的创新要求，"紧跟时代步伐，顺应实践发展，以满腔热忱对待一切新生事物，不断拓展认识的广度和深度，敢于说前人没有说过的新话，敢于干前人没有干过的事情，以新的理论指导新的实践"①。如此，我们才能守正而不僵化，创新而不逾矩。

必须坚持问题导向，强调的是推进马克思主义中国化时代化理论创新的着力点和突破口，自觉处理理论创新的一般要求与创新重点的关系。问题是时代的声音，是理论的向导，敏锐发现问题、科学认识问题、指导解决问题是理论创新的着力点和发展路径，也是理论的生命力之源。马克思主义就是为认识和解决无产阶级和全人类解放与自由遭遇的问题而生，也在不断认识和解决人类社会理想化的问题中发展。当下，马克思主义中国化时代化理论创新，要聚焦"实践遇到的新问题、改革发展稳定存在的深层次问题、人民群众急难愁盼问题、国际变局中的重大问题、党的建设面临的突出问题，不断提出真正解决问题的新理念新思路新办法"②，有效指导中国特色社会主义建设实践，使马克思主

---

① 习近平：《高举中国特色社会主义伟大旗帜　为全面建设社会主义现代化国家而团结奋斗——在中国共产党第二十次全国代表大会上的报告》，人民出版社 2022 年版，第 20 页。

② 习近平：《高举中国特色社会主义伟大旗帜　为全面建设社会主义现代化国家而团结奋斗——在中国共产党第二十次全国代表大会上的报告》，人民出版社 2022 年版，第 20 页。

义、中国化时代化的马克思主义在攻坚克难中与时俱进。

必须坚持系统观念，强调的是马克思主义中国化时代化理论创新的整体性要求，辩证处理局部与全局的关系。黑格尔曾经说过，真理是全体。只有把握全体的系统理论才能成为真理，才可能保证指导实践不出问题或少出问题。之所以如此，是因为世界是一个普遍联系、相互依存的整体，人类社会也是一个共同体，中国特色社会主义经济建设、政治建设、文化建设、社会建设、生态文明建设五位一体，改革发展的任何一项重大举措都会牵一发而动全身。达到全体的认识是一个艰难的漫长的过程，甚至我们不能说何种认识何时达到了对全体的认识，然而，牢固树立系统观念，不断提高战略思维、历史思维、辩证思维、系统思维、创新思维、法治思维、底线思维能力，就能在推进马克思主义中国化时代化理论创新过程中尽力避免简单化、片面性、极端性，正确认识和处理全局和局部、当前和长远、宏观和微观、主要矛盾和次要矛盾、特殊和一般的关系①，为整体推进党和国家各项事业提供完整系统的理论支持。

必须坚持胸怀天下，强调的是马克思主义中国化时代化理论创新应有的全球视野和人类情怀，正确处理中国与世界的关系。马克思主义是无产阶级和全人类解放的科学，以马克思主义为指导思想的中国共产党，"是为中国人民谋幸福、为中华民族谋复兴的党，也是为人类谋进步、为世界谋大同的党"②，随着中国日益走近世界舞台中央，中国与世界的关系日益紧密，中国的发展离不开世界，世界的发展和全球性问题的解决也离不开中国，马克思主义中国化时代化理论创新，必须以宽广的世界眼光洞察人

---

① 习近平：《高举中国特色社会主义伟大旗帜　为全面建设社会主义现代化国家而团结奋斗——在中国共产党第二十次全国代表大会上的报告》，人民出版社 2022 年版，第 21 页。

② 习近平：《高举中国特色社会主义伟大旗帜　为全面建设社会主义现代化国家而团结奋斗——在中国共产党第二十次全国代表大会上的报告》，人民出版社 2022 年版，第 21 页。

类发展进步潮流，以深厚的人类情怀积极回应各国人民普遍关切，为解决人类面临的共同问题提供中国方案，贡献中国智慧和中国力量，以中国发展引领世界共同发展，以中国繁荣促进世界普遍繁荣，携手各国一道，共同建设更加美好的世界。

五　马克思主义中国化时代化理论创新的科学性要求

当代中国共产党人不仅提出了马克思主义中国化时代化理论创新的价值指向、根本任务、方法论原则、立场观点方法，还清醒认识到马克思主义中国化时代化理论创新的科学性要求，这就是"两个符合"——符合中国实际和时代要求、符合客观规律①，这是马克思主义中国化时代化理论创新的真理性保证。

符合中国实际和时代要求，是说马克思主义中国化时代化理论创新必须从中国具体实际出发，能够指导中国实践，解决中国问题，同时必须顺应时代潮流，因应时代发展，回应世界关切，统筹国内和国际两个大局，协调中国发展与世界发展、中国人民福祉与世界人民福祉的关系，不断回答中国之问、世界之问、人民之问、时代之问。符合客观规律，是指马克思主义中国化时代化理论创新必须反映客观规律体系，一是反映共产党执政规律、社会主义建设规律、人类社会发展规律等三大宏观规律；二是符合经济发展规律、政治发展规律、文化发展规律、社会发展规律、生态文明发展规律等五大领域的中观规律；三是符合与社会实践相联系的自然界、人类社会和人类思维等万事万物的具体规

---

①　习近平：《高举中国特色社会主义伟大旗帜　为全面建设社会主义现代化国家而团结奋斗——在中国共产党第二十次全国代表大会上的报告》，人民出版社 2022 年版，第 17—18 页。

律。规律的意义在于为理解人们社会实践的现实条件之间的联系及其所造成的未来发展趋势提供遵循，因此，客观条件只有在反映了客观规律的科学理论指导下才能成为社会实践主体判明未来向何处去、该如何走的客观依据。

符合中国实际和时代要求，确证的是理论运用于实践时所具有的主客观条件所能提供的现实可行性，符合客观规律，要求和确证理论所揭示的客观必然性，于是，主客观条件提供的现实可行性与客观规律所提供的客观必然性的统一，就为创造性实践提供了应然性、可行性和方向性，应然性、可行性、方向性的统一成为实践的现实可能性，从而具备指导中国特色社会主义伟大实践的科学理论的基本特质与特性。

六　马克思主义中国化时代化理论创新的评价主体

检验认识的真理性的标准归根结底是实践。然而，检验一个世界大党治理一个世界大国的治国理政理论，并不像自然科学家对科学假说的实验验证那么直接、单纯、明了。第一，党和国家的建设事业是一个比自然科学要复杂得多的对象，不同的领域深度关联，相互依赖，牵一发而动全身，所有的理论检验都必须充分考虑全局与整体、中国与世界的兼顾，还要进行利与弊的权衡，实践对党的理论的检验是极为复杂的。第二，新理论的实践效应的显现过程有长有短，有直接有间接，战略和策略性举措是通过历史性的迂回曲折过程实现的，比如"让一部分人先富起来"发展策略，仅仅评价当下的得失是得不出正确结论的，必须从大历史尺度科学评价当前与长远的作用及其意义。第三，国家治理实践直接涉及不同社会群体和个体的利益关系，群体利益并非总是与所有个体的利益相一致。因而，评价党的国家治理理论及以此为基础的路线、方针、政策，谁来评价就成了问题的核心之所在。

实践是检验真理的唯一标准是中国共产党人经历了数度教条主义挫折后取得的宝贵认识。20 世纪七八十年代关于真理标准的讨论，使我们党冲破了教条主义的藩篱，走上了改革开放的强国之路。进入中国特色社会主义新时代，以习近平同志为核心的党中央在真理标准问题上的认识有两个重要发展和深化。一是提出了新的赶考关系理论：时代是出卷人，我们是答卷人，人民是阅卷人。① 每个时代都有自己的问题，但在中国共产党人的心目中，"千头万绪的事，说到底是千家万户的事"②，所有的问题都归结为一个核心问题：破解人民幸福的难题。"人民是阅卷人"命题是对实践标准的重大深化。实践检验真理，是相对认识与实践的关系而言的，检验党的国家治理理论的是实践，然而由谁来对实践结果进行判决性评价，这是问题的核心。如此所述，对于国家治理实践的评价受到评价主体利益关系的制约，以谁为评价主体，就涉及根本价值观问题，即执政为了谁、执政依靠谁。对此，当代中国共产党人毫不含糊："共产党就是给人民办事的"③，党的理论来自人民、为了人民、造福人民，也要接受人民的检验或评价。二是实行全过程人民民主的出卷、答卷和阅卷的政治机制。出卷、答卷、阅卷都是在党的领导下展开的，人民对党的理论的检验不是像自然科学的判决性实验那样可以一次完成的，而是与党的理论的实践过程一致的全过程检验。于是，如何集中人民的出卷意见、答卷意见、阅卷意见，当代中国共产党人是通过

---

① 《中共中央关于党的百年奋斗重大成就和历史经验的决议》，人民出版社 2021 年版，第 71 页。

② 《习近平谈治国理政》第 4 卷，外文出版社 2022 年版，第 65 页。

③ 《习近平谈治国理政》第 4 卷，外文出版社 2022 年版，第 66 页。

全过程人民民主来保障和实现的。全过程人民民主是党的群众路线的全过程体现，在检验真理标准问题上，实现了实践标准与人民评价主体的统一，从而把马克思主义政党与其他政党区别开来。

认识规律是实践成功的理论前提，自觉遵循规律是实践成功的真理保证。一代代中国共产党人不断拓展和深化对马克思主义中国化时代化理论创新规律的认识，不断提高遵循理论创新规律的自觉性，持续推进马克思主义中国化时代化进程，先后创立了毛泽东思想、邓小平理论、"三个代表"重要思想、科学发展观、习近平新时代中国特色社会主义思想，实现了马克思主义中国化时代化的三次历史性飞跃，指导党和人民创造了中华民族从站起来、富起来向强起来伟大飞跃的辉煌业绩，创造了改革开放以来经济快速发展、社会长期稳定两大奇迹。实践证明，对马克思主义中国化时代化理论创新规律的认识愈系统、愈深刻，运用规律的行为愈主动、愈自觉，党的理论创新就愈顺利、愈科学，党和人民的事业就将顺风顺水，一往无前。在全党全国各族人民迈上全面建设社会主义现代化国家、向第二个百年奋斗目标进军的新征程中，准确把握并自觉遵循马克思主义中国化时代化理论创新的基本规律，就一定能使马克思主义、中国化时代化的马克思主义理论之树根深叶茂，凌霜傲雪而四季常青，指导中国特色社会主义建设实践从成功走向新的更大的成功。

新时代党的创新理论的学理逻辑与实践原则[*]

曹劲松[①]

摘 要 从马克思主义作为我们立党立国、兴党兴国的根本指导思想出发，深入理解党的创新理论的价值主线，从思想上领悟党的创新理论的学理逻辑和时代特征，自觉践行党的创新理论的实践原则，坚定不移地在思想上政治上行动上同以习近平同志为核心的党中央保持高度一致，是全面建设社会主义现代化国家、全面推进中华民族伟大复兴的思想之基和动力之源。坚信科学真理、坚持党的领导、坚守人民立场、坚定自信自立，是党在领导中国人民的社会实践中坚持和发展马克思主义所形成的党的创新理论的价值主线。从理论发展的主体自觉、价值自觉和思维自觉上探究其内在的学理逻辑，坚持人民至上和自信自立、坚持守正创新和问题导向、坚持系统观念和胸怀天下，作为习近平新时代中国

* 原载《南京社会科学》2023 年第 1 期。
① 曹劲松，南京市社会科学界联合会主席、党组书记，南京市社会科学院院长、研究员、博士，江苏省习近平新时代中国特色社会主义思想研究中心特约研究员。

特色社会主义思想世界观和方法论的集中体现，深刻表达了党的创新理论的学理逻辑。党的创新理论是与时俱进的思想体系，在主体性维度、历史性维度、关系性维度、实践性维度上具有鲜明的时代特征。党的创新理论实践不是刻板说教和机械套用，而是以实事求是、融会贯通为根本，真正把握贯穿其中的立场观点方法，做到学思用贯通、知信行合一、史理脉相承、责勇为共担，不断提高各级党组织和党员干部的政治判断力、政治领悟力和政治执行力。

关键词　党的创新理论；价值主线；学理逻辑；时代特征；实践原则

习近平总书记在参加党的二十大广西代表团讨论时指出，学习贯彻党的创新理论，要理解把握其世界观和方法论，坚持好、运用好贯穿其中的立场观点方法。党的二十大报告强调，要坚持人民至上、坚持自信自立、坚持守正创新、坚持问题导向、坚持系统观念、坚持胸怀天下。对这六条，要在学习贯彻中认真领会，从而深入领会党的创新理论的道理学理哲理，做到知其言更知其义、知其然更知其所以然，切实把党的创新理论贯彻落实到党和国家工作各方面全过程。① 党的十八大以来，面对国内外形势的新变化和中国特色社会主义建设实践的新要求，党的创新理论从理论与实践的结合出发，深入回答了关系党和国家事业发展、党治国理政的一系列重大时代课题，形成了习近平新时代中国特色社会主义思想，以全新的理论视野深化对共产党执政规

---

① 《习近平在参加党的二十大广西代表团讨论时强调　心往一处想劲往一处使推动中华民族伟大复兴号巨轮乘风破浪扬帆远航》，新华社北京 2022 年 10 月 17 日电，politics. gmw. cn/2022 – 10/17/content_ 36094105. htm。

律、社会主义建设规律和人类社会发展规律的认识，开辟了马克思主义中国化时代化的新境界。

深刻领会新时代党的创新理论，全面贯彻习近平新时代中国特色社会主义思想，需要全面把握蕴含在习近平新时代中国特色社会主义思想中的世界观和方法论，全面把握贯穿其中的立场观点方法，正确认识把握这一创新思想的精神实质，真正领悟"两个结合"的思想精髓和"六个必须坚持"的核心要义。从马克思主义作为我们立党立国、兴党兴国的根本指导思想出发，深入理解党的创新理论的价值主线，从思想上领悟党的创新理论的学理逻辑和时代特征，自觉践行党的创新理论的实践原则，是马克思主义中国化时代化的根本要求，也是推进理论体系化、学理化的内在要求。

一　党的创新理论的价值主线

中国共产党自成立以来，始终秉持伟大建党精神，团结带领广大人民投身民族复兴的历史伟业，取得了新民主主义革命、社会主义革命和建设、改革开放和社会主义现代化进程中全面建成小康社会的一个又一个伟大胜利，在中国革命和建设的具体实践中不断丰富马克思主义中国化时代化的理论思维和创新成果。新时代十年党和国家事业取得历史性成就、发生历史性变革，在中华民族发展史上具有重要的里程碑意义，习近平新时代中国特色社会主义思想这一党的创新理论，开辟了马克思主义中国化时代化的新境界。理论源自实践、指导实践，实践丰富理论、检验理论，党的理论创新与实践创新紧密联系、相辅相成，"拥有马克思主义科学理论指导是我们党坚定信仰信念、把握历史主动的根本所在"①。理论的价值在于反映现实规律并指导实践，党在领导中国人民的社会实践中坚持和发展马克思主义所形成的党的创新理论，有着鲜明的价值主线。这一主线就是党对认识真理、造福人民和实现民族复兴的不懈求索与内在统一，使党的创新理论在时代发展的历史进程中永葆生机与活力。

（一）坚信科学真理

人们对世界的不懈探索是人类文明不断取得进步的强大动能所在，人们在探求自然界和人类社会发展规律上每前进一步，人类文明就书写下崭新的一页。中国共产党自成立以来，以为人民谋幸福、为民族谋复兴为己任，以马克思列宁主义为根本思想遵循，坚信科学真理对人们开展社会革命和建设实践的引领和指导，创造了中国革命和建设的历史伟业，书写下中国特色社会主义的文明新篇。"马克思列宁主义揭示了人类社会历史发展的规律，它的基本原理是正确的，具有强大的生命力。"② 百余年来，中国共产党人始终坚信这一科学真理的实践创造力量，将实现共产主义作为党的最高理想和最终目标，不断探索中国革命和建设的具体路径，形成了马克思主义中国化时代化的党的创新理论，以党的创新理论武装全党，团结带领中国人民成功地走出了一条人类社会文明发展的新路。党在不同历史时期形成的毛泽东思想、邓小平理论、"三个代表"重要思想、科学发展观、习近平新时代中国特色社会主义思想的理论创新成果，与马克思列宁主义一脉相承，将对科学真理的坚定信仰和探索实践贯穿于中国革命、建设和改革的全过程，成为中国道路取得成功的历史必然。

---

① 习近平：《高举中国特色社会主义伟大旗帜 为全面建设社会主义现代化国家而团结奋斗——在中国共产党第二十次全国代表大会上的报告》，人民出版社 2022 年版，第 16 页。

② 《中国共产党章程》（中国共产党第二十次全国代表大会部分修改，2022 年 10 月 22 日通过），人民出版社 2022 年版，第 1 页。

实践是检验真理的唯一标准，中国共产党领导中国人民开创的中国革命和建设的伟大实践充分证明，"中国共产党为什么能，中国特色社会主义为什么好，归根到底是马克思主义行，是中国化时代化的马克思主义行"①。党的创新理论始终坚持对科学真理的笃定信仰和在具体实践中的理论创造，将对真理的价值追求融入党团结带领广大人民的奋斗实践，不断在新时代的实践创造中丰富和发展理论形态，使党的创新理论始终具有强大生命力和实践创造力。

（二）坚持党的领导

从人类文明发展的历史进程来看，人类社会的进步不是个体意义上的独立创造，而是个体相互联结为集体的共同实践结果。历史唯物主义揭示了人的本质在于社会关系，个体通过劳动关系构成一个完整的社会关系，人只有在社会关系中才能实现其本质。社会进步的根本动力是生产力与生产关系、经济基础与上层建筑的矛盾运动，社会进步的必然性在于符合人民群众的利益和愿望。在社会发展进程中，只有顺应历史发展规律、自觉形成强大的集体实践合力，才能在根本上推动社会从低级形态向高级形态的进阶步伐。而社会集体实践合力的形成需要先进阶级的领导，将社会个体力量凝聚成向着社会高级形态共同奋斗的整体力量。中国共产党作为中国工人阶级的先锋队，同时也是中国人民和中华民族的先锋队，在中国革命和建设的实践中成为坚强的领导核心，深受中国人民信赖和爱戴，党团结带领人民实现了中华民族发展史上的一个又一个飞跃。坚持党的领导是历史的选择、人民的选择，党的创新理论本身就是这一历史逻辑和实践逻辑的

---

① 习近平：《高举中国特色社会主义伟大旗帜　为全面建设社会主义现代化国家而团结奋斗——在中国共产党第二十次全国代表大会上的报告》，人民出版社2022年版，第16页。

深刻总结和科学提炼，将人类社会发展规律、社会主义建设规律、共产党的执政规律在中国具体实践中不断加以深化，党始终代表中国先进生产力的发展要求，代表中国先进文化的前进方向，代表中国最广大人民的根本利益。新时代党以全新的视野进一步深化对"三大规律"的认识，取得重大理论创新成果，形成了习近平新时代中国特色社会主义思想，党领导中国人民全面建成小康社会，实现了第一个百年奋斗目标，实现了中华民族的千年梦想，镌刻下中国社会伟大变革的新的里程碑。党的创新理论始终牢牢把握坚持党的领导这一推动中国社会进步的实践本质，同时用党的创新理论武装全党，建设马克思主义学习型政党，深入推进党的建设新的伟大工程，以党的自我革命引领社会革命。

（三）坚守人民立场

从人类文明发展的根本目的来看，人们奋斗所争取的一切，都同他们的利益有关。在一个彼此相互联系的社会共同体中，只有从根本上满足共同体成员对美好生活的向往，实现好、维护好、发展好共同体的利益，才能真正聚合起推动社会实践的主体力量。人民是社会实践的主体，人心向背决定了一个国家的治乱兴衰。习近平总书记在党的十九大报告中深刻指出，"人民是历史的创造者，是决定党和国家前途命运的根本力量。必须坚持人民主体地位，坚持立党为公、执政为民，践行全心全意为人民服务的根本宗旨，把党的群众路线贯彻到治国理政全部活动之中，把人民对美好生活的向往作为奋斗目标，依靠人民创造历史伟业"①。马克思主义追求的最高价值目标就是人类解放和人的自由全面发展，人民立场是马克思主义的鲜明品格。坚守人民立场，

---

① 习近平：《决胜全面建成小康社会 夺取新时代中国特色社会主义伟大胜利——在中国共产党第十九次全国代表大会上的报告》，人民出版社 2017 年版，第 21 页。

是贯穿于马克思主义中国化时代化的根本价值主线。从毛泽东思想到邓小平理论，从"三个代表"重要思想到科学发展观，再到习近平新时代中国特色社会主义思想，人民立场在党的创新理论中不断深化，成为当代中国马克思主义的理论特质。"人民就是江山，江山就是人民"，以人民为中心构成了习近平新时代中国特色社会主义思想的鲜明品格，彰显了党团结带领人民奋斗实践的本色。党的创新理论始终坚守人民立场，将党的事业与人民的期盼紧紧地结合在一起，把为人民谋幸福的建党初心铸成与人民同呼吸、共命运的立党恒心，必将引领中国特色社会主义事业走向新的历史辉煌。

（四）坚定自信自立

从人类文明发展的实现路径来看，文明起源于世界上不同地域文化发展的一定阶段，国家的产生标志着某种具体社会生产及其组织形态达到了文明的高度。"文明形成的标志是国家的产生。文明是在国家的组织和管理下创造的物质文明和精神文明的总和。"① 中华文明作为世界上最古老的文明之一，在与其他文明的交流互鉴中逐步发展为多元一体的文明内生格局，成为世界上唯一延续至今的古老文明，孕育了伟大的中华民族。近代以来，资本主义列强在世界范围扩张，以战争、侵略、掠夺的方式强行进入中国，给中华民族带来痛苦、屈辱和灾难。中国共产党以民族复兴为己任，秉持"坚持真理、坚守理想、践行初心、担当使命，不怕牺牲、英勇斗争，对党忠诚、不负人民"的伟大建党精神，团结带领中国人民成功地走出了一条民族复兴之路。一百多年来，中国共产党团结带领中国人民取得了伟大的历史性胜利，将党的理论自信与道路自信、制度自

---

① 王巍：《为何说中华文明"上下五千年"》，《解放日报》2022 年 6 月 26 日。

信、文化自信一道深深地熔铸于人民的心间，为中国特色社会主义事业不断取得新的成就奠定了强大的实践基础和理论支撑。党的创新理论坚定自信自立，将人类文明发展实践规律的普遍性与中国社会发展道路的特殊性相统一，不断开创马克思主义中国化时代化的新境界。习近平新时代中国特色社会主义思想作为党的创新理论最新成果，展现了当代中国马克思主义和21世纪马克思主义的强大生命力，构建了以中国式现代化创造人类文明新形态的自主知识体系和以党的自我革命引领伟大社会革命的原创思想智慧，成为凝聚中国人的精神力量、朝着实现第二个百年奋斗目标团结奋进的理论指引。

二　党的创新理论的学理逻辑

中国共产党坚定马克思主义科学理论指导，坚定共产主义理想信念，不断推进中国革命和建设实践基础上的理论创新，不断谱写马克思主义中国化时代化的新篇章。党的创新理论蕴含了日臻丰富的世界观和方法论，在把握其价值主线的基础上，可以从理论发展的主体自觉、价值自觉和思维自觉上探究其内在的学理逻辑，将党的创新理论中的立场观点方法加以融会贯通，进一步强化党的理论武装和话语传播。从理论发展的主体自觉出发，关键在于把握历史与现实相统一，尊重历史主体、把握历史主动，彰显创新理论的主体建构；从理论发展的价值自觉出发，关键在于将理论与实践相结合，探求事物规律、致力实践创造，坚持创新理论的真理标准；从理论发展的思维自觉出发，关键在于实现内构与外塑相协调，深化系统观念、推动共同发展，丰富创新理论的思维智慧。

（一）历史与现实相统一

理论认识就其本质而言，是人们对于客观事物的存在、发生及其变化的系统化认识，其根本目的在于揭示事物的内在本质和发展规律。马克思主义以探求人类自由解放道路为根本指向，站在人民的立场，揭示人类社会发展的客观规律，构建了关于人类解放和人的自由全面发展的理论体系。党的创新理论坚持人民至上，就是将马克思主义人民性这一本质属性始终作为理论创新的根本出发点和落脚点，始终坚持从人民立场分析问题和解决问题，形成造福人民的科学理论。历史唯物主义深刻揭示了人民是历史的创造者，人类社会发展的根本力量在于人民，人民在社会历史发展中的主体地位决定了社会发展理论的生命力源于其人民性。只有从社会主体的根本利益和发展需要出发，才能真正揭示社会发展演进的历史逻辑，并将其贯通于现实社会的改造，形成理论认识上的主体自觉。历史与现实相统一作为社会理论建构的内在要求，充分体现在党的创新理论的学理之中。

坚持人民至上，在党领导人民实现民族复兴、国家富强的发展道路上，必须与建构主体的精神力量统一起来。坚持自信自立，就是要在马克思主义中国化时代化进程中，将人民立场与民族自立有机统一于社会主体精神力量建构的理论自信中，与道路自信、制度自信、文化自信一道，夯筑党团结带领人民实现中华民族伟大复兴的思想政治基础。党的二十大报告指出："我们要坚持对马克思主义的坚定信仰，对中国特色社会主义的坚定信念，坚定道路自信、理论自信、制度自信、文化自信，以更加积极的历史担当和创造精神为发展马克思主义作出新的贡献，既不能刻舟求剑、封闭僵化，也不能照搬照抄、食洋不化。"① 在马克思主义所揭示的社会发展基本规律的科学指导下，坚持党领导人民创造性实践基础上的理论创新，用来自中国人民奋斗实践且为人民所喜爱、所认同、所拥有的理论武装全党、引领人民，是党的创新理论不断发展的根基所在，也是当代中国马克思主义的理论境界所在。

（二）理论与实践相结合

理论认识就其生成而言，根本源头来自实践，理论的价值标准在于通过理论指导下的实践加以检验。中国共产党在运用马克思主义解决中国革命和建设的具体问题中，不是照搬照抄其具体结论，而是运用其科学的世界观和方法论来解决中国实践中的问题，形成党的创新理论，走出了一条具有中国特色的新民主主义革命和社会主义发展道路。实践没有止境，理论创新也没有止境。党的创新理论通过党领导中国人民开展的中国革命和建设实践加以检验，成为指引中国发展和前进的行动指南，既一脉相承，又与时俱进地丰富和发展。毛泽东思想是马克思列宁主义在中国的运用和发展，是被实践证明了的关于中国革命和建设的正确理论原则和经验总结；邓小平理论是毛泽东思想在新的历史条件下的继承和发展，引导着中国社会主义现代化事业不断前进；"三个代表"重要思想和科学发展观是在反映实践对党和国家工作新要求中对党的创新理论的继承和发展，是党带领中国人民建设中国特色社会主义必须长期坚持的指导思想；习近平新时代中国特色社会主义思想继承和发展了马克思列宁主义和党的创新理论，是新时代党和人民实践经验和集体智慧的结晶，是中国特色

---

① 习近平：《高举中国特色社会主义伟大旗帜　为全面建设社会主义现代化国家而团结奋斗——在中国共产党第二十次全国代表大会上的报告》，人民出版社 2022 年版，第 19 页。

社会主义理论体系的重要组成部分，为全党全国人民朝着实现中华民族伟大复兴目标而奋斗提供了行动指南。

坚持守正创新，守的是命脉，创的是新识。这个命脉就是在实践中坚持真理标准，以科学的态度对待科学，以真理的精神追求真理，不断在时代洪流中丰富和发展党的创新理论。坚持问题导向，就是聆听时代声音，始终面对不断发展变化的实践中提出的问题，以党的创新理论回答并指导解决新问题、迎接新挑战、取得新成效。坚持守正创新和问题导向，是理论与实践相结合的内在要求，体现了党的创新理论的价值自觉。党领导中国人民开展社会革命和建设的伟大实践证明，坚持马克思主义基本原理不动摇、坚持党的全面领导不动摇、坚持中国特色社会主义不动摇，是党的创新理论能够不断与时俱进、回答好时代之问的科学命脉，也是其一以贯之的理论根脉，任何时候都不能偏离，否则就会迷失理论方向。习近平总书记曾指出，每个时代总有属于它自己的问题，只要科学地认识、准确地把握、正确地解决这些问题，就能够把我们的社会不断推向前进。① 党的创新理论就是在理论与实践相互作用的时代进程中，不断将实践发展中反映的事物矛盾问题揭示出来，提出新理念新思路新方法，进而指导和引领社会实践并取得新的历史成效。

（三）　内构与外塑相协调

马克思在《关于费尔巴哈的提纲》中指出："哲学家们只是用不同方式解释世界，而问题在于改变世界。"科学理论一方面要从认识论角度形成关于客观对象的逻辑表述，实现理性内构；另一方面要从实践论出发形成对客观世界的能动改造，实现理性外塑。理论认识就其方法而言，是在一定的经验事实基础上通过

---

① 习近平：《之江新语》，浙江人民出版社 2007 年版，第 235 页。

理性思维构建知识系统的过程，理性思维作为人类思维活动的高级形式，依靠证据和逻辑推理的方式来把握客观事物的本质和规律。从感性认识到理性认识，作为理论形态的思维成果反映了人的理性在精神世界中的内在建构，这一理性内构本身既是过程性的，又是结果性的，两者统一于人的主观世界对外部世界能动改造的社会实践。因而，理论把握世界的方式是双向的、具体的，一方面内构理性思维的知识系统，形成系统化、理论化的世界观与方法论，探求社会发展的本质及其运动规律；另一方面外塑人的社会实践活动，尊重和运用理论所揭示的规律，对外部世界加以改造，实现合目的性与合规律性的统一。从人的存在和生命意义上看，理性内构是一个"立心"的精神自立过程，理性外塑则是一个"立命"的实践创造过程，人的智慧生存就是在两者相互协调中不断得到彰显。党的创新理论在学理逻辑上，注重将理论体系内构过程与理论应用外塑实践相协调，强化理论思维体系的构建与人类共同命运的关照，成为 21 世纪马克思主义照亮人类社会前行之路的智慧之光。

坚持系统观念，突出在理性思维内构过程中把握事物的规律，形成理论的思维自觉，通过不断提高战略思维、历史思维、辩证思维、系统思维、创新思维、法治思维、底线思维能力，赋予党的创新理论的科学思想方法。在不断丰富党的创新理论的时代结构中，将理论的内在逻辑体系关照于全人类的利益，既是理论本身应当具有的思维高度，也体现了马克思主义政党致力于创造新世界的博大格局。坚持胸怀天下，将理论的实践指向拓展为解决人类面临的共同问题，推动构建人类命运共同体，为建设更加美好的世界汇聚人类优秀文明成果，提供中国智慧和方案。党的创新理论作为指导中国实践并与世界共享共同发展的科学理论，其内在的科学方法论体系与其外化的崇高实践指向相协调一致，是形成真理力量与实践伟力交融于一体的核心所在。党的十八大以来的实践充分证明，习近平新时代中国特色社会主义思想作为党的创新理论最新成果，引领着新时代中国特色社会主义现代化的建设实践，引领着人类文明新形态的时代步伐。

三　党的创新理论的时代特征

党的创新理论坚持马克思主义的世界观和方法论，注重在中国社会的具体革命和实践中运用科学的立场观点方法，不断将理论的真理力量转化为党团结带领人民投身伟大社会创造的实践力量。党的二十大报告鲜明指出："继续推进实践基础上的理论创新，首先要把握好新时代中国特色社会主义思想的世界观和方法论，坚持好、运用好贯穿其中的立场观点方法。"① 坚持人民至上和自信自立、坚持守正创新和问题导向、坚持系统观念和胸怀天下，作为习近平新时代中国特色社会主义思想世界观和方法论的集中体现，深刻表达了党的创新理论的学理逻辑。党的创新理论是与时俱进的思想体系，在主体性维度、历史性维度、关系性维度、实践性维度上具有鲜明的时代特征。习近平新时代中国特色社会主义思想谱写了马克思主义中国化时代化的新篇章，进一步将党的创新理论的时代特征加以彰显。

（一）凸显主体视域

人民是社会历史的创造者，党的创新理论只有为广大人民群众所掌握，才能实现社会主体新的历史创造。马克思主义以寻求人类的解放为己任，将人民性扎根于理论体系的建构中，凸显以

---

① 习近平：《高举中国特色社会主义伟大旗帜　为全面建设社会主义现代化国家而团结奋斗——在中国共产党第二十次全国代表大会上的报告》，人民出版社 2022 年版，第 18—19 页。

人民作为理论主体的价值立场。以马克思主义为根本指导的党的创新理论来自人民、为了人民、造福人民，是党领导人民在中国革命和建设实践基础上取得的宝贵经验和集体智慧的结晶。党的二十大报告深刻指出："一切脱离人民的理论都是苍白无力的，一切不为人民造福的理论都是没有生命力的。"① 党的创新理论之所以具有强大的生命力，关键在于能够准确回答人民之问，在站稳人民立场的同时，倾听人民呼声，把握人民的期盼和愿望，尊重和发挥人民的历史创造，并以人民利益的实现作为最终评判，将党性寓于人民性之中，坚持了党性与人民性的高度统一。党的创新理论从根本上回答了人民在时代发展进程中最为关心也是最需要解决的问题，从本质上讲就是人民自己当家作主的理论，凸显了人民作为理论主体的根本视域。习近平总书记在党的二十大报告中强调，"全党同志务必不忘初心、牢记使命，务必谦虚谨慎、艰苦奋斗，务必敢于斗争、善于斗争，坚定历史自信，增强历史主动，谱写新时代中国特色社会主义更加绚丽的华章"②。把共产党人的信仰、作风、意志和能力建设，作为党团结带领人民实现新的历史创造的前提，既是"两个务必"理论基础上的历史升华，又揭示了党和人民创造新时代中国特色社会主义伟大成就的时代内核，以全新的视野深化了党的创新理论的人民性表达。

（二）纵观历史视域

马克思主义理论的根本目的不是停留在解释世界的层面上，而是致力于改造世界，通过解决社会现实中的矛盾和问题，最终实现人的解放。党的创新理论从来不是停留在对以往历史过程的

---

① 习近平：《高举中国特色社会主义伟大旗帜　为全面建设社会主义现代化国家而团结奋斗——在中国共产党第二十次全国代表大会上的报告》，人民出版社 2022 年版，第 19 页。

② 习近平：《高举中国特色社会主义伟大旗帜　为全面建设社会主义现代化国家而团结奋斗——在中国共产党第二十次全国代表大会上的报告》，人民出版社 2022 年版，第 1—2 页。

解释上，而是着眼于当下中国社会发展中的主要矛盾和突出问题，提出科学的解决办法，指导和引领中国特色社会主义实践从一个胜利走向又一个胜利，朝着实现中华民族伟大复兴的目标奋进。从人类社会发展的历史进程来看，中国正处于并将长期处于社会主义初级阶段，现阶段社会的主要矛盾是人民日益增长的美好生活需要和不平衡不充分的发展之间的矛盾。因而，中国社会主义建设的根本任务在于进一步解放和发展生产力，逐步实现社会主义现代化，同时改革生产关系和上层建筑中不适应生产力发展的方面和环节。中国社会主义现代化建设事业是历史接续的奋斗过程，需要党团结带领人民持续不断地沿着正确的道路前进，丝毫不容松懈。党的二十大报告指出，"经过不懈努力，党找到了自我革命这一跳出治乱兴衰历史周期率的第二个答案"①，与毛泽东同志在延安窑洞给出"让人民起来监督"的第一个答案，共同确保党永远不变质、不变色、不变味。从"第一个答案"到"第二个答案"，党的创新理论以纵观历史之视域，解决了马克思主义执政党如何始终赢得人民拥护、巩固长期执政地位，团结带领人民投身伟大社会革命的根本问题。人民是改造世界的力量所在，而党的领导是人民团结起来共同奋斗的关键，决定着社会实践的根本方向。以党的自我革命引领社会革命，深化了党的创新理论的历史自觉。

（三）统揽关系视域

马克思主义开辟了通向真理的道路，其根本在于"马克思的整个世界观不是教义，而是方法。它提供的不是现成的教条，而

---

① 习近平：《高举中国特色社会主义伟大旗帜　为全面建设社会主义现代化国家而团结奋斗——在中国共产党第二十次全国代表大会上的报告》，人民出版社 2022 年版，第 14 页。

是进一步研究的出发点和供这种研究使用的方法"①。党的创新理论正是运用马克思主义的世界观和方法论，来解决中国社会发展所面临的问题，引领党领导人民成功地走出了中国社会主义革命和建设实践之路。把马克思主义基本原理同中国具体实际相结合，是党的创新理论科学把握事物发展过程中矛盾的普遍性与特殊性辩证关系的方法自觉，形成了解放思想、实事求是、与时俱进这一马克思主义活的灵魂，为党团结带领人民正确认识和改造社会提供了强大思想武器。党的二十大报告进一步强调："中国共产党人深刻认识到，只有把马克思主义基本原理同中国具体实际相结合、同中华优秀传统文化相结合，坚持运用辩证唯物主义和历史唯物主义，才能正确回答时代和实践提出的重大问题，才能始终保持马克思主义的蓬勃生机和旺盛活力。"② 在把马克思主义基本原理同中国具体实际相结合的理论基础上，进一步强调把马克思主义基本原理同中华优秀传统文化相结合，体现了党的创新理论在文化自觉上的新突破，实现了社会主义文化与优秀传统文化在价值观上的贯通。"两个结合"统揽理论关系与文化关系的视域，将社会发展的普遍性与特殊性、文明发展的继承性与创新性有机融入党的创新理论体系，开辟了马克思主义中国化时代化的新境界，赋予党的创新理论新的时代特征。

（四）　把握实践视域

实践是人们改造世界、创造美好生活的根本力量，也是形成理论问题的出发点和运用理论解决问题的落脚点，实践结果成为检验理论真理性的唯一标准。理论只有根植于实践、服务于实

---

① 《马克思恩格斯文集》第 10 卷，人民出版社 2009 年版，第 691 页。

② 习近平：《高举中国特色社会主义伟大旗帜　为全面建设社会主义现代化国家而团结奋斗——在中国共产党第二十次全国代表大会上的报告》，人民出版社 2022 年版，第 17 页。

践、在实践中加以检验，才能保持其旺盛的生命力。马克思主义为人们认识世界和改造世界提供了根本方法，科学指出了人类社会前进的方向，但如何采取前进的行动需要依据实际情况和现实需要来确定，不同国家的具体实践没有也不可能有统一的模板。党的创新理论不是将马克思主义作为僵化的教条，而是以其科学的世界观和方法论作为行动指南，结合中国社会革命和建设的具体实践，形成具体的行动目标、行动路径和行动纲领，一步步将理论指引的前进之光引入丰富的社会实践，实现了中华民族在人类社会发展进程中的历史性飞跃。人民是社会实践的主体，只有通过党的领导凝聚起亿万人民的实践合力，才能真正推动社会发展的巨轮滚滚向前。中国社会发展的历史实践证明，以党的创新理论指导和推进社会实践，始终离不开党的集中统一领导这一实践组织的根本要求。党的二十大通过的关于十九届中央委员会报告的决议指出，"全党要高举中国特色社会主义伟大旗帜，深刻领悟'两个确立'的决定性意义，坚决维护习近平同志党中央的核心、全党的核心地位，全面贯彻习近平新时代中国特色社会主义思想"①，体现了党的创新理论在把握实践根本要求上的全局视域，将理论指导实践的方向性、策略性与实践本身要求的组织性、行动性内在地统一起来，进一步深化了理论的实践维度，彰显了党的创新理论作为行动指南的时代特征。

四　党的创新理论的实践原则

理论的生命力在于实践。党的二十大报告指出："用党的创新

---

① 《中国共产党第二十次全国代表大会关于十九届中央委员会报告的决议（2022 年 10 月 22 日中国共产党第二十次全国代表大会通过）》，《中国共产党第二十次全国代表大会文件汇编》，人民出版社 2022 年版，第 61 页。

理论武装全党是党的思想建设的根本任务。"① 党的思想建设是党的基础性建设，没有思想认识上的高度统一，就没有实践中的政治自觉和行动统一。党领导人民进行伟大社会革命要始终沿着正确的方向前进，就必须坚持用党的创新理论武装全党，以马克思主义中国化时代化的最新成果指导实践，并在实践中丰富和发展党的创新理论。党的创新理论实践不是刻板说教和机械套用，而是以实事求是、融会贯通为根本，真正把握贯穿其中的立场观点方法，做到学思用贯通、知信行合一、史理脉相承、责勇为共担，不断提高各级党组织和党员干部的政治判断力、政治领悟力和政治执行力。

（一）学思用贯通

党的创新理论是马克思主义基本原理同中国具体实际相结合、同中华优秀传统文化相结合的产物，本身不是教条，而是活的方法，其理论实践过程需要人们在深入学习思考的基础上真正掌握思想精髓，灵活运用到解决实践中的具体问题上来，把学习、思考、运用理论的过程加以有机贯通。中国共产党作为中国社会革命和建设事业的坚强领导核心，之所以具有坚定的意志、协调的行动、强大的战斗力，关键是保持了统一的思想这一根本性前提，使每个党员干部都能够通过理论上的清醒认识，自觉做到政治上的清醒和执行党的路线方针政策上的坚定。因而，思想建党、理论强党成为党团结带领人民克服前进道路上各种艰难险阻、最终取得一个又一个胜利的重要保证。学而不思则罔，思而不学则殆。学思结合本身是一个深化对事物全面性理解和规律性把握的统一过程，而将其应用于实践去处理矛盾和解决问题，则成为检验人们是否真正掌握理论要义和科学方法的关键所在。党

---

① 习近平：《高举中国特色社会主义伟大旗帜　为全面建设社会主义现代化国家而团结奋斗——在中国共产党第二十次全国代表大会上的报告》，人民出版社 2022 年版，第 65 页。

的创新理论是一个在实践中持续深化和发展的过程，理论创新每前进一步，理论武装就要跟进一步。这就要求我们在学习和运用党的创新理论的实践中，丝毫不能有松懈和自满，始终保持常学常新、悟深悟透的进取之心，将思想之力贯通于实践创造，以实践成果检验理论之功效，形成理论与实践相统一的认知自觉。

（二）知信行合一

党的创新理论是科学真理观的时代写照，体现了中华文化和中国精神的时代精华，成为党团结带领人民不懈奋斗的信仰力量和精神支撑。理想信念是一个人的精神支柱，其认知和情感基础源自对科学真理的执着追求和对美好生活的无限向往。只有将真理的感召力、信念的意志力、实践的创造力相统一，才能实现人的精神世界与物质世界的富裕和谐美好。习近平总书记深刻指出："人民有信仰，民族有希望，国家有力量。""一个国家，一个民族，要同心同德迈向前进，必须有共同的理想信念作支撑。"[①] 党的创新理论将道路自信、理论自信、制度自信、文化自信夯筑于党领导中国人民进行的伟大社会实践，创造了人类发展史上的奇迹，锻造了中华民族的精神脊梁，成为党的思想政治灵魂和人民信仰的基石。党的二十大报告强调，"健全用党的创新理论武装全党、教育人民、指导实践工作体系"[②]，就是要从根本上为国家立心，为民族立魂，不断将党和人民开创的中华民族复兴伟业推向前进。用马克思主义中国化时代化的最新成果武装头脑，必须把握好习近平新时代中国特色社会主义思想的世界观和方法论，坚持好、运用好贯穿其中的立场观点方法，做到真信笃行、知行合一。面对世界百年未有之大变局，

---

① 《习近平谈治国理政》第 2 卷，外文出版社 2017 年版，第 323 页。

② 习近平：《高举中国特色社会主义伟大旗帜　为全面建设社会主义现代化国家而团结奋斗——在中国共产党第二十次全国代表大会上的报告》，人民出版社 2022 年版，第 43 页。

唯有以党的创新理论作为思想武器，坚定"四个自信"，坚决贯彻党中央治国理政重大战略部署，始终同以习近平同志为核心的党中央保持高度一致，才能使中国特色社会主义现代化建设沿着正确的航向，乘风破浪、一往无前，在党的创新理论实践中形成真理与信仰相统一的精神自觉。

（三）史理脉相承

党的创新理论是党团结带领人民投身中国社会革命成功实践的经验总结和集体智慧的结晶，体现了逻辑与历史相一致的理论发展过程，"历史从哪里开始，思想进程也应当从哪里开始，而思想进程的进一步发展不过是历史过程在抽象的、理论上前后一贯的形式上的反映"①。党史和新中国史充分证明，只有中国共产党才能领导人民创造中国革命和建设的伟大成就，担当起实现中华民族伟大复兴的历史重任，其中蕴含着党的领导作为中国特色社会主义最本质特征的逻辑必然。这一逻辑必然的起点就是党自创立以来始终把为中国人民谋幸福、为中华民族谋复兴作为自己的初心使命。因而，将学习党的历史与科学把握理论逻辑相统一，将弘扬伟大建党精神贯穿于思想发展和价值求索的全过程，是党的创新理论实践的内在要求，构成了党的历史与理论发展的红色血脉，也是党的创新理论一脉相承、接续发展，不断开创马克思主义中国化时代化新境界的强大动因所在。党的二十大报告指出，"坚持理论武装同常态化长效化开展党史学习教育相结合，引导党员、干部不断学史明理、学史增信、学史崇德、学史力行，传承红色基因，赓续红色血脉"②，就是将党的创新理论的史

---

① 《马克思恩格斯选集》第 2 卷，人民出版社 2012 年版，第 14 页。

② 习近平：《高举中国特色社会主义伟大旗帜　为全面建设社会主义现代化国家而团结奋斗——在中国共产党第二十次全国代表大会上的报告》，人民出版社 2022 年版，第 65 页。

理脉一代代地传承下去，成为中国共产党人和广大人民不断坚定中国特色社会主义共同理想的精神航标。在中国特色社会主义进入新时代新征程的新的历史起点上，弘扬以伟大建党精神为源头的中国共产党人精神谱系，坚持不懈用习近平新时代中国特色社会主义思想凝心铸魂，成为激励全党全国各族人民不断攻坚克难、从胜利走向胜利的强大精神动力，是形成传承红色基因与创造民族伟业相统一的历史自觉。

（四）责勇为共担

党的创新理论是全党全国人民为实现中华民族伟大复兴而奋斗的行动指南，全身心地投入这一科学理论所指引的伟大社会实践，需要万众一心凝聚成社会创造的整体力量，朝着共同的奋斗目标迈进。每个人都是理论实践的主体，只有将实践责任始终扛在肩上，以大无畏的实践勇气奋发作为，才能点点星火，汇聚成炬，将理论力量通过人民实践转化为推动社会前进的澎湃动能。党的二十大报告指出："在新中国成立特别是改革开放以来长期探索和实践基础上，经过十八大以来在理论和实践上的创新突破，我们党成功推进和拓展了中国式现代化。"[1] 中国式现代化是党领导人民坚持走自己的路的伟大创造，是党的创新理论所取得的重大原创性成果。以中国式现代化全面推进中华民族伟大复兴，是时代赋予党团结带领人民进行新的伟大斗争的历史使命。要完成这一历史使命，必须经受百年变局和世纪疫情交织的外部环境考验，经受社会主义初级阶段社会基本矛盾长期存在的内部发展考验，始终把中国发展进步的命运掌握在自己手中，依靠顽强斗争打开事业发展新天地。我们要清醒地认识到，实践党的创

---

[1]　习近平：《高举中国特色社会主义伟大旗帜　为全面建设社会主义现代化国家而团结奋斗——在中国共产党第二十次全国代表大会上的报告》，人民出版社 2022 年版，第 22 页。

新理论绝不是一蹴而就、唾手可得的轻松工作，而是战胜挑战、克难奋进的艰苦斗争，需要磨砺党员干部的斗争意志，增强斗争本领，以责勇为共担的气节和操守，守责尽责、冲锋在前、勇挑大梁，以越是艰险越向前的实践风骨和能力筋骨，形成敢于斗争与善于斗争相统一的革命自觉。

从唯物史观到大历史观:历史自信的理论与实践逻辑[*]

孙乐强^①

摘 要 唯物史观揭示了人类社会发展的一般规律,是一种透过历史现象来把握历史本质和发展规律的理论思维和方法论;这种方法论和普遍原理蕴含着具体化的内在要求,与其说唯物史观的生命力在于抽象的普遍性,倒不如说在于其方法论和普遍原理的具体化运用。而大历史观恰恰是以习近平同志为代表的中国共产党人对马克思主义历史观的具体运用和创新发展,是唯物史观中国化的具体形态。大历史观主张从长时间周期、大空间视野、整体性思维、深层逻辑分析历史演变机理、探究历史规律、把握历史大势,是一种全面、系统、整体看问题的理论思维和方法。只有以唯物史观和大历史观为指导,我们才能更准确地理解百年未有之大变局的科学内涵,才能更准确地理解中国式现代化道路

* 本文是国家社科基金重大项目"马克思主义中国化'两个结合'及其关系研究"(21&ZD009)、"马克思主义中国化'两个结合'研究"(22ZDA005)的阶段性成果。原载《南京社会科学》2022 年第 11 期。

① 孙乐强,南京大学马克思主义社会理论研究中心暨哲学系教授。

和人类文明新形态生成的历史逻辑、理论逻辑和实践逻辑，把握它们的根本特质及其世界历史意义，并在此基础上，不断深化从理论思维向战略谋划再向实践方略的正确转化，增强未来工作的系统性、预见性、创造性，坚定历史自信，充分发挥历史主动精神，顺势而为，走好当下和未来的路，掌握未来发展的主动权。

关键词　唯物史观；大历史观；历史自信；历史主动精神；中国式现代化；理论思维

在党的二十大报告中，习近平总书记指出："我们要善于通过历史看现实、透过现象看本质，把握好全局和局部、当前和长远、宏观和微观、主要矛盾和次要矛盾、特殊和一般的关系，不断提高战略思维、历史思维、辩证思维、系统思维、创新思维、法治思维、底线思维能力，为前瞻性思考、全局性谋划、整体性推进党和国家各项事业提供科学思想方法。"① 作为一种独特的历史思维和理论思维，大历史观是习近平总书记在中国进入新的历史方位、中华民族迎来伟大复兴光明前景和世界处在百年未有之大变局的大背景下提出的一种新历史观，是历史唯物主义中国化的最新成果，也是我们从"古今中外"出发正确认识、解决中国问题的新方法、大思维。习近平总书记指出："了解历史才能看得远，理解历史才能走得远。要教育引导全党胸怀中华民族伟大复兴战略全局和世界百年未有之大变局，树立大历史观，从历史长河、时代大潮、全球风云中分析演变机理、探究历史规律，提出因应的战略策略，增强工作的系统性、预见性、创造性。"② 那

---

① 习近平：《高举中国特色社会主义伟大旗帜　为全面建设社会主义现代化国家而团结奋斗——在中国共产党第二十次全国代表大会上的报告》，人民出版社 2022 年版，第 21 页。

② 《习近平谈治国理政》第 4 卷，外文出版社 2022 年版，第 511 页。

么，什么是大历史观？它与唯物史观存在何种关系？在当今时代，我们为什么需要树立大历史观？它又蕴含着什么样的哲学智慧？只有厘清这些问题，才能为我们深刻理解当今世界之变、时代之变、历史之变和中国之变提供更深层次的方法论支撑，才能为我们充分发挥历史主动精神提供智慧指导。

一

从哲学的角度看，现实是本质与现象的融合。要想透过现象，把握本质，掌握历史规律，谈何容易！马克思指出："如果事物的表现形式和事物的本质会直接合而为一，一切科学就都成为多余的了。"[①] 因此，现实绝不是直接可见的，同样，历史规律也绝不是仅仅依靠"眼睛"的直观就能看透的。望远镜可以穿越自然时空，看到浩瀚宇宙，然而，射程再远的望远镜也望不穿历史时空，透视历史发展的规律；放大镜可以放大微小的物什，但倍数再高的放大镜也放不出时代发展大势；显微镜可以看透微尘粒子，但再精确的显微镜也看不透世界发展潮流。"一个民族要想站在科学的最高峰，就一刻也不能没有理论思维。"[②] 而要把握历史规律，看透时代大势和世界潮流，就必须借助理论思维的慧眼。

唯物史观就是这样一种透过历史现象来把握历史本质和发展规律的理论思维和方法论。与思辨历史观和经验历史学不同，它从物质生产出发，揭示了人类历史得以存在的四重原初因素，并基于历史自身的矛盾运动，透过外在现象和偶然性，深层透视了

---

① 马克思：《资本论》第3卷，人民出版社2004年版，第925页。
② 《马克思恩格斯选集》第3卷，人民出版社2012年版，第875页。

历史的内在必然性和本质规律，揭示了人类社会发展的一般规律。从这个角度而言，唯物史观是一种一般意义上的历史观和大历史观，它为我们认识世界和改造世界提供了科学的方法论武器。

但这是否意味着，只要掌握了唯物史观的普遍原理，就能自发地看透特定社会形态的运动规律，把握时代大势和世界潮流呢？答案是否定的。问题不在于如何理解唯物史观的普遍原理本身，而是在于如何正确对待和运用这些原理。恩格斯晚年反复告诫，唯物史观只是研究具体问题的指导方法，而不是一种拿来就能用的教条教义。马克思指出："如果说最发达的语言和最不发达的语言共同具有一些规律和规定，那么，构成语言发展的恰恰是有别于这个一般和共同点的差别。"① 唯物史观所阐述的基本原理体现了人类社会发展的统一性，是"最发达的语言"和"最不发达的语言"所具有的共性，然而真正构成社会发展的恰恰是有别于这个一般抽象的本质差别。因此，仅仅用一般的普遍原理是理解不了任何一个具体社会及其发展道路的，如马克思所言，用这一抽象"不可能理解任何一个现实的历史的生产阶段"②，就犹如用"人类"这个范畴理解不了任何特定社会形态中的个体的特殊本质一样。在马克思看来，"真正哲学的批判要理解这些矛盾的根源和［历史的］必然性，从它们的特殊［历史的］意义上来把握它们。但是，这种理解不在于像黑格尔所想象的那样到处去寻找逻辑概念的规定，而在于把握特殊对象的特殊逻辑"③。普遍性是特殊性和个别性中的普遍性，脱离了特殊和个别，普遍性就是一种抽象的空洞的普遍性。如果只是把唯物史观当作一个"标

① 《马克思恩格斯全集》第30卷，人民出版社1995年版，第26页。
② 《马克思恩格斯全集》第30卷，人民出版社1995年版，第29页。
③ 《马克思恩格斯全集》第1卷，人民出版社1956年版，第359页。

签"或"教义",外在地或先验地强加到研究对象之上,就等于用抽象的普遍性阉割了特定对象的特殊性,这恰恰就窒息了唯物史观的内在生命力。

　　唯物史观的哲学意义不仅在于它揭示了人类社会发展的一般规律和普遍原理,更在于这一方法本身的具体化,即把握具体对象的特殊规定性,引出特殊对象的特殊逻辑。因此,唯物史观必然内在地包含着具体化的要求,即与具体实际相结合。与其说唯物史观的生命力在于抽象的普遍性,倒不如说在于其方法论意义,在于普遍原理的具体化运用。①　基于此,我们可以说,唯物史观的普遍原理及其具体化是辩证统一的:缺少唯物史观的指导,就不可能科学解剖特定对象的特殊逻辑,更不可能为解决特定社会形态的特定问题提供现实路径;反之,若不去研究具体历史和特定对象,唯物史观的普遍性就是一种抽象原则。从这个角度来说,马克思对人类社会发展一般规律的揭示(唯物史观)与其对资本主义社会发展特殊规律(剩余价值理论)的研究是内在统一的。②　而他对英国、法国、德国以及中国、俄国等具体国家问题的研究恰恰是唯物史观具体化的真切表现。以此来看,唯物史观与历史发展道路处于不同层面:前者是普遍性,后者是包括普遍性的具体性,我们不能从唯物史观的一般性中推出历史发展道路的"唯一性",更不能断言说存在一种放之四海而皆准的历史发展道路。这正是马克思晚年反复告诫后人的旨趣所在。③

　　同样,要把握近代以来的中国社会,就不能将唯物史观当作普遍教义外在地强加到中国社会之上,这种郑人买履式的形式主义或教条主义必然会对中国革命带来不可估量的灾难。毛泽东指

　　① 吴晓明:《唯物史观的阐释原则及其具体化运用》,《中国社会科学》2019 年第 10 期。

　　② 唐正东:《历史规律的辩证性质——马克思文本的呈现方式》,《中国社会科学》2021年第 10 期。

　　③ 《马克思恩格斯选集》第 3 卷,人民出版社 2012 年版,第 341—342 页。

出，"离开中国特点来谈马克思主义，只是抽象的空洞的马克思主义"①；"形式主义地吸收外国的东西，在中国过去是吃过大亏的。中国共产主义者对于马克思主义在中国的应用也是这样，必须将马克思主义的普遍真理和中国革命的具体实践完全地恰当地统一起来，就是说，和民族的特点相结合，经过一定的民族形式，才有用处，决不能主观地公式地应用它。公式的马克思主义者，只是对于马克思主义和中国革命开玩笑，在中国革命队伍中是没有他们的位置的。"② 只有将唯物史观与具体实际结合起来，将唯物史观的抽象普遍性转化为贯彻到特定社会形态的具体普遍性，才能厘清唯物史观在特定社会形态中的表现形式和作用方式，才能把握特定社会形态的特殊逻辑及其发展趋势，并在科学历史认知的基础上提出有针对性的战略谋划和实践策略，实现从理论思维到实践智慧的转化，进而才能正确地解决问题。"我们坚持以马克思主义为指导，是要运用其科学的世界观和方法论解决中国的问题，而不是要背诵和重复其具体结论和词句，更不能把马克思主义当成一成不变的教条。"③

优秀的中国共产党人不仅是这样说的，更是这样做的。在不同历史时期，中国共产党人将唯物史观与时代特征、具体国情和中华优秀传统文化结合起来，准确研判时代大势和世界潮流，把握不同时期中国社会的特质，科学厘定了不同时期中国社会的主要矛盾，统观全局，顺势而为，制定了正确的战略决策和实践方略，成功开创了具有中国特色的革命、建设、改革和新时代强国道路，取得了经天纬地的伟大成就，开辟了中国式现代化道路，创造了人类文明新形态。"实践告诉我们，中国共产党为什么能，

---

① 《毛泽东选集》第 2 卷，人民出版社 1991 年版，第 534 页。

② 《毛泽东选集》第 2 卷，人民出版社 1991 年版，第 707 页。

③ 习近平：《高举中国特色社会主义伟大旗帜　为全面建设社会主义现代化国家而团结奋斗——在中国共产党第二十次全国代表大会上的报告》，人民出版社 2022 年版，第 17 页。

中国特色社会主义为什么好，归根到底是马克思主义行，是中国化时代化的马克思主义行。"① 中国共产党人是马克思主义精神的忠实继承者和发展者。而大历史观恰恰是以习近平同志为主要代表的中国共产党人对马克思主义历史观的具体运用和创新发展，是唯物史观中国化的具体形态。

二

　　什么是习近平总书记所说的大历史观？与唯物史观相比，它又具有哪些独特内涵与特质呢？毋庸置疑，习近平总书记所提出的大历史观显然不是一般意义上的大历史观，而是包含特定内涵的大历史观。这是一种全面、系统、整体看问题的大历史观，是从历史长河、时代大潮、全球风云中分析演变机理、探究历史规律、把握历史大势的一种新方法、新历史观。

　　首先，大历史观"大"在时间跨度上。时间是过去、现在和未来的连续整体。作为一般历史观，唯物史观的确涵盖了过去、现在和未来，适用于整个人类社会。然而，作为大历史观的时间并不是这种一般意义上的"大"和"长"，而是有特定语境和特定内涵的。为了更好地把握这两者之间的区别，我们再回到唯物史观的具体化上来。我们可以运用唯物史观来分析重大历史事件或重大现实问题产生的根源及其社会影响，可以以唯物史观为指导来评价具体历史人物，也可以用唯物史观来分析某些政党、社会团体的具体行为或剖析某一民族、某一国家的实际状况及其具体发展道路等，这些都是唯物史观具体化的表现形态。但是，历

---

　　① 习近平：《高举中国特色社会主义伟大旗帜　为全面建设社会主义现代化国家而团结奋斗——在中国共产党第二十次全国代表大会上的报告》，人民出版社 2022 年版，第 16 页。

史不是静态的，而是动态的演化过程。马克思说："对人类生活形式的思索……是从事后开始的。"① 这就意味着，处在不同的历史方位，站在不同的历史阶段，对社会历史的认识可能也会有所不同；只有从历史的连续性，从长周期和长时段入手，我们才能更加全面准确地认识特定对象在历史坐标中的地位和影响。譬如，对五四运动和五四精神的研究，我们可以以中国共产党的成立为节点来"事后"思索五四运动的意义，也可以以新民主主义革命的胜利为节点来思考五四运动的深远影响；可以从百年党史的高度来重新思索五四运动的历史地位，也可以将其放到鸦片战争以来中国人民一百八十多年的奋斗史乃至整个中华民族的奋斗史中来重新认识和把握五四运动的重大意义。从理论角度来看，每个时间节点的选择都具有合理性，但历史运动有其自身规律，"任务本身，只有在解决它的物质条件已经存在或者至少是在生成过程中的时候，才会产生"②。当历史处在新民主主义革命时期时，我们对五四运动的认识和把握无法超出那个时代，更不可能全面总结五四运动对当代中国改革和新时代的影响，而要做到这一点，就必须基于历史自身的延续性，打破小周期小时段的时间界限，结合百年党史和近代以来的中国社会史，才能"讲清楚为什么五四运动对当代中国发展进步具有如此重大而深远的影响，讲清楚为什么马克思主义能够成为中国革命、建设、改革事业的指导思想，讲清楚为什么中国共产党能够担负起领导人民实现民族独立、人民解放和国家富强、人民幸福的历史重任，讲清楚为什么社会主义能够在中国落地生根并不断完善发展"。③ 同样，对党的百年奋斗的重大成就和历史经验的研究就必须超越小周期小

---

① 《马克思恩格斯全集》第 44 卷，人民出版社 2001 年版，第 93 页。

② 《马克思恩格斯全集》第 31 卷，人民出版社 1998 年版，第 413 页。

③ 《习近平在中共中央政治局第十四次集体学习时强调 加强对五四运动和五四精神的研究 激励广大青年为民族复兴不懈奋斗》，《人民日报》2019 年 4 月 21 日第 1 版。

时段的限制，也不能就百年谈百年，更应该立足长时段，包括近代以来一百八十多年的奋斗史、五千多年的中华文明史、五百多年的世界社会主义发展史乃至整个人类社会史，才能更深刻理解中国共产党百年奋斗的辉煌历程，才能更深刻理解中国共产党对中华民族、世界社会主义运动和整个人类文明的重大贡献。同样，要理解新时代十年伟大变革的伟大意义，也必须超越小时段，上升到大历史观的高度，唯有如此，才能真正理解习近平总书记这一论断即"新时代十年的伟大变革，在党史、新中国史、改革开放史、社会主义发展史、中华民族发展史上具有里程碑意义"①的真正内涵。以此来看，大历史观的长时段并不是一般意义上的长时段，也不是主体随意设定的长时段，而是历史运动自身呈现出来的客观的、合理的、必然的长时段。

其次，大历史观"大"在空间视野上。世界潮流，浩浩荡荡，顺之则昌，逆之则亡。随着历史向世界历史的转化，各民族各国家都无法再像过去那样"独善其身"。在全球化日益深化的今天，中国不仅是中国之中国，更是世界之中国；中国的发展离不开世界，同样世界的发展也离不开中国。这就意味着，我们不仅需要从中华民族自身的历史长河来理解中国社会发展，也需要从世界历史的宽广视野来考量中国发展；不仅需要立足长时段来审视中华民族自身的发展大局，也需要从宏观视野出发准确把脉世界发展大局。唯有如此，我们才能看得更清、看得更远，才能抓住历史机遇，更好地办好中国自己的事情。反之，如果不能正确把握世界潮流，不能在世界大势中正确锚定中国发展方向，那注定会贻误甚至会错失整个时代！这在中国历史上是有着深刻教训的！清朝中期实施闭关锁国政策，导致中国错失了工业革命的

---

① 习近平：《高举中国特色社会主义伟大旗帜　为全面建设社会主义现代化国家而团结奋斗——在中国共产党第二十次全国代表大会上的报告》，人民出版社 2022 年版，第 15 页。

时代潮流，遭遇"三千年未有之变局"，逐渐落后于整个时代。而中国共产党从大历史观出发，正确处理中国和世界的关系，结合中国实际，顺应世界大势，取得了一个又一个经天纬地的伟大成就，不仅使中国一步步地赶上了时代，甚至成为时代潮流的并跑者和领跑者。历史上的失败教训和成功经验告诉我们，必须要立足世界历史的风云演变来把握世界潮流和时代大势，并在世界大格局中来定位和把握中国问题，这不仅是唯物史观具体化的内在要求，更是大历史观的应有之义。

除此之外，还有另一层内涵，即我们不仅要从世界大势和全球格局来理解中国，也要从世界历史的高度来理解中国理论、中国道路、中国实践和中国方案。今天，全球性与地方性的关系已经发生了重大变化，地方性问题的解决本身就为全球性问题的解决提供了思路和方法。用习近平总书记的话来说："越是民族的越是世界的。解决好民族性问题，就有更强能力去解决世界性问题；把中国实践总结好，就有更强能力为解决世界性问题提供思路和办法。这是由特殊性到普遍性的发展规律。"① 中国道路、理论、制度、文化是在中国大地上生成的，它们既不是"其他国家社会主义实践的再版，也不是国外现代化发展的翻版"②，因而具有鲜明的中国特质。然而，正是由于这种民族性和特殊性，使人们在世界舞台上看到了一种不同于西方资本主义现代化道路的可能性和现实性，使人们看到了一种不同于西方现代文明的新文明类型，证明了资本主义绝不是现代化的唯一道路，因而又具有广泛的普遍性和世界历史意义，为我们进一步丰富深化对唯物史观和人类社会发展规律的认识提供了实践依据。这正是一般规律具体化和具体道路一般化的辩证法。

---

① 《习近平谈治国理政》第 2 卷，外文出版社 2017 年版，第 340 页。
② 《习近平谈治国理政》第 2 卷，外文出版社 2017 年版，第 344 页。

再次，大历史观"大"在整体思维上。大历史观不仅强调长时段、宽视野，更强调整体性，即统合"古今中外"来看待历史的整体性思维，进而在"回看走过的路、比较别人的路、远眺前行的路"的过程中，准确研判历史发展的总体趋势。第一，它要求正确处理好历史发展的阶段性和整体性的辩证关系，在把握阶段性发展特征和规律的基础上，将过去、现在、未来统一起来，进一步深化对中国社会发展规律的整体性理解。第二，它要求正确处理好民族性与世界性、地方性与全球性的关系，从世界历史的整体视野出发深化对世界历史演变机制的理解，在全球风云中把握大历史的演进规律，准确研判世界潮流和时代大势，在大变局中锚定中国方位，全面深化对中国与世界格局演变的整体认识。第三，它要求正确处理好部分与整体、局部与全局的关系。中国的现代化不是单一维度的现代化，而是整体现代化。习近平总书记指出，中国式现代化是人口规模巨大的现代化，是全体人民共同富裕的现代化，是物质文明和精神文明相协调的现代化，是人与自然和谐共生的现代化，是走和平发展道路的现代化。① 因此，要把握中国和世界历史大势，就不能就经济谈经济，就政治谈政治，必须从全球及国内经济、政治、文化、社会、生态、外交、意识形态、国家安全等总体视角出发，把握世界和中国整体之"势"。

最后，大历史观"大"在深层逻辑上。历史盘根错节、纷繁复杂，现象与本质互融，偶然与必然交织，支流与主流并行。作为一种整体性的理论思维，大历史观强调的不是对历史偶然性和外在现象的研究，而是对历史的内在必然性和本质规律的研究；强调的不是对历史事件和历史事实的经验式研究，而是深入历史深处，强化历史演变机制和内在规律的研究；强调的不是对历史

---

① 习近平：《高举中国特色社会主义伟大旗帜　为全面建设社会主义现代化国家而团结奋斗——在中国共产党第二十次全国代表大会上的报告》，人民出版社 2022 年版，第 22—23 页。

细节、末流和支流的精细雕琢，而是对历史主流主线、世界大势和未来发展趋势的精准考辨。就此而言，大历史观不仅发挥着密涅瓦猫头鹰的作用，即总结历史发展的整体规律，更在于担当高卢雄鸡的角色，即把握时代大势和世界潮流。

以此来看，大历史观是在中国进入新的历史方位、世界处在百年未有之大变局和中华民族迎来伟大复兴光明前景的大背景下提出的一种新历史观，是历史唯物主义中国化的最新成果，也是我们从"古今中外"出发正确认识、解决中国问题的新方法和大思维。

三

与自然运动相似，历史运动也是客观的，有其自身的规律；然而，与前者不同，历史是由人的实践活动构成的，用马克思的话来说，人既是历史的剧中人，也是历史的剧作者。如果说自然规律是无人的自发过程，那么，历史规律则离不开人的活动。从历史发生学来看，自然规律是先于人而预先存在的，那么，历史规律是否也是先于人的活动而预先存在的？答案是否定的。历史唯物主义认为，具体的历史规律形成并实现于人的总体活动之中。不过，这种规律一旦形成，就表现为不以个人意志为转移的铁的必然性。如果没有商品生产，我们就很难总结出价值规律；如果没有改革开放，我们就很难总结出社会主义改革规律。此外，当社会历史条件不成熟的时候，想要总结出具体的历史规律也是很难的。在《资本论》中，马克思指出，在亚里士多德的时代，就存在商品生产，但由于社会历史条件的限制，亚里士多德不可能提出价值概念，更不可能总结出价值规律；同样，在改革开放初期，想要全面总结中国改革的规律也是不可能的。以此来看，要总结历史规律一方面离不开社会历史和人的活动发展的成熟程度，另一方面也离不开人类自身对社会历史活动认识的成熟程度。

（一）以大历史观为指导，准确把握世界大势

回顾一百多年的奋斗历程，中国共产党始终用马克思主义分析和把握时代大势与世界格局，正确认识中国与世界的关系，顺应时代大势，乘势而上、顺势而为，从中国共产党的成立到抗日民族统一战线的促成到新中国的成立再到改革开放，每一步都离不开对世界潮流和时代大势的精准分析与把握。党的十八大以来，世界格局进入深度调整、加速演变的新阶段。这种大变局并非一时一域之变，而是百年未有的世界之变、时代之变、历史之变。这种大变局并不是某些国家主观意志的结果，而是世界历史矛盾运动的客观产物，是历史合力的必然结果。因此，要把握大变局的实质及其运动规律，就必须把握近代以来世界历史的整体演进逻辑，从全球经济、政治、科技、文化、生态、治理体系等的内在联系和相互作用中寻求解答，这本身就需要以大历史观为指导。第一，从经济来看，虽然"西强东弱"的总体格局没有改变，但"东升西降"的趋势日益明显，世界经济增速的重心逐渐从资本主义世界转移到新兴经济体和发展中国家，而中国是其中最大的自变量。第二，从政治秩序来看，欧美资本主义所主导的国际秩序虽然还在延续，弱肉强食的霸权体系还在发挥作用，但西方发达资本主义国家的治理体系和治理能力日益衰退，在全球治理问题上的主导力日趋式微，世界反霸权主义和强权政治的整体力量不断上升，国际力量对比正在发生根本性变革。第三，从科技革命来看，西方发达国家主导了前三次产业革命和科技革命，由此确立了它们在科技和产业领域的领先优势，即使到了今天，我们仍需要承认西方国家的科技优势。然而，动态地看，我们与西方国家的科技差距正在逐步缩小，甚至在某些领域已经成为领跑者。当前以人工智能、大数据、元宇宙等为代表的第四次工业革命催生了大量新产业新业态新模式，正在重塑

世界的人才中心、科技高地和产业格局，进而正在重塑世界的整体格局。面对第四次工业革命的时代大势，我们可以清楚地看到，西方国家已不再是新一轮科技革命和产业革命的唯一发起者和主导者，我们已与西方国家处在同一起跑线上。历史实践证明，谁能在科技革命的浪潮中勇立潮头，主导世界的科技生产力，谁就能掌握未来发展的主动权！而新一轮科技革命和产业革命是世界历史和大时代赋予中国的战略机遇。最后，从意识形态来看，资本主义制造出来的各种意识形态，如文明冲突论、资本主义文明优越论、西方现代化道路的"普世论"等，早已千疮百孔，世界历史的演进已经撕去了西方意识形态的最后遮羞布，将它们的虚假性、虚伪性和丑陋性彻底地暴露在世人面前，西方中心主义的话语逻辑也已日渐式微。这些变化及其相互作用所释放出来的能量，已经远远溢出了资本主义世界体系，正在加速推进和塑造新的世界格局。就像上文所说，这种大变局不是由谁的意志主导的，而是全球历史风云演变的必然结果，是世界历史矛盾运动的不可逆转的大趋势。

（二）以大历史观为指导，正确认识中国方案和中国大势

马克思恩格斯一生致力于超越资本主义现代性，追求一种完全不同于西方的新现代性。中国共产党一百多年的奋斗历程恰恰将这一构想变成了现实，成功地走出了一条不同于西方的中国式现代化道路，开创了一种全新的人类文明形态。在党的二十大报告中，习近平总书记指出："从现在起，中国共产党的中心任务就是团结带领全国各族人民全面建成社会主义现代化强国、实现第二个百年奋斗目标，以中国式现代化全面推进中华民族伟大复兴。"① 中国式现代化是中国共产党领导的社会主义现代化，一开

---

① 习近平：《高举中国特色社会主义伟大旗帜　为全面建设社会主义现代化国家而团结奋斗——在中国共产党第二十次全国代表大会上的报告》，人民出版社 2022 年版，第 21 页。

始就与马克思主义中国化处于相互建构之中，这是理解中国式现代化道路实质的根本前提，也是我们深入理解五个"必由之路"①的根基所在，更是我们解答中国共产党为什么能、马克思主义为什么行、中国特色社会主义为什么好的关键所在。而要把握这些问题，就必须上升到大历史观的高度、从古今中外的整体视角来把握这种道路和人类文明新形态生成的历史逻辑、理论逻辑和实践逻辑，理解它们的根本特质及其世界历史意义。

　　从历史发生学来看，中国现代化运动是在被迫卷入世界历史后所做的一种被动抉择，而不是从自身的生产方式中自发长出来的。在19世纪50年代以来所写的评论中国和印度的系列文章中，马克思明确指认了这一点，并断言鸦片战争是资本主义制度与封建制度、商品经济与自然经济、西方近代文明与东方传统文明之间的一次公开较量，单凭这一点，就注定了清王朝必然被打败！面对内忧外患，如何对待西方文明与本土文明，解决现代与传统之间的"冲突"，探寻中国的未来出路，就是关系到中华民族前途命运的关键问题。然而，不论是农民阶级、地主阶级还是资产阶级改良派、革命派，不论是中体西用还是西体中用，都没有成功解决这一问题。只有中国共产党，只有马克思主义中国化，以一场彻底的新民主主义—社会主义革命解决了这一问题，为中国社会主义现代化的起步奠定了坚实基础。

　　习近平总书记指出："中国式现代化，是中国共产党领导的社会主义现代化，既有各国现代化的共同特征，更有基于自己国情的中国特色。"②"中国式现代化的本质要求是：坚持中国共产党领导，坚持中国特色社会主义，实现高质量发展，发展全过程

---

　　①　习近平：《高举中国特色社会主义伟大旗帜　为全面建设社会主义现代化国家而团结奋斗——在中国共产党第二十次全国代表大会上的报告》，人民出版社2022年版，第70页。

　　②　习近平：《高举中国特色社会主义伟大旗帜　为全面建设社会主义现代化国家而团结奋斗——在中国共产党第二十次全国代表大会上的报告》，人民出版社2022年版，第22页。

人民民主，丰富人民精神世界，实现全体人民共同富裕，促进人与自然和谐共生，推动构建人类命运共同体，创造人类文明新形态。"① 与西方道路相比，中国共产党是如何推进中国社会主义现代化建设的？人类文明新形态究竟"新"在何处？体现了哪些中国特色？

第一，勤奋革命与原始积累：现代化的两种积累模式。西方现代化是建立在血腥的原始积累和对外侵略之上的，这是一种赤裸裸的扩张文明，即使到了今天，这一本质仍然没有改变！与之相反，中国走的是一条和平主义的勤奋革命之路。自强不息、勤劳奋斗是中华民族千百年来的优良品德，不论是史前神话故事还是几千年的文明演化，都充分体现了中华民族自强不息的奋斗品质。劳动人民在创造自己生活的同时，不断发挥自己的聪明才智，创造了举世瞩目的中华文明。新中国成立以来，亿万农民通过勤劳奋斗为新中国的工业化提供了最初的积累来源；改革开放后，亿万农民以家庭联产承包责任制和乡镇企业的开拓性创举，开启了中国的乡村革命，为中国从传统乡土社会向现代社会的转型提供了基础支撑；大量农民进城为中国城镇化和产业化发展提供了不可或缺的劳动力；依靠党的领导和中国人民的勤劳革命，我们取得了一个又一个的伟大胜利。西方资本主义走的是一条掠夺式的积累道路，而中国奉行的则是和平主义的勤奋发展之路。

第二，"家—国"伦理与市民社会：两种不同的社会基础。在"资本主义生产以前的各种形式"中，马克思集中分析了亚细亚、古罗马和日耳曼式生产方式的特点，并由此断言，西欧式资本主义只可能在西方市民社会和日耳曼式所有制——以生产者自己劳动为基础的私有制——的基础上发展起来。在马克思看来，

---

① 习近平：《高举中国特色社会主义伟大旗帜　为全面建设社会主义现代化国家而团结奋斗——在中国共产党第二十次全国代表大会上的报告》，人民出版社 2022 年版，第 23—24 页。

市民社会是以原子式的个人为前提的，它不是自然产生的，而是西欧社会长期演化的历史产物，"市民社会只有在基督教世界才能完成……只有在基督教的统治下，市民社会才能完全从国家生活分离出来，扯断人的一切类联系，代之以利己主义和自私自利的需要，使人的世界分解为原子式的相互敌对的个人的世界"①。经过基督教的长期教化，市民社会逐渐从政治国家中分离出来，转化为原子式个人的私人活动领域；再通过原始积累即剥夺以自我所有为基础的私有者，最终建立了以占有为基础的资本主义私有制，完成了从市民社会到资产阶级社会再到资本主义生产方式的演化，建构了以资本为主导的现代西方文明。

在亚细亚生产方式中，所有财产直接归共同体所有，共同体是凌驾于一切个体之上的实体，个人（除最高统治者外）根本不具有独立人格。在传统生产方式的基础上，中华大地孕育的是一种以乡土和共同体为核心的家—国—天下的伦理社会，其中个人从来不是中国政治考量的出发点。马克思认为，如果没有外部力量干预，任凭经济基础的自我演化，东方亚细亚生产方式不可能自发地孕育出西方式的市民社会和资本主义私有制的。可能有些学者会以印度为例进行反驳，实际上，马克思已经清楚地指明了这一点：印度的资本主义并不是从印度的所有制中长出来的，而是英国殖民侵略的外在结果；② 英国的侵略"毁灭了印度的文明"③，迫使印度走上了资本主义道路。与印度不同，帝国主义的侵略虽然破坏了传统的农耕文明，冲击了中国社会的经济结构和生产方式，但封建土地所有制依然根深蒂固，尤其是在农村。中国共产党领导的新民主主义—社会主义革命通过一场广泛的社会

---

① 《马克思恩格斯全集》第3卷，人民出版社2002年版，第196页。
② 《马克思恩格斯选集》（中文第2版）第1卷，人民出版社1995年版，第768页。
③ 《马克思恩格斯选集》（中文第2版）第1卷，人民出版社1995年版，第768页。

革命推动了中国的政治革命，完成了从封建所有制到农民土地所有制再到社会主义所有制的转变，实现了社会经济基础和上层建筑的全面变革，完成了家—国伦理的社会主义和集体主义转向。在《法哲学原理》中，黑格尔考察了从家庭到市民社会再到国家的伦理发展历程，毋庸置疑，这种探讨不过是以唯心主义的方式表达了西欧社会的演化逻辑，并不适用于中国，因为中国社会并没有经历过西方意义上的市民社会阶段，中国的伦理体系从来都不是以个人和市民社会为基础的，绝不能把西方的市民社会伦理和政治理念移植到古代和现代中国。就农村土地所有制而言，英国通过"对农业生产者即农民的土地的剥夺"①，建立了资本主义土地所有制。与之相反，中国共产党不是剥夺农民的土地，而是通过社会主义改造，建立了农村土地的集体所有制（城郊土地归国家所有），后经过家庭联产承包责任制改革、两权分离再到三权分置，中国共产党独创性地解决了农民土地问题，实现了土地的经济、政治和国家治理功能的高度统一②，切断了西方式市民社会和土地私有制在农村的起源，为中国现代化提供了独一无二的土地制度保障。中国共产党之所以能够开创中国式现代化道路，创造人类文明新形态，重要原因之一就在于中国共产党以新民主主义—社会主义的革命方式解决了从传统中国到现代中国、从乡土中国到城镇中国的大转型，断绝了中国走向西方式市民社会和资本主义私有制的可能性。③

第三，人民—国家与资本权力制约：新现代性的原则。马克思认为，资本的诞生包含着一部世界史，它开创了世界历史和现

---

① 《马克思恩格斯全集》第44卷，人民出版社2001年版，第823页。

② 孙乐强：《农民土地问题与中国道路选择的历史逻辑》，《中国社会科学》2021年第6期。

③ 吴晓明：《"中国方案"开启全球治理的新文明类型》，《中国社会科学》2017年第10期。

代西方文明，这是资本的"伟大的文明作用"①。此外，马克思还指出，只要是资本，就会追逐增殖，这是资本的一般本性；而商业资本、产业资本、金融资本、银行资本、借贷资本、生息资本等是资本的具体形态，它们追逐增殖的方式及其运作机制也千差万别。在资本主义社会中，作为一种"普照的光"和"特殊的以太"，资本主导了人与自然、人与人、人与社会、国家与政治、西方文明与意识形态等的建构逻辑，导致一切都屈从于资本逻辑，进而产生了一系列无法克服的社会矛盾和恶果，最终将导致资本逻辑的自我扬弃。马克思的这些论断为我们深入理解资本的一般本性、历史作用及具体形态的运作机制提供了有益借鉴。

在党的二十大报告中，习近平总书记指出："高质量发展是全面建设社会主义现代化国家的首要任务。发展是党执政兴国的第一要务。没有坚实的物质技术基础，就不可能全面建成社会主义现代化强国。必须完整、准确、全面贯彻新发展理念，坚持社会主义市场经济改革方向，坚持高水平对外开放，加快构建以国内大循环为主体、国内国际双循环相互促进的新发展格局。"② 要构建高水平社会主义市场经济体制，就必须充分发挥市场在资源配置中的决定性作用，更好发挥政府作用，规范引导各类资本健康发展，为社会主义现代化强国建设打下坚实的物质技术基础。

在这里就涉及一个极其重要的问题，即如何理解社会主义市场经济这一伟大创举以及资本在其中的作用。一些国外学者依据资本和市场经济的一般运行机制或资本主义市场经济的运作机制，将社会主义市场经济理解为西方市民社会的翻版，或将其混同于资本主义市场经济，这本身就是一种理论和实践的错位，他

---

① 《马克思恩格斯全集》第 30 卷，人民出版社 1995 年版，第 390 页。

② 习近平：《高举中国特色社会主义伟大旗帜　为全面建设社会主义现代化国家而团结奋斗——在中国共产党第二十次全国代表大会上的报告》，人民出版社 2022 年版，第 28 页。

们只抓住了市场经济和资本的一般规定性，忘记了社会主义的本质定向！

在社会主义市场经济中，作为生产要素，资本在促进生产力发展、创造社会财富和增进人民福祉等方面确实发挥了积极的重要作用，但是，社会主义的定向决定了社会主义市场经济中的资本必然具有不同于资本主义社会的新属性。习近平总书记指出："现阶段，我国存在国有资本、集体资本、民营资本、外国资本、混合资本等各种形态资本，并呈现出规模显著增加、主体更加多元、运行速度加快、国际资本大量进入等明显特征。"[1] 其中，国有资本、集体资本以及混合资本中的国有和集体资本属于社会主义公有资本。从一般本性来看，资本无疑具有逐利性，但公有资本必须体现公共性，充分彰显公有资本的社会主义属性，必须坚持以人民为中心的发展理念，服务社会主义共同富裕。就此而言，公有资本本身就体现了宏观调控的"有为政府"与有限规定的资本权力的辩证统一，彰显了社会主义公有制和国家权力对传统资本逻辑的驾驭与扬弃。[2] 同时，社会主义定向也决定了社会主义市场经济中的其他类型的资本不可能像在资本主义中那样可以肆意地无序扩张，后者必然会受到社会主义生产关系和经济基础的制约。资本主义社会是以资本和私有制为基础的，这决定了资本主义国家权力在本质上是服务于资本利益的，它无法避免资本的权力寻租和权力的资本化；换言之，商品交换原则和资本逻辑不仅表现在资本主义的经济和生产生活过程之中，也必然会渗透到政治和国家体制之中。然而，作为社会主义国家，我们必须为资本设立"红绿灯"，将资本的消极作用限制在一定的范围内，坚决杜绝权力与资本的媾和（即以权力为基础的资本逐利和资本

---

① 《习近平谈治国理政》第 4 卷，外文出版社 2022 年版，第 218 页。
② 周丹：《社会主义市场经济条件下的资本价值》，《中国社会科学》2021 年第 4 期。

的权力寻租），杜绝资本逻辑对政治领域的渗透，杜绝资本的不正当竞争、垄断和无序扩张，杜绝资本对自然生态的破坏等，规范和引导各类资本健康发展。从这个角度来讲，将社会主义与市场经济结合起来，"是我们党的一个伟大创举。我国经济发展获得巨大成功的一个关键因素，就是我们既发挥了市场经济的长处，又发挥了社会主义制度的优越性"[①]。中国式现代化道路绝不是以资本为基础的，毋宁说，中国式现代化道路恰恰是建立在对资本逻辑的驾驭之上的，离开了这一点，就无法真正理解人类文明新形态的内在特质。

第四，生态危机与生态文明：两种不同的自然生态观。现代科学和工业革命改变了人与自然的原初关系，在科学技术的座架下，自然界第一次由人的主人变成了人的支配对象。马克思指出："只有在资本主义制度下自然界才真正是人的对象，真正是有用物；它不再被认为是自为的力量；而对自然界的独立规律的理论认识本身不过表现为狡猾，其目的是使自然界（不管作为消费品，还是作为生产资料）服从于人的需要。"[②] 在资本主义社会中，由于科学技术被转化为资本的权力，因此，科学技术对人与自然关系的改变最终是在资本的主导下完成的，于是，人与自然之间的物质变换，不再像前资本主义社会那样是为了满足人的生存，即生产使用价值，而是服务于资本的自我增殖，即把自然当作赚钱的工具，进而将人与自然的关系变成赤裸裸的金钱关系。换句话说，科学技术的一般发展实现了人类从自然的附属物到自然的主人的转变，在自然面前确立了自己的主体性；而科学技术的资本主义应用，却将这种支配和改造自然的活动变成了赤裸裸

[①]　中共中央文献研究室编：《习近平关于社会主义经济建设论述摘编》，中央文献出版社 2017 年版，第 64 页。

[②]　《马克思恩格斯全集》第 30 卷，人民出版社 1995 年版，第 390 页。

的赚钱活动，使整个自然界以及人与自然的关系臣服于资本的增殖逻辑，进而导致对自然的过度开采和破坏，甚至违背自然生态自身的发展规律，引发了日益严重的环境污染和生态危机。"工业化创造了前所未有的物质财富，也产生了难以弥补的生态创伤。"① 西方发达国家基本上走的是一条"先污染后治理"的道路，一开始就没有把生态纳入现代化的考量之中，进而导致了震惊世界的"八大公害事件"，遭遇自然的报复。社会主义现代化必须要吸取发达国家的历史教训，避免在人与自然的问题上走弯路。习近平总书记指出："大自然是人类赖以生存发展的基本条件。尊重自然、顺应自然、保护自然，是全面建设社会主义现代化国家的内在要求。"② "我们建设现代化国家，走美欧老路是走不通的，再有几个地球也不够中国人消耗。中国现代化是绝无仅有、史无前例、空前伟大的。现在全世界发达国家人口总额不到十三亿，十三亿人口的中国实现了现代化，就会把这个人口数量提升一倍以上。走老路，去消耗资源，去污染环境，难以为继！"③ 中国式现代化是人口规模巨大的现代化，我们必须要牢固树立和践行绿水青山就是金山银山的理念，贯彻绿色发展理念，站在人与自然和谐共生的高度谋划社会主义现代化建设，把生态文明建设放到现代化建设全局的突出地位，融入经济建设、政治建设、文化建设、社会建设全过程。"生态文明是人类社会进步的重大成果。人类经历了原始文明、农业文明、工业文明，生态文明是工业文明发展到一定阶段的产物，是实现人与自然和谐发

---

① 中共中央文献研究室编：《习近平关于社会主义生态文明建设论述摘编》，中央文献出版社 2017 年版，第 144 页。

② 习近平：《高举中国特色社会主义伟大旗帜　为全面建设社会主义现代化国家而团结奋斗——在中国共产党第二十次全国代表大会上的报告》，人民出版社 2022 年版，第 49—50 页。

③ 中共中央文献研究室编：《习近平关于社会主义生态文明建设论述摘编》，中央文献出版社 2017 年版，第 3—4 页。

展的新要求。历史地看，生态兴则文明兴，生态衰则文明衰。古今中外，这方面的事例众多。"① 在西方工业化过程中，自然被工具化为资本增殖的要素，屈从于资本逻辑；社会主义现代化必须充分尊重自然规律，秉持人与自然是生命共同体的理念，防止人类尤其是资本对自然生态的过分开发和破坏。西方现代化，用马克思的话来说，为生产而生产，无限制地发展生产力和科学技术，不顾自然生态的界限；中国式现代化为生产力的发展注入了生态维度，强调生态生产力，"保护生态环境就是保护生产力，改善生态环境就是发展生产力"②，强调发展绿色科技。西方现代化过分追逐物质财富和社会财富，不惜牺牲自然财富；中国式现代化为"财富"注入了生态维度，强调绿水青山既是自然财富、生态财富，更是社会财富和经济财富，统筹生态保护和经济发展，大力发展生态经济。西方国家将高污染、高耗能的产业转移到发展中国家和第三世界，以此来转嫁生态危机；而中国则始终做全球生态文明建设的重要参与者、践行者、引领者，积极为全球生态治理提供中国方案、贡献中国智慧。

第五，"天下"体系与人类命运共同体：全球治理新方案。西方市民社会是以原子式的个人为前提的，进而将市民社会演化为"一切人反对一切人的战场"；而以市民社会为基础孕育的近代资产阶级国家必然是原子式的民族国家，由此所形成的国际秩序必然是原子式国家之间的弱肉强食，无法从根本上避免修昔底德陷阱。习近平总书记指出："西方很多人习惯于把中国看作西方现代化理论视野中的近现代民族国家，没有从五千多年文明史的角度来看中国，这样就难以真正理解中国的过去、现在、未

---

① 中共中央文献研究室编：《习近平关于社会主义生态文明建设论述摘编》，中央文献出版社 2017 年版，第 6 页。

② 中共中央文献研究室编：《习近平关于社会主义生态文明建设论述摘编》，中央文献出版社 2017 年版，第 23 页。

来。要把中华文明起源研究同中华文明特质和形态等重大问题研究紧密结合起来，深入研究阐释中华文明起源所昭示的中华民族共同体发展路向和中华民族多元一体演进格局。"① 中国一开始就不是西方意义上的单一民族国家，而是多民族一体演进的发展格局。在传统"家—国—天下"的结构中，天下而非国家代表了终极的思考单位，"从天下去理解世界，就是以整个世界作为思考单位去分析问题，从而超越现代的民族国家思维方式"②。而人类命运共同体理念本身是在马克思主义指导下对传统"天下"理念的一种创造性转化和创新性发展，它主张从合作共赢和共生存在论的视角来理解世界，主张以整体视角来把握世界，从而为人类文明注入了全新的"世界主义"视野，这不仅超越了西方个人—市民社会—民族国家的狭隘框架，也超越了西方中心主义的窠臼，为构建新型国际关系和国际秩序提供了中国方案，贡献了中国智慧。

第六，"和而不同"与文明互鉴：一种新型的文明观。作为一种"普照的光"，资本在现实世界中的普遍同一性，必然要求在意识形态领域制造出与这种同一性相适应的形而上学体系。换言之，现实世界中的"同一"必然要求意识形态领域的"同一"。就文明观来看，以资本为基础的西方文明必然追求单数的文明：凡是不同于西方的文明往往被贬低为外在的、低等的异质文明，把文明差异理解为世界对立和冲突的根源，甚至不惜一切代价去改造、同化和取代其他文明，力图把原本复数的文明变为单数的文明。黑格尔和亨廷顿就是这种西方中心主义文明观的典型代表。如果说，古代天下体系倡导"以天下观天下"，主张超越民

---

① 习近平：《把中国文明历史研究引向深入，增强历史自觉坚定文化自信》，《求是》2022 年第 14 期。

② 赵汀阳：《以天下重新定义政治概念：问题、条件和方法》，《世界经济与政治》2015年第 5 期。

族国家的狭隘视野来理解世界，那么，它自然包含着以世界尺度来理解人类文明的价值诉求，因此，在中国视域中，文明从来都不是竞争性的单数存在，而是共生性的复数存在。无论是从中华文明自身的演进历程来看，还是从世界文明的交流互鉴来看，和而不同是一切事物发生发展的规律，也是文明传播和发展的规律。世界上不存在两片完全相同的树叶，同样也不存在完全相同的文明，正是这种差异性塑造了世界的丰富多彩性。但这种差异绝不是后现代主义所理解的没有任何相同点的绝对差异：每一种文明都是在特定的土壤中形成发展的，体现了每个民族自身的特色和长处，都包含着每个民族对人类共同价值即和平、发展、公平、正义、自由、民主的诉求；换言之，这种差异是有共同诉求的差异，而不是绝对差异。人类命运共同体恰恰就是要超越单一民族国家的视野，站在世界尺度来理解世界和人类文明，倡导在人类共同价值的指导下追求文明的交流互鉴，进而实现文明的共生发展。

通过上述梳理，可以看出，当代中国的伟大实践已经远远超越了西方现代化道路的基本构架和根本原则，如果不超越西方中心主义的话语逻辑，企图基于西方发展模式来理解中国道路及其所开创的人类文明新形态，是根本不可能的。从中国自身方位来看，从鸦片战争到新时代，中国式现代化道路的和平崛起，意味着中华民族的伟大复兴进入不可逆转的历史进程，这种历史进程是中国社会动态演化的结果，是中国与世界相互作用、相互运动的产物，是中国实践和世界历史运动的必然结果，是不以任何西方国家的意志为转移的。从世界变局来看，中国是百年未有之大变局中的最大自变量，这种变局与之前世界体系的演化不同：它不再是资本主义世界体系内部的一种动态演化，而是扭转和冲破整个资本主义世界体系的大转变。"当欧美国家是现代化主战场的时候，现代化建设规律表现出了鲜明的欧美色彩，以欧美经验为参照系，确实可以有效预见历史的前进方向。然而，当中国越来越全面、越来越深入地参与到世界现代化进程并发挥越来越大的作用时，现代化建设规律，乃至人类社会发展规律，都开始呈现出越来越明显的中国色彩。"① 因此，在这种大变局中，若忽视了中国，就不可能看清世界的未来！

（三）以大历史观为指导，深入把握中国式现代化道路的世界历史意义

前文已指出，唯物史观的一般规律与历史道路是两个不同的层面。我们绝不能从人类社会发展规律的统一性中推导出历史道路的唯一性，更不能将西方道路夸大为所有民族国家都必须要走的道路，这就犯了西方中心主义和一般历史哲学的谬误。马克思说："主张每个民族自身都经历这种发展，正像主张每个民族都必须经历法国的政治发展或德国的哲学发展一样，是荒谬的观点。"② 中国革命、建设、改革和现代化道路的形成，为我们进一步深化对人类社会发展规律的认识提供了新的证明。

第一，为我们进一步深化对五大社会形态理论的理解提供了依据。五大社会形态理论是指原始社会、奴隶社会、封建社会、资本主义社会和社会主义—共产主义社会，实际上这是就人类社会的总体形态所做的一种科学抽象和理论总结，绝不能把五大社会形态理论诠释为人类社会发展的线性模式，即任何一个民族国家都必须按照原始社会—奴隶社会—封建社会—资本主义社会—社会主义社会的线性逻辑一个接着一个阶段地向前发展。就总体来看，大部分社会都是按照这个逻辑往前发展的，但并不能得出

---

① 张亮、孙乐强等：《21 世纪国外马克思主义哲学若干重大问题研究》，人民出版社 2020 年版，第 28—29 页。

② 《马克思恩格斯全集》第 42 卷，人民出版社 1979 年版，第 257 页。

结论说每一个民族国家都是如此。只要条件具备，具体民族国家是可以实现社会形态的跨越式发展的。中国从半殖民地半封建社会经新民主主义社会直接进入社会主义社会，跨越了西方市民社会和资本主义阶段，证明了马克思跨越"卡夫丁峡谷"理论的科学性。

第二，为我们进一步深化对现代化道路的理解提供了依据。很长一段时间，西方国家垄断着关于现代化及其发展道路的解释权和话语权，将资本主义诠释为现代化的唯一道路。而中国式现代化道路的形成以铁一般的事实击碎了西方资本主义的话语霸权：现代化道路绝不是单数的，而是复数的。此外，还有一些学者认为，中国道路只是人类社会发展的一种特殊的例外情况，不具有可复制性，这就把中国道路仅仅限定在特殊性甚至个别性上了，完全忽视了中国道路的一般意义。马克思说："凡是民族作为民族所做的事情，都是他们为人类社会而做的事情。"① 中国道路不仅是中国的，也是为人类社会发展做出的重要贡献，它拓展了发展中国家走向现代化的途径，给世界上那些既希望加快发展又希望保持自身独立性的国家和民族提供了全新选择，因而也是世界的。同时，中国道路的形成意味着，具体民族国家只要找到顺应时代潮流、符合本国实际、反映人民意愿的发展道路，就有可能开启现代化建设新征程。

第三，为我们进一步深化对社会发展模式的理解提供了依据。西方现代化大致经过了市场化—工业化，第一次、第二次、第三次工业革命和科技革命的漫长演进和孵化之路，这是一种串联式的发展道路。一些国外学者以此为依据认为，落后国家要实现现代化，只能按照串联方式一个接着一个阶段地往前发展。然而，中国的发展证明这并不是必然的。与西方不同，中国开创了

---

① 《马克思恩格斯全集》第 42 卷，人民出版社 1979 年版，第 257 页。

一条并联式的发展道路：我们将市场化、工业化、信息化、城镇化与资本主义逻辑剥离开来，以社会主义来统领现代化，实现了市场化、工业化、信息化、城镇化的并联式发展；我们努力跟上时代潮流，将第一次、第二次和第三次工业革命和科技革命浓缩到同一时空中，实现了产业革命和科技革命的并联式发展。面对第四次科技革命浪潮，我们已经做好了充分准备！中国以并联式发展道路走过了发达国家几百年走过的串联式现代化历程，这本身就是一个人间奇迹。

第四，为我们进一步深化对世界主义的理解提供了依据。资本主义是世界历史的开创者，但马克思坚信，资本主义绝不是世界历史的最终完成者。资本主义的自身矛盾决定了资本主义必将被一个更高的社会形态所取代，届时落后国家将不再是世界历史的附属物和被动参与者，而是转化为世界历史的真正主体，世界也将回归人自身。因此，马克思一直告诫无产阶级，要超越民族主义—国家主义的狭隘视野，站在国际主义和世界主义的高度看待自己的历史使命。可以说，从古代的天下体系到马克思的世界主义再到人类命运共同体理念，中国共产党始终"坚持胸怀天下"①，以世界眼光关注人类前途命运，这代表了世界潮流和人类文明发展的未来方向，必将成为世界历史发展的主导理念。

四

我们总结历史规律，把握世界潮流和时代大势，目的就是要顺势而为，增强工作的系统性、预见性、创造性，走好当下和未

---

① 习近平：《高举中国特色社会主义伟大旗帜　为全面建设社会主义现代化国家而团结奋斗——在中国共产党第二十次全国代表大会上的报告》，人民出版社2022年版，第21页。

来之路，掌握未来发展的主动权。面对百年未有之大变局和中华民族伟大复兴的战略全局，如何充分发挥历史主动精神，走好新的赶考之路，就是关涉未来前途命运的一个重大问题。

　　首先，要坚定历史自信。习近平总书记指出："在新的赶考之路上，我们能否继续交出优异答卷，关键在于有没有坚定的历史自信。"① 我国拥有百万年的人类史、一万年的文化史和五千多年的文明史，而且也是世界上唯一没有文明断流的国家，这是我们坚定历史自信的文化基础。中国共产党带领中国人民取得了一个又一个的伟大成就，这是我们坚定历史自信的实践基础，"是我们党具有历史自信的最大底气，是我们党在中国执政并长期执政的历史自信，也是我们党团结带领人民继续前进的历史自信"②。马克思主义及其中国化时代化形态是我们认识世界、改造世界的根本武器，也是我们总结历史规律、认清时代大势、把握世界潮流的根本方法，是我们坚定历史自信的理论基础，如习近平总书记指出："拥有马克思主义科学理论指导是我们党坚定信仰信念、把握历史主动的根本所在。"③ 我们党始终坚持胸怀天下，从人类发展大潮流、世界变化大格局、中国发展大历史正确认识和处理同外部世界的关系，始终坚持独立自主，站在历史正义和人类进步的一边，这是我们坚定历史自信的价值基础。我们党始终坚持人民至上，"江山就是人民，人民就是江山，人心向背关系党的生死存亡。赢得人民信任，得到人民支持，党就能够克服任何困难，就能够无往而不胜"④，这是我们坚定历史自信的群众基础。

---

① 《习近平谈治国理政》第 4 卷，外文出版社 2022 年版，第 545 页。
② 《习近平谈治国理政》第 4 卷，外文出版社 2022 年版，第 546 页。
③ 习近平：《高举中国特色社会主义伟大旗帜　为全面建设社会主义现代化国家而团结奋斗——在中国共产党第二十次全国代表大会上的报告》，人民出版社 2022 年版，第 16 页。
④ 习近平：《在党史学习教育动员大会上的讲话》，《求是》2021 年第 7 期。

其次，要充分弘扬斗争精神。习近平总书记指出："历史发展有其规律，但人在其中不是完全消极被动的。只要把握住历史发展规律和大势，抓住历史变革时机，顺势而为，奋发有为，我们就能够更好前进。"① 如何理解主观能动性与历史规律、客观矛盾与主体意志的辩证关系，是历史唯物主义的一个重大问题。抛开历史规律和客观矛盾，只强调主体性，就会陷入唯意志主义的窠臼之中，这种盲目的主观性必然遭到客观规律的惩罚；忽视主体能动性，一味地强调客观规律和客观矛盾，就会陷入机械决定论和宿命论的窠臼之中，历史上任何社会的灭亡都不是历史规律自发运动的结果。只有在尊重历史规律、顺应时代大势的基础上，充分发挥主观能动性，才能真正实现合目的性与合规律性的辩证统一。面对"两个大局"，我们必须要顺应时代潮流，尊重客观规律，充分发挥历史主动性，弘扬斗争精神，依靠斗争赢得未来。

习近平总书记告诫道："全党同志务必不忘初心、牢记使命，务必谦虚谨慎、艰苦奋斗，务必敢于斗争、善于斗争，坚定历史自信，增强历史主动，谱写新时代中国特色社会主义更加绚丽的华章。"② 党的十八大以来，习近平总书记始终强调斗争精神；在党的二十大报告中，习近平总书记把"敢于斗争、善于斗争"提升到"三个务必"的高度，从根本上再次强化了斗争精神的哲学意义和时代价值。作为一个哲学范畴，矛盾的斗争性是指矛盾双方的相互排斥、相互分离的趋势，这是绝对的、永恒的、无条件的，而阶级斗争和政治斗争不过是矛盾的斗争性在政治领域的极端表现。矛盾的斗争性不仅是事物发展的动力，也是新事物产

---

① 《习近平谈治国理政》第 4 卷，外文出版社 2022 年版，第 510 页。

② 习近平：《高举中国特色社会主义伟大旗帜　为全面建设社会主义现代化国家而团结奋斗——在中国共产党第二十次全国代表大会上的报告》，人民出版社 2022 年版，第 1—2 页。

生、旧事物灭亡的推动力，更是新事物发展壮大的重要保障：面对百年未有之大变局，两种制度、两种道路、两种文明之间的斗争不仅会长期存在，而且将会更加凶险复杂，只有通过坚持不懈的斗争，才能不断加速旧秩序的衰亡，从而为新秩序的发展壮大提供根本保障；面对中华民族伟大复兴的战略全局，面对新发展阶段的主要任务和改革攻坚，只有依靠斗争，才能有效应对重大挑战、抵御重大风险、克服重大阻力、解决重大矛盾，才能推动新时代中国特色社会主义不断向前发展；面对党的建设新时代伟大工程，只有通过自我革命，才能永葆党的先进性、纯洁性，才能确保党在新时代坚持和发展中国特色社会主义的历史进程中始终成为坚强领导核心。

最后，要正确处理好战略与策略的关系。"战略问题是一个政党、一个国家的根本性问题。战略上判断得准确，战略上谋划得科学，战略上赢得主动，党和人民事业就大有希望……战略是从全局、长远、大势上作出判断和决策。我们是一个大党，领导的是一个大国，进行的是伟大的事业，要善于进行战略思维，善于从战略上看问题、想问题。"① 要做好战略布局，首先必须解决"知"的问题。毛泽东说："坐在指挥台上，如果什么也看不见，就不能叫领导。坐在指挥台上，只看见地平线上已经出现的大量的普遍的东西，那是平平常常的，也不能算领导。只有当着还没有出现大量的明显的东西的时候，当桅杆顶刚刚露出的时候，就能看出这是要发展为大量的普遍的东西，并能掌握住它，这才叫领导。"② 只有以唯物史观和大历史观为指导，才能更好地"知"规律、"知"大局、"知"大势、"知"长远，才能更精准地把握人类发展大趋势、世界演变大格局、中国发展大方位，才能从全

---

① 《习近平谈治国理政》第 4 卷，外文出版社 2022 年版，第 31 页。
② 《毛泽东文集》第 3 卷，人民出版社 1996 年版，第 394—395 页。

局、长远、大势上做出科学的战略谋划；反之，如果在理论思维和战略上判断失误了，那付出的代价将是不可估量的。这也是我们理解大历史观的重大意义所在。而要想培育这种理论思维能力，恩格斯说："除了学习以往的哲学，直到现在还没有别的办法。"① 这也是我们党为什么反复强调学哲学、用哲学的重要原因所在。不过，再正确的战略必须依靠策略来落实，因此，必须正确处理好理论思维向战略谋划再向实践策略的转化问题，这是"行"的问题。只有在知行合一中，才能实现合目的性与合规律性的辩证统一，才能不断推动事情朝着预定的目标前进。

党的十九大报告用"八个明确"和"十四个坚持"，概括了习近平新时代中国特色社会主义思想的科学内涵与核心内容，阐明了新时代坚持和发展中国特色社会主义的基本方略；在党的十九大报告的基础上，《中共中央关于党的百年奋斗重大成就和历史经验的决议》将"八个明确"发展为"十个明确"，概括了新时代以来取得的"十三个"方面的伟大成就，同时总结了中国共产党百年奋斗的"十条"历史经验。党的二十大报告从"十六个"方面总结新时代以来取得的伟大成就，进一步明确了新时代新征程党的中心任务，提出了中国式现代化的本质要求，对全面建成社会主义现代化强国"两步走"的战略安排进行了宏观展望，并从"十二个"方面对未来发展做出了战略部署。这是我们党对共产党执政规律、社会主义建设规律、人类社会发展规律认识深化和理论创新的重大成果，也是我们在"两个大局"下开创未来、走好新的赶考之路的底气所在。

---

① 《马克思恩格斯选集》第 3 卷，人民出版社 2012 年版，第 873 页。

开辟当代中国马克思主义
发展哲学的新境界[*]

—— "以人民为中心的发展思想" 的哲学逻辑

任　平^①

摘　要　党的二十大报告开辟了马克思主义中国化时代化的新境界，谱写了以"以人民为中心的发展思想"为核心纲领的马克思主义发展哲学新篇章。其一，报告郑重宣告了新时代新阶段中国共产党肩负的使命任务，集中体现了"现代化为了人民、现代化依靠人民、现代化成果让人民共享"等"以人民为中心"的现代化发展思想，成为开辟新境界、谱写新篇章的根本宗旨与时代根据。其二，系统阐明"以人民为中心的发展思想"是"中国式现代化"的根本宗旨和核心理念，为开辟新境界、谱写新篇章注入了全新的思想纲领。其三，"以人民为中心的发展思想"纲举目张地展开构成了"三新"发展观的战略

　＊　本文是国家社科基金重大项目"当代全球资本主义新变化的原因与趋势的历史唯物主义研究"（19ZDA022）的阶段性成果。原载《南京社会科学》2022 年第 12 期。

　①　任平，苏州大学中国特色城镇化研究中心、新型城镇化与社会治理协同创新中心首席科学家、教授、博导，南京市社会科学院马克思主义中国化研究中心研究员。

布局：进入高质量发展的新发展阶段、贯彻新发展理念、打造新发展格局。其四，"以人民为中心的发展思想"的实践逻辑，贯穿于推动"高质量发展"的经济现代化、"全过程人民民主"的政治现代化、"共同富裕"的社会现代化、"物质文明与精神文明协调发展"的文化现代化以及"人与自然和谐共生"的美丽中国建设等"五位一体"现代化发展战略之中，成为构建"人类命运共同体"的人类文明新形态的轴心价值。

关键词　"以人民为中心的发展思想"；发展哲学；新境界

党的二十大报告深刻阐释了新时代坚持和发展中国特色社会主义的一系列重大理论和实践问题，深描了全面建设社会主义现代化国家、以中国式现代化全面推进中华民族伟大复兴的宏伟蓝图，为新时代新征程党和国家事业发展、实现第二个百年奋斗目标指明了方向，是党带领全国各族人民夺取中国特色社会主义新胜利的政治宣言和行动指南，是马克思主义中国化时代化最新的纲领性文献。其中，确立"以人民为中心的发展思想"，成为贯穿中心使命和本质要求的核心纲领，全面开辟了马克思主义中国化时代化的新境界，谱写了马克思主义发展哲学的新篇章。具体而论，开辟新境界、谱写新篇章的根据主要是基于以下四点。其一，报告郑重宣示党在新时代新阶段肩负新的重大使命、新的中心任务，集中表达了"现代化为了人民、现代化依靠人民、现代化成果让人民共享"的根本理念，必然对党的发展理念、发展思想、发展战略的创新提出新要求，成为开辟新境界的根本宗旨、时代根据和强大动力。其二，系统阐明"以人民为中心的发展思想"是"中国式现代化"的根本宗旨和核心理念，为开辟新境界注入了全新的发展视域，成为贯穿全局、把握全局的新的思想纲领。其三，"以人民为中心的发展思想""纲举目张"地展开构成了"三新"发展观的战略布局：进入高质量发展的新发展阶段、贯彻新发展理念、打造新发展格局。其四，"以人民为中心的发展思想"的实践逻辑，贯穿于推动"高质量发展"的经济现代化、"全过程人民民主"的政治现代化、"共同富裕"的社会现代化、"物质文明与精神文明协调发展"的文化现代化以及"人与自然和谐共生"的美丽中国建设等"五位一体"现代化发展战略之中，成为构建"人类命运共同体"的人类文明新形态的关键，开辟了当代中国马克思主义发展哲学的新境界。

一 "以人民为中心的发展思想"：
开辟马克思主义发展哲学
新境界的核心纲领

　　一个民族要走在时代前列，就一刻不能没有理论思维，一刻不能没有先进正确思想的指引。在新时代新征程上全面建设社会主义现代化国家，以中国式现代化实现中华民族伟大复兴，迫切需要深入回答如何坚持和发展"以人民为中心的发展思想"来指引"以中国式现代化全面推进中华民族伟大复兴"等一系列全新的时代课题，要求我们必须开辟马克思主义中国化时代化新境界，谱写当代中国马克思主义发展哲学的新篇章。

　　党的二十大报告全篇贯通、着力阐明在全面建设社会主义现代化国家新征程上要全面贯彻"以人民为中心的发展思想"，指出："坚持以人民为中心的发展思想。维护人民根本利益，增进民生福祉，不断实现发展为了人民、发展依靠人民、发展成果由人民共享，让现代化建设成果更多更公平惠及全体人民。"① 这是贯穿把握"中国式现代化"中国特色和本质要求的核心思想，是构成开辟马克思主义发展哲学新境界的主要原则和核心纲领。

"以人民为中心的发展思想"是对马克思主义"人民至上"思想的"守正创新"和中国化时代化的最新理论表达。所谓"守正"，即党的二十大报告全面坚持和弘扬了唯物史观一贯主张的"人民是创造历史的主体""人民的需要是推动历史发展的强大引擎"这一经典原理，将"动力论"与"需要论"扩展提升到了新时代新境界。在此基础上，"创新"则主要聚焦新时代新阶段新使命，聚焦引领"中国式现代化""发展思想"这一新时代新阶段的核心理念加以全面展开，谱写了马克思主义中国化时代化的新篇章。坚持理论创新是马克思主义实现自身发展的内在需要，是中国共产党人总结历史经验的重大成果。党的二十大报告指出："实践没有止境。理论创新也没有止境，不断谱写马克思主义中国化时代化新篇章，是当代中国共产党人的庄严历史责任。"② 马克思主义始终与时代同步伐、与人民共命运，在关注和解答时代和实践提出的重大课题中做出新概括、获得新认识、形成新成果，是马克思主义永葆生机活力的奥秘。具体来说，"以人民为中心的发展思想"是由两个关键词有机组成的：一是"以人民为中心"思想或"人民至上观"；二是"发展思想"。如果说，"人民至上观"表达了唯物史观的一般原理，那么，将之聚焦、定位到"发展思想"这一主词之上，就成为一种新时代中国马克思主义的发展观和发展哲学的理论表达，就成为我们自己时代精神的精华。党的二十大报告以"以人民为中心的发展思想"

---

① 习近平：《高举中国特色社会主义伟大旗帜　为全面建设社会主义现代化国家而团结奋斗——在中国共产党第二十次全国代表大会上的报告》，人民出版社 2022 年版，第 27 页。

② 习近平：《高举中国特色社会主义伟大旗帜　为全面建设社会主义现代化国家而团结奋斗——在中国共产党第二十次全国代表大会上的报告》，人民出版社 2022 年版，第 18 页。

为核心理念，从以下五个方面对"人民至上观"加以创新阐释，成为马克思主义中国化时代化的最鲜明主题和最新成果。

第一，党的二十大报告明确指出中国共产党肩负新时代新阶段新使命、开辟马克思主义中国化时代化新境界，"必须坚持人民至上"这一主要原则。① 因为"人民性是马克思主义的本质属性，党的理论是来自人民、为了人民、造福人民的理论，人民的创造性实践是理论创新的不竭源泉。……我们要站稳人民立场、把握人民愿望、尊重人民创造、集中人民智慧，成为人民所喜爱、所认同、所拥有的理论，使之成为指导人民认识世界和改造世界的强大思想武器。"② 在新时代新阶段坚持人民至上原则，就是要聚焦"全面建设社会主义现代化国家"这一主题，举旗定向，牢牢把握"现代化为了人民、现代化依靠人民、现代化建设成果让人民更多更公平地共享"这一根本宗旨和主要原则，在"以中国式现代化全面推进中华民族伟大复兴"进程中的总体战略部署和具体政策安排上，都要紧紧围绕"以人民为中心的现代化发展思想"来展开，这是开辟马克思主义中国化时代化新境界的首要前提和基本方向。

第二，将"人民至上"的马克思主义基本原理与时俱进地推进到"现代化发展思想"这一新时代新阶段主题形态，集中表现为"以人民为中心的发展思想"。这是一个全新的发展思想，这一思想与以资本逻辑为宰制的西方式现代化发展观完全对立，同时超越和纠正了过去那种单纯追求"GDP"扩张规模总量而相对忽视广大人民群众利益诉求的片面发展观谬误，也是在深刻反思和积极抵制在我国改革开放以来经济领域和其他领域中资本逻辑

---

① 习近平：《高举中国特色社会主义伟大旗帜　为全面建设社会主义现代化国家而团结奋斗——在中国共产党第二十次全国代表大会上的报告》，人民出版社2022年版，第19页。

② 习近平：《高举中国特色社会主义伟大旗帜　为全面建设社会主义现代化国家而团结奋斗——在中国共产党第二十次全国代表大会上的报告》，人民出版社2022年版，第19页。

在发挥推动社会发展积极性的同时存在着侵蚀人民根本利益、发生"另类牵引"消极作用现象，坚定走中国特色社会主义道路的必然表达。这是"以中国式现代化全面推进中华民族伟大复兴"的行动纲领，谱写马克思主义发展哲学中国化时代化新篇章的核心理念。

时代是思想之母，实践是理论之源。马克思主义哲学的出场形态，不是一经出场就永恒不变的形而上学，而是随着以马克思主义为指导的政党的实践主题变化而变化、发展而发展的科学理论。马克思主义哲学的生命力就在于她具有时代性、实践性和开放性，其出场形态是"使命性""主题性"哲学。进入社会主义建设和发展时期，"发展是党执政兴国的第一要务"①。探索"中国式现代化发展道路"就必然要求马克思主义中国化时代化的出场形态围绕发展这一"第一要务"而展开，"马克思主义发展哲学"就成为中国特色社会主义世界观和方法论的出场形态。中国特色社会主义理论四十多年来的形成和发展无不凝聚为不断创新的马克思主义发展哲学形态。从建设时期初步探索"四个现代化"之路的毛泽东思想，到"走自己的路"、探索"中国式的现代化"之途的邓小平理论、"三个代表"重要思想和"科学发展观"，再到作为"当代中国马克思主义、21世纪马克思主义"的习近平新时代中国特色社会主义思想，主题都是对"建设一个什么样的社会主义现代化国家、以何种中国式现代化建设社会主义现代化国家"这一重大时代现代化发展问题的科学解答，都具有"反思的问题学"的方法论自觉，都是马克思主义中国化时代化发展哲学序列化理论创新的出场形态。马克思主义中国化时代化的每一次与时俱进地重大创新，都不断谱写了马克思主义发展哲

① 习近平：《高举中国特色社会主义伟大旗帜　为全面建设社会主义现代化国家而团结奋斗——在中国共产党第二十次全国代表大会上的报告》，人民出版社2022年版，第28页。

学的新篇章。

第三，新时代新阶段使命的宣示和确立，推动"以人民为中心"的马克思主义发展哲学谱写新时代篇章。党的二十大报告庄严宣示了新时代新阶段中国共产党的使命任务："从现在起，中国共产党的中心任务就是团结带领全国各族人民全面建成社会主义现代化强国、实现第二个百年奋斗目标，以中国式现代化全面推进中华民族伟大复兴。"① 这一宣示标志着进入新时代新阶段，党肩负"新使命"、完成"新任务"必然要求以人民为中心的马克思主义发展哲学必须把握"当代议程"，从而使党的前进方向更加明确、发展目标更加科学、发展思想更加先进、发展理念层次更加高远、发展观更加创新，从而必然开辟马克思主义发展哲学的新境界，构建以"以人民为中心的发展思想"为核心的新时代马克思主义发展哲学。

第四，"以人民为中心的发展思想"通贯"中国式现代化"的中国特色和本质要求，把握两者关系成为我们深刻理解和把握"中国式现代化""本质之新""道路之新"的根本切入点。"中国式现代化"经过百年奋斗经验提炼和总结，已经上升为一个全新的包括中国式现代化类型、目标和道路等内容在内的自主知识体系，是马克思主义发展哲学中国化时代化的最新成果。理解和把握"中国特色和本质要求"的关键，在于"以人民为中心的发展思想"。构成中国式现代化中国特色的每一条、本质要求的每一项，都是"以人民为中心的发展思想"的具体展开形式和实践表达。因为本文后叙还将详解这一意义，在此仅仅指出一点：如果不抓住"以人民为中心的发展思想"这一思想总纲和本质要求，我们对中国式现代化的中国特色和本质要求每一个方面的理

① 习近平：《高举中国特色社会主义伟大旗帜　为全面建设社会主义现代化国家而团结奋斗——在中国共产党第二十次全国代表大会上的报告》，人民出版社 2022 年版，第 21 页。

解和把握就不可能准确，更不可能全面与充分。

第五，党的二十大报告坚定地站在"以人民为中心"立场，以"江山观"和"天下观"的高度创新阐释了"江山就是人民，人民就是江山"的深刻道理，围绕如何准确把握人民在新时代新征程的"需要"加以深刻阐释，聚焦如何充分满足新时代新阶段人民的现代化发展的全面需要和共同富裕两大中心主题，展开系统解答和战略部署，充分阐明了新时代新阶段人民的根本愿望、主要追求和主要矛盾，从而夯实了"以人民为中心的发展思想"出场的现实根基。

二　"以人民为中心的发展思想"：中国式现代化的根本宗旨与核心理念

如何理解"以人民为中心的发展思想"在"中国式现代化中国特色和本质要求"中的地位和意义呢？答案是："以人民为中心的发展思想"要求"中国式现代化为了人民、依靠人民，现代化成果让人民更多更公平地共享"，因而是中国式现代化根本宗旨的思想表达，是贯通中国式现代化中国特色和本质要求的核心理念，是把握中国式现代化战略全局的思想纲领。

"以人民为中心的发展思想"是对"中国式现代化"根本宗旨的思想表达："中国式现代化为了人民、依靠人民，现代化成果让人民更多更公平地共享"，这一表达构成了超越西方式现代化、旧中国现代化和其他一切现代化老路弊端的"本质之新"之所在，完整地呈现了"以人民为中心的中国式现代化发展思想"。

西方式现代化是世界现代化原初发端之唯一形态，无论它在历史演进中不断采取启蒙现代性、经典现代性、后现代或欧洲新现代性等何种形式，本质上都是以资本逻辑为宰制的资本主义社会形态。这一现代化类别在开辟超越传统封建社会的现代化文明的同时，由于资本逻辑的逐利本性，必然以最现代的方式造成人剥削人、人压迫人、全面异化、全面冲突的社会现实，从而导致三大崩溃：一是全面的阶级对抗和冲突造成社会关系普遍异化和分裂，导致社会崩溃；二是资本不计后果地榨取自然资源、破坏生态环境，导致人类生存的自然基础的崩溃，人与自然的全面对抗和冲突；三是资本采取单边主义、霸权主义、殖民主义、帝国主义和新帝国主义的手段，引发全球分裂、南北纷争和东西对抗，导致全球体系的崩溃。旧中国现代化是西方式现代化在中国的翻版，其弊端如出一辙。如何能够解决和超越西方式现代化的弊端，这就是现代化的"世界之问""历史之问"，也是在彻底批判资本逻辑、探寻后资本现代化道路的"马克思之问""列宁之问""毛泽东之问""邓小平之问"的焦点问题。西方资本逻辑宰制的现代化弊端关键在于其是反人民的。超越西方式现代化的关键在于如何颠覆资本逻辑宰制、牢固树立"以人民为中心的发展思想"。现代化为了资本利益还是为了人民利益，现代化单纯依靠资本力量还是主要依靠人民力量，现代化成果仅仅让资本独享还是让人民共享，这是西方式现代化与中国式现代化两种类型、两条道路在根本宗旨上的本质区别。只有明确了"以人民为中心的发展思想"，我们才能准确理解和把握中国式现代化的根本宗旨，才能牢牢把握"以中国式现代化全面推进中华民族伟大复兴"的根本方向，才能准确把握中国式现代化的中国特色和本质要求，才能把握中国式现代化的战略部署和实施安排的全局。

"以人民为中心的发展思想"是中国式现代化具有中国特色与本质要求的核心理念，而其中国特色与本质要求的每一项内容都是这一核心理念的具体展现、具体表达。两者之间呈现着本质规定与具体展现、核心理念与体系构成的关系。党的二十大报告阐述了中国式现代化的中国特色的五大方面，而每一方面都在这一核心理念的主导下展开了自己的独特内容。

"中国式现代化是人口规模巨大的现代化。"① 如果仅仅将之解读为人口数量规模巨大，那么就失之表象。从"以人民为中心的发展思想"的本质向度来看，这一中国特色主要指两个关键点。一是中国式现代化是为了人口规模巨大的中国人民的现代化，现代化的每一步发展都要我们按照全体中国人民对美好生活的向往付出无比艰辛的努力，创造出巨大的财富、巨大的成果、巨大的进步，我们既不能简单照搬小国现代化的经验，也不能急于求成，而要循序渐进、稳步发展。二是中国式现代化服务的中国人民是人口规模巨大的一个发展共同体，现代化不能为了少数人、一部分人，而是为了全体中国人民。中国人民是人口规模巨大、需要多样的发展共同体，我们决不能让一个人掉队，需要实现全体人民整体现代化；不能在发展需要满足上不全面、不平衡、不充分，而要让全体中国人民整体享有现代化自由全面发展的权利、空间和成果；我们要凝聚全体中国人民现代化的力量团结奋斗。

"中国式现代化是全体人民共同富裕的现代化。"② 这是中国特色社会主义的本质要求，也是"以人民为中心的发展思想"的本质要求。"以中国式现代化全面推进中华民族伟大复兴"是全体中国人民的共同心声、根本愿望和整体追求，全体人民共同富裕、共同发展、共同幸福是"以人民为中心的发展思想"题中必然之义，是中国式现代化区别于别的现代化类型的根本特征。当前，在以公有制为主体、多种经济成分并存共同发展，以按劳分配为主体、按照多种生产要素分配并存以及社会主义市场经济构

---

① 习近平：《高举中国特色社会主义伟大旗帜　为全面建设社会主义现代化国家而团结奋斗——在中国共产党第二十次全国代表大会上的报告》，人民出版社 2022 年版，第 22 页。

② 习近平：《高举中国特色社会主义伟大旗帜　为全面建设社会主义现代化国家而团结奋斗——在中国共产党第二十次全国代表大会上的报告》，人民出版社 2022 年版，第 22 页。

成的基本经济制度条件下，我们进入差异性社会。这一社会类型既不同于西方式资本主义阶级对抗社会，也不是同质性社会，而是人民在根本利益、长远利益、整体利益上趋于一致，而在眼前利益、局部利益上存在各种差异的社会。在这一社会中，利益差异及其表达是客观存在的，而且在某些情况下利益分化、贫富差异在拉大。合理的差异在激发社会活力的同时，也会导致整个社会需求严重不足、发展动力乏力、社会各个利益群体之间关系不和谐的后果。这一现象不利于中国式现代化的健康有序发展。在完成脱贫攻坚、全面建成小康社会的历史任务之后，我们党在新时代新阶段的根本使命，就是要不断发展、做大蛋糕，同时要以中国人民共同认可的公平正义原则分好蛋糕，以法治有序善治差异性社会，坚决防止两极分化，以中国式现代化全面推进中华民族伟大复兴，让全体人民逐步缩小利益差异，加快走共同富裕、共同发展之路，创造全体人民的共同福祉。

"中国式现代化是物质文明和精神文明相协调的现代化。"[①]这是进入新时代新阶段，中国人民的"需要观"发生历史性、时代化的变革和提升的必然选择，目的还是因为"中国式现代化"是为了人民、依靠人民、让现代化成果为人民共享的现代化。精准把握中国人民需要观的变化，才能精准满足人民的需要，才能精准建设一个受人民欢迎、拥护和支持并为之全身心投入奋斗的现代化事业。走向全面建设社会主义现代化进程的中国人民对美好生活的需要和向往远远超出历史上的任何时候，不仅要有物质富足，而且要有精神繁荣。物质贫乏、精神贫乏都不是社会主义。为中国人民厚植现代化的物质基础和精神条件，为人民幸福生活提供丰富的物质条件和精神环境，这是中国式现代化的必然

---

① 习近平：《高举中国特色社会主义伟大旗帜　为全面建设社会主义现代化国家而团结奋斗——在中国共产党第二十次全国代表大会上的报告》，人民出版社 2022 年版，第 22 页。

主张。为了实现这一主张，我们不仅要大力发展物质生产，也要大力发展精神生产；不仅要建设物质文明，也要建设精神文明。

"中国式现代化是人与自然和谐共生的现代化。"① 这是实现中国人民现代化根本利益追求的自然条件，也是中国式现代化超越西方式现代化弊端的标志之一。在此，从"以人民为中心的发展思想"这一核心理念出发来理解这一中国特色，有两点需要把握。一是从现代化制度对比来看，以资本逻辑宰制为核心的西方式现代化造成人与自然关系的全面对抗和崩溃，而中国式现代化超越西方式现代化的主要特征之一就必然是主张"人与自然和谐共生"的现代化，这是社会主义现代化超越资本主义现代化的本质规定之一。二是西方资本逻辑在当代也想通过"生态修复"来缓和人与自然的关系，走"绿色资本主义"之路，但是，由于资本逻辑逐利本性使然，一旦生态文明主张从根本上冲击了资本逻辑的主导地位，两者之间必然爆发剧烈冲突。而且，西方采取的所谓后现代的"生态中心主义"或"深生态学"态度漠视普通人民大众的根本利益和主体地位，因而不适合中国国情。中国需要开辟的生态之路是现代化的而不是后现代的，是人与自然和谐共生共长的中国式现代化生态之路，既超越导致人与自然根本对立的西方经典现代性之路，也超越西方漠视人而仅仅强调生态中心的后现代之路，这是生态为民、生态富民的中国新现代化之路，是"以人民为中心"的中国式现代化生态发展之路。

"中国式现代化是走和平发展道路的现代化。"② 以美国为首的西方式现代化采取的单边主义、霸权和霸凌主义世界体系，构成了旧全球化时代的单一主体和客体、"文明—野蛮"分置的二

---

① 习近平：《高举中国特色社会主义伟大旗帜　为全面建设社会主义现代化国家而团结奋斗——在中国共产党第二十次全国代表大会上的报告》，人民出版社 2022 年版，第 23 页。

② 习近平：《高举中国特色社会主义伟大旗帜　为全面建设社会主义现代化国家而团结奋斗——在中国共产党第二十次全国代表大会上的报告》，人民出版社 2022 年版，第 23 页。

元对立逻辑。中国崛起要打破的不仅仅是西方霸权主义的全球经济体系，而且要从根本上改变全球文化—文明霸权体系。中国式现代化"以人民为中心的发展思想"，不仅要发展和维护中国人民的根本利益，也要发展和维护世界人民的平等的合理利益，反对一切旧全球化时代霸权主义、霸凌主义、帝国主义对世界人民的奴役和统治。中国绝不采取西方通过战争、掠夺和殖民方式实现现代化的老路，而是高举和平发展、合作共赢、文明互鉴的现代化旗帜，开创发展和维护中国和世界人民共同利益的新全球化时代。

中国式现代化九大本质要求同样成为全面贯彻"以人民为中心的发展思想"这一核心理念的丰富表达。坚持中国共产党领导，其坚实根据不仅是因为百年历史反复证明只有中国共产党能够带领中国人民实现从站起来、富起来到强起来的中国式现代化的三大使命，而且在差异性社会，只有中国共产党才能够代表全体中国人民的根本利益、整体利益和长远利益，才有能力成为全面推进中国式现代化，实现中华民族伟大复兴的领导核心。坚持中国特色社会主义，这是维护全体中国人民的根本利益、整体利益和长远利益的根本道路和根本制度保障。实现高质量发展，是因为新时代新阶段中国人民追求美好生活的愿望和需要不可能再是简单追求粗放型、高消耗、高污染、低收入、GDP 高规模的方式和路径能够加以满足的，而必须要转向高技术、高质量、高精耗、高生态、高收益的现代发展之路。发展全过程人民民主，是在政治领域坚持"以人民为中心的发展思想"的中国式现代化民主实现方式。丰富人民精神世界，是为了满足人民现代化精神生活需要。实现全体人民的共同富裕，是全体人民的共同愿望。促进人与自然和谐共生，是中国式现代化走生态为民、富民之路的基本原则。推动人类命运共同体，创造人类文明新形态，是发展和维护中国人民和世界人民共同利益需要的现代化思想表达。

三 "三新"发展观："以人民为中心的 发展思想"的战略布局

党的二十大报告提出，在新发展阶段实现高质量发展、贯彻新发展理念、构建新发展格局，构成"三新"发展观，这是"以人民为中心的发展思想"的战略布局。

在新时代新阶段实施高质量发展，这是发展战略的重大调整，也是发展观的根本转变。在改革开放初期，由于中国的现代化发展尚处在起步阶段，为了全面振兴产业发展，我们利用一切国资、民资、外资在初期产业发展中加大投资，带动全国经济迅速发展，因而出现了"三高一低"的粗放型发展模式。所谓"三高"，就是高投入、高消耗、高污染同步存在。所谓"一低"，就是低工资，人工成本被降低到全球工业化价值链的较低水平。由于竞争优势明显，以"三来一补"（即来料加工、来资本投入、来加工样式规范和补足生产出口差额）的出口导向型经济模式占据了主导地位。代工经济模式虽然在一定程度上促进了地区经济发展，满足了部分就业需求和职业转换（农转工）的需要，但是，这一发展模式由于"两头在外（资本投资和销售）"，存在于全球价值链的"微笑曲线"（两头在外的价值取值大大高于中间的加工生产环节）的中间，因而，这一粗放型、追求 GDP 规模效应的初期现代化生产模式与人民群众通过参与全球制造业竞争而获得富裕的愿望之间存在严重脱节。全球价值链造成的国际经济风险依附（国际市场和产业依存度），形成了全球"资本和技术中心——加工和生产边缘"两极结构，也远远高于原初国内自主产业发展的状况，形成了新的重大经济风险。正是在两次大的金融危机（1997 年东南亚金融危机和 2008 年国际金融危机）扩展进程中，这一系列发展问题尖锐凸显，需要我们从根本上改变初期粗放型和以代工经济为基础的出口导向经济增长模式，向以自主可控的科技—产业创新和劳动力素质提升为基础带来的高质量发展之路转变。与此同时，全面高质量发展也是在走向全面建设社会主义现代化国家的新征程中，满足人民群众对美好生活需要的必然选择。没有全面的高质量发展，就不会有高质量的现代化成果，也就不会有让人民满意的高质量现代化幸福生活。

"创新、协调、绿色、开放、共享"的发展理念，是"以人民为中心的发展思想"在新时代新征程全面建设社会主义现代化国家进程中的具体展开，是我们必须把握的发展观。如果说，这一新发展理念在新时代就已经提出，那么，经过多年的实践丰富和发展，其内容和规定已经深度融入中国式现代化的本质向度，成为我们更深度思考和理解"以人民为中心的发展思想"如何开辟马克思主义发展哲学新境界的根据之一。在全面建设社会主义现代化国家的高质量发展时代，科技是第一生产力，人才是第一资源，创新是第一动力。这三个"第一"都是新时代马克思主义发展哲学的最新观念，是对创新发展新理念的最新表达。

协调发展着重在于补短板、强弱项，这是为了更好满足中国式现代化发展中的人民需要。改革开放四十多年来，以经济建设为中心，经济发展走在政治建设、社会建设、文化建设、生态建设的前列，成为引擎，力求让人民富起来。但是发展起来的人民对其他领域的需要更加迫切，渴望得到更多的幸福，获得全面发展，因此，以补短板、强弱项为重点的协调发展，就成为全面建设社会主义现代化国家的必然选择。

绿色发展是中国式现代化的本质要求，也是满足中国人民现代化生活需要的重要内容。关键在于：超越西方式生态文化，开拓中国式现代化绿色发展之路，成为我们理论创新和战略选择的重点。

开放发展是全球化的必然要求，也是我们中国式现代化的时代指向。问题在于：新时代新阶段的开放发展不是在原初方式、路径上的量的扩张，而是从根本上超越和转换以往的方式和路径，是一种创新的在场。这一超越和转换的关键点在于：我们的开放发展要从自主输入型现代化阶段转向自主辐射型现代化阶段，从"世界走向中国"的时代跨入"中国走向世界"的时代，因此，我们的开放发展的目的、指向、方式、观念和战略都将发生重大改变。我们要为中国式现代化开创人类文明新形态的总体战略服务。

共享发展进入新阶段具有了加速"共同富裕"和"共同发展"的新内容、新要求。共享发展不再简单局限于分配正义，而是向前延伸到生产正义，让所有的经济资源具有经历公共权力再平衡、再配置的机会。这是一次在经济领域中爆发的具有里程碑意义的划时代变革。共同富裕是中国特色社会主义的本质要求，让人民成为共享现代化发展成果的主体，将成为时代最响亮的发展口号。

摆脱和超越深度依赖国外经济体支配的出口导向型经济发展模式，构建以国内大循环为主体、国内国际双循环相互促进的新发展格局，这是中国式现代化科技—产业体系发展进入新时代新阶段的必然要求。从单纯满足国际市场的出口导向型经济转向以国内大循环为主体的经济选择，不仅归因于考虑中国式现代化经济发展的安全需要，防止西方在关键技术、共性技术和专门化产品环节上围剿中国、阻碍中国发展，更在于要确立优先满足国内人民日益增长的现代化物质文化需要的观念。为此，要解决资本盲目外溢和国内投资不足、制造业和实体经济缺乏活力、大众收入消费乏力、金融需求和供给不对称等问题，必须要全面重建和完善国内大循环的自主可控的科技和产业供给体系，坚决防止两极分化，提高人民收入和消费能力，重振国内消费市场。构建新格局绝不是重走封闭发展之路，而是要更强有力地提升自主开放能力，以便加大国际经济合作，将"引进来"和"走出去"的国内国际双循环相互促进，坚决打破以美国为首的西方国家对我国经济的隔离、封锁企图，让中国在走向世界的自主辐射型现代化有坚实的经济基础。

"三新"发展观从发展方式、发展理念、发展格局等方面深度拓展了"以人民为中心的发展思想"，成为我们理解和把握中国式现代化的关键着力点。

四　"五位一体"的发展战略："以人民为中心的发展思想"的实践逻辑

党的二十大报告将"以人民为中心的发展思想"实践逻辑，集中贯穿于推动"高质量发展"的经济现代化、"全过程人民民主"的政治现代化、"共同富裕"的社会现代化、"物质文明与精神文明协调发展"的文化现代化以及"人与自然和谐共生"的美丽中国建设等"五位一体"现代化发展战略之中，成为构建"人类命运共同体"的人类文明新形态的轴心价值。

推动"高质量发展"的经济现代化，首先要明确"高质量发展是全面建设社会主义现代化国家的首要任务"这一战略观念，同时要重点把握构建高水平社会主义市场经济体制、建设现代化产业体系、全面推进乡村振兴、促进区域协调发展、推进高水平对外开放等各项战略部署，围绕一个中心：通过经济现代化让人民强起来，全面建成社会主义现代化强国。强国依靠人民，为此必须要实施科教兴国战略，强化现代化建设人才支撑。办好人民满意的教育，完善科技创新体系，创新驱动，人才强国，这都贯穿着一个主题：强国依靠人民，依靠人民的智慧和力量，依靠人民的素质提升和创新能力。

发展全过程人民民主，保障人民当家作主，是在国家政治治理现代化领域贯彻"以人民为中心的发展思想"的直接现实。党的二十大报告指出："人民民主是社会主义的生命，是全面建设社会主义现代化国家的应有之义。全过程人民民主是社会主义民主政治的本质属性，是最广泛、最真实、最管用的民主。"① 这里需要重点理解和把握两点。一是中国式现代化是全面的现代化，超越以往苏联和中华人民共和国成立初期一度单纯将现代化仅仅理解为物质器皿层（工业、农业、科技、国防等"四个现代化"）现代化的片面性，将"人民民主"看作是社会主义、中国式现代化必然具有的本质规定，这就在时代的最前沿、最高端全面指明了中国式现代化的发展方向。二是全过程人民民主超越了西方式现代化标榜的仅仅是一次性、形式化、虚假化的选举民主，成为中国式现代化"本质之新"的关键所在，"最广泛、最真实、最管用的民主"充分体现了"全过程人民民主"本质之新的中国特色与优越性，是"以人民为中心的发展思想"在政治现代化领域的直接表达。

以追求和谐稳定发展为核心的社会现代化，关键依然在于全面落实"以人民为中心的发展思想"，在大力加速推进全体人民的共同利益、根本利益、整体利益、长远利益的实践进程中明确以社会主义公平正义原则来引导社会现代化发展、善治差异性社会，完善生产资源和分配制度，健全社会保障体系，推进健康中国建设，防止两极分化、逐步缩小乃至消灭利益差异，最终实现大同社会目标。

物质文明与精神文明协调发展的文化现代化，需要推进文化

---

① 习近平：《高举中国特色社会主义伟大旗帜　为全面建设社会主义现代化国家而团结奋斗——在中国共产党第二十次全国代表大会上的报告》，人民出版社 2022 年版，第 37 页。

自信自强，铸就社会主义文化新辉煌，以建设强大凝聚力和引领力的社会主义意识形态为国家立心、为民族立魂，以丰富的健康的积极昂扬的文化繁荣成果极大丰富人民的精神文化生活，提高社会文明程度，满足人民的现代化文化需要，大力增强中华文明在全球的影响力。

"人与自然和谐共生"的美丽中国建设是中国式现代化的中国特色与本质要求。因本文前有详述，在此仅仅强调一点："五位一体"的表述，一方面表明了党的二十大明确指出的新时代新征程我们要奋斗实现的"富强民主文明和谐美丽的社会主义现代化强国"目标是全面的、先进的和具有强大时代引领性的现代化纲领，这是自1840年以来中华民族、中国人民、中国共产党对于现代化目标最完整、最全面、最先进、最科学的理解与表达；另一方面也表明，中国式现代化满足了人民对美好生活的一切需要，是全面的、完整的、最得民心的实践工程。"以人民为中心的发展思想"在推进中国式现代化"五位一体"战略部署中，得到了最充分的落实、最可靠的保证。

五　开辟马克思主义发展哲学
新境界：四点思考

第一，新时代新阶段中国共产党的新使命新任务构成开辟马克思主义发展哲学新境界、谱写新篇章的时代主题和现实根基。任何理论都是问答逻辑。任何理论境界之所以需要提升和出场，其根据首先就源于将时代新问题提升为哲学原则高度成为"当代新议程"，这一"议程化""主题化"的哲学自觉必须进展到新高度，因而需要有新的哲学境界才能解答。即是说，变革世界需要哲学自觉作为行动指南，哲学立足新时代新阶段的使命性、主题性立场，必然将之转化为一个唯物史观中国逻辑的最新理论创新而加以思考，同步地推动哲学的与时俱进。从"新问题中的新哲学"转为"新哲学中的新问题"，使聚焦反思问题的哲学视域发生跃迁，解答问题的理论星丛和思想坐标重新拓展，把握走向的核心理念和体系建构重新变革，进而需要开辟新境界。

第二，"以人民为中心的发展思想"成为开辟马克思主义发展哲学新境界、谱写新篇章的主导发展观。发展哲学是关于发展观的理论体系。发展观是发展哲学的轴心观，一旦发展观与时俱进，那么必然结果就是作为发展哲学的理论体系也或迟或早随之发生飞跃，进而推出新的发展哲学。从邓小平强调的"以经济建设为中心"、以"小康社会"为"中国式的现代化"战略重点、以"发展是硬道理"为思想主导的发展观，开了中国马克思主义发展哲学先河；"三个代表"重要思想和"以人为本、全面、协调、可持续的发展观"为后续，聚焦总体小康社会建设主题，进一步打破单纯的 GDP 崇拜的片面发展观，从发展客体论走向发展主体论，与时俱进地推进了中国马克思主义发展哲学的出场形态的变革；进入新时代新阶段，党的二十大报告以"全面建设社会主义现代化国家"和"以中国式现代化全面推进中华民族伟大复兴"为主题，以"以人民为中心的发展思想"为主导，全面开创了中国马克思主义发展哲学的新形态，这是开辟马克思主义中国化时代化新境界的最新成果。

第三，"以人民为中心的发展思想"构建当代中国马克思主义发展哲学，具有一个核心发展观、聚焦一个主题、贯通一条主线、揭示一个动力机制、呈现三个发展战略布局、表现五位一体的发展战略路径。所谓"一个核心发展观"，即是把握了"现代化为了人民、现代化依靠人民、现代化建设成果更多更公平地为全体人民共享"这一中国式现代化根本宗旨的"以人民为中心的发展思想"；所谓"聚焦一个主题"，即是指聚焦"中国式现代化的中国特色与本质要求"；而贯通的一条主线，即"以中国式现代化全面推进中华民族伟大复兴"全过程的主线；揭示一个动力机制，即中国式现代化发展的动力机制，包括科技是第一生产力、人才是第一资源、创新是第一动力的新观念；所谓"呈现三个发展战略布局"，就是指"新发展阶段的高质量发展、新发展理念、新发展格局"，即"三新"发展观；所谓"五位一体的发展战略路径"，指推动高质量发展的经济现代化、发展全过程人民民主的政治现代化、走共同富裕的社会现代化、物质文明与精神文明协调发展的文化现代化以及人与自然和谐共生的美丽中国建设。因此，这是一个完整的、创新的、时代的马克思主义发展哲学理论体系。

第四，"以人民为中心的发展思想"构建的马克思主义发展哲学是马克思主义中国化时代化的最新成果，开辟了新境界、谱写了新篇章，成为中国共产党人把握中国式现代化发展的哲学逻辑，马克思主义发展哲学的新时代形态和理论表达，成为我们在新时代新阶段为实现新使命新任务而奋斗的行动指南，是中国马克思主义对现代化发展"世界之问"的最新解答。

中国共产党领导中国式现代化*

——政党引领国家现代化的理论建构与实践创新

唐亚林　　郝文强①

摘　要　中国式现代化是中国共产党领导全体人民创建的社会主义现代化发展模式，开创了人类社会的新型现代化理论范式，从根本上克服了资本主义现代化缺乏主导引领力量和失去共富发展动力的内生缺陷。在中国式现代化中，中国共产党是最高政治领导力量，带领全体人民创造了社会主义现代化建设的主体合力，建构了"领导—发展体制""使命—责任体制""决策—执行高效互动模式"有机融合的现代化兴党兴国体制。在马克思主义中国化时代化的重大理论创新成果指导下，中国共产党带领全体人民通过进阶式发展目标的引领与接续性奋斗行动的落实，开辟了中国特色社会主义现代化发展模式，并呈现出"人的全面自由发展、社会协调均衡发展、世界共建共荣发展"等多目标一体化发展的实

* 本文是国家社科基金重大研究专项资助课题（22VMG001）的阶段性成果。原载《南京社会科学》2023 年第 6 期。

① 唐亚林，复旦大学国际关系与公共事务学院、马克思主义研究院二级教授、博导；郝文强，复旦大学国际关系与公共事务学院博士生。

践特征。政党引领国家现代化理论范式的建构，彰显了中国共产党在共同富裕、开放发展、命运与共等目标引领下，致力于创造美好生活与美好世界的价值取向，为世界各国提供了超越西方现代化发展模式的崭新选择，推动了世界历史的整体进程，创造了具有世界历史性意义的人类文明新形态。

关键词　中国式现代化；政党引领国家现代化；社会主义现代化；新型理论范式

现代化是人类文明进步的标志，是世界各国追求的共同目标。中国式现代化是在人口众多、经济薄弱、技术落后的发展基础上，由中国共产党领导全体人民经过接续奋斗所创建的一种既符合中国自身特点又具有世界历史意义的社会主义现代化发展模式。党的二十大的召开，开启了中国全面建设社会主义现代化国家的新征程。值此关键时刻，牢牢把握"中国共产党领导"这一中国式现代化的本质特征，对于深化对中国式现代化的理论认识，推进中国式现代化的伟大实践，推动中国式现代化在全球范围内展现其蓬勃的生机与旺盛的活力，均具有十分重大的理论与实践意义。

一　政党引领国家现代化：中国式现代化的宣言书

中华人民共和国成立以来，中国共产党领导全体人民历经艰苦奋斗，成功开辟了中国式现代化发展模式，深刻改变了世界发展的趋势和格局。党的二十大报告庄严宣告："在新中国成立特别是改革开放以来长期探索和实践基础上……我们党成功推进和拓展了中国式现代化。"① 由此可见，中国共产党全面引领和塑造的国家现代化进程是中国式现代化的关键动力机制，这是中国式现代化模式区别于西方式现代化模式的最显著标识。

党的二十大报告指出："中国式现代化，是中国共产党领导的社会主义现代化。"② 这一表述深刻揭示了中国式现代化的最本质特征，即"中国共产党领导"。不同于西方式现代化进程，中国式现代化是一种"政党引领国家现代化"新型理论范式的集中体现。中国共产党领导全国人民开辟的中国式现代化道路，为广大发展中国家提供了走向现代化的新途径，深刻影响了全球历史进程。

政党引领国家现代化的新型理论范式，在现代化建设的主体力量、体制保障、实践特征与价值取向等方面与西方式现代化模式存在显著差别。首先，中国共产党是中国式现代化的根本领导力量，中国共产党领导全体人民创造了中国式现代化的主体合力。在马克思主义中国化时代化创新理论成果的指导下，中国共产党建构起了引领国家现代化的"兴党兴国体制"，有效克服了西方式现代化模式主体力量不彰的弊端。其次，与西方式现代化模式过度追求单一领域发展目标不同的是，中国式现代化是追求人的全面自由发展、社会协调均衡发展与世界共建共荣发展等多目标的一体化发展模式，是在共同富裕、开放发展、命运与共的价值理念指引下，体现了中国共产党为人民谋幸福、为民族谋复兴、为人类谋进步、为世界谋大同的崇高使命和宏伟理想，是一部中国共产党领导全体人民致力于开创人类文明新形态的宣言书。

---

① 习近平：《高举中国特色社会主义伟大旗帜　为全面建设社会主义现代化国家而团结奋斗——在中国共产党第二十次全国代表大会上的报告》，人民出版社 2022 年版，第 22 页。

② 习近平：《高举中国特色社会主义伟大旗帜　为全面建设社会主义现代化国家而团结奋斗——在中国共产党第二十次全国代表大会上的报告》，人民出版社 2022 年版，第 22 页。

二　根本领导力量与主体建设力量的合力：政党引领国家现代化的主体建构

在中国式现代化中，党和人民之间构筑了不可分割的血肉联系，从而建构了国家现代化的主体合力。一方面，我们党来自人民、植根人民、依靠人民，一切为了人民，始终代表着最广大人民的根本利益，坚持人民的主体地位是我们党执政兴国的坚固根基。另一方面，中国共产党通过对全国各族人民的政治引领、思想引领、组织引领，实现了中华民族从站起来、富起来到强起来的伟大历史性飞跃，开创了国家现代化的新型范式。中国共产党始终坚持以人民为中心的立场，将为中国人民谋福利、为中华民族谋复兴作为党的初心使命，把全心全意为人民服务作为党的宗旨。中国共产党把人民需求和人民事业作为党和国家工作的出发点和落脚点，始终保持与人民群众的密切联系，坚持走群众路线，实现了国家现代化的主体力量建构。

（一）坚持中国共产党的领导：中国式现代化的根本领导力量的塑造

中国共产党是中国式现代化建设的坚强领导核心。中国共产党成立以来的百年历史充分证明，中国式现代化的巨大成就离不开中国共产党的坚强领导。在实现国家现代化和社会主义现代化目标的过程中，中国共产党是根本领导核心和最高政治领导力量，能够通过自主选择现代化道路与制度，建构中国式现代化的秩序。

中国共产党在领导中国式现代化建设的过程中，建构了党对社会主义现代化建设事业的全面领导制度，确立和维护了中国共产党在社会主义现代化建设中的领导地位。一方面，党对中国式现代化的领导是全面的、系统的、整体的。中国共产党通过政治领导、思想领导、组织领导等途径，实现了对社会主义现代化政治建设、经济发展、社会治理、文化创新、生态保护等全方位的领导。另一方面，中国共产党在社会主义现代化建设中始终发挥总览全局、协调各方的领导核心作用。党政军民学、东南西北中，党是领导一切的。习近平总书记指出："在我国政治生活中，党是居于领导地位的，加强党的集中统一领导，支持人大、政府、政协和监察机关、审判机关、检察机关、人民团体、企事业单位、社会组织履行职能、开展工作、发挥作用，这两个方面是统一的。"① 也就是说，中国共产党是团结社会各族各界人士、凝聚广大群众力量，共同推进社会主义现代化建设的领导核心。

"中国共产党是最高政治领导力量，坚持党中央集中统一领导是最高政治原则"②，也是国家现代化建设的根本保证。全面坚持和加强党的领导，既需要建构党的全面领导制度，也需要通过政治建设统领执政党自身建设和长期执政建设，为中国共产党领导中国式现代化提供发展保障、塑造发展核心、创造发展动能。③以先进性、纯洁性、引领性、发展性"四性建设"引领中国共产党自身建设和长期执政建设，是政党引领国家现代化建设的重要制度保障。先进性和纯洁性是中国共产党的阶级属性所建构的让自身正当拥有领导权和执政权资质的根本属性，引领性和发展性是中国共产党领导中国式现代化的核心能力，二者共同规定作为中国式现代化根本领导力量的中国共产党的性质、地位和作用。

① 《习近平谈治国理政》第 3 卷，外文出版社 2020 年版，第 89—90 页。

② 习近平：《高举中国特色社会主义伟大旗帜　为全面建设社会主义现代化国家而团结奋斗——在中国共产党第二十次全国代表大会上的报告》，人民出版社 2022 年版，第 6 页。

③ 唐亚林：《"过上好日子"：新时代中国特色社会主义的政治逻辑》，《江苏社会科学》2022 年第 5 期。

政治建设是执政党的根本性建设，既决定党的建设的方向和效果，又决定中国式现代化的方向和效果。通过政治建设把执政党自身建设与长期执政建设有机统一于中国特色社会主义现代化建设事业，关键在于"组织起来"与"自我革命"。"组织是理论和实践之间的中介形式。"① "组织起来"就是通过政治建设统领执政党、国家和社会多方的组织网络建设，打造执政党纵向到底、横向到边、覆盖国家和社会全范围的组织体系，将执政党的整体意志和战略决策贯通于社会主义现代化建设进程，凝聚共识、团结民众、整合资源，创造中国式现代化的合力。"自我革命"是指通过全面从严治党，以党的自我革命引领国家和社会革命，以党内监督为主导，带动促进国家机关监督、民主监督、司法监督、群众监督、舆论监督等的贯通化、协调化与一体化进程，不断完善制度体系的自我更新能力，推进全党全国各族人民朝着全面建设社会主义现代化强国的目标而共同奋斗。党的"自我革命"要求完善党内法规体系与权力监督机制，发动广大人民群众参与监督，发挥政治巡视利剑作用，以此保证党的初心永不褪色，保障党在中国特色社会主义现代化建设中的领导地位毫不动摇。

（二）确立人民主体地位：中国式现代化的主体建设力量的建构

现代化的本质要求与最终目标是人的现代化。中国式现代化始终坚持以人民为中心的发展理念，牢牢把握人民群众作为历史创造者的主体地位。② 习近平总书记指出："我们党领导人民全面

---

① ［匈］卢卡奇：《历史与阶级意识》，杜章智、任立、燕宏远译，商务印书馆 1999 年版，第 401 页。

② 唐亚林：《人民本位观：基于经典现代化理论反思的多维度考察及其构建路径》，《行政论坛》2022 年第 4 期。

建设小康社会、进行改革开放和社会主义现代化建设的根本目的，就是要通过发展社会生产力，不断提高人民物质文化生活水平，促进人的全面发展。"[1] 中国共产党领导全体人民在中国式现代化建设进程中，通过人民主体地位的确立与保障、人民本位观的塑造与建构，创造了"以人民为中心"的中国式现代化的主体力量。

首先，人民是历史的创造者，是决定党和国家前途命运的根本力量，是中国特色社会主义现代化建设的主体力量。中国共产党成立之初，就充分认识到了人民的主体地位，坚持"从群众中来，到群众中去"的群众路线，带领全体人民群众取得了现代化发展的巨大成就。回顾中国共产党的百年奋斗历程，中国共产党始终坚持以人民为中心，通过广泛发动人民群众积极投身新民主主义革命与社会主义现代化建设事业，创造了高速发展的生产力和巨大的物质财富。在中国共产党的领导下，中国人民取得脱贫攻坚战的巨大胜利，全面建成小康社会，人民群众的获得感、幸福感、安全感显著增强，共同富裕取得新成效。历史实践证明，中国特色社会主义现代化建设离不开人民群众的伟大创造力。

其次，人民当家作主是中国国家制度体系的根本出发点，人民群众的主体地位通过中国的政治制度体系得以保障。《中华人民共和国宪法》规定："中华人民共和国的一切权力属于人民。人民行使国家权力的机关是全国人民代表大会和地方各级人民代表大会。"[2] 人民代表大会制度是中国的根本政治制度，充分保障了人民在社会主义现代化建设中的主体地位，使人民群众能够行使自己的权力，从而动员和组织人民群众参与中国式现代化建设。进入新时代后，以习近平同志为核心的党中央领导中国人

---

[1] 《习近平关于社会主义经济建设论述摘编》，中央文献出版社 2017 年版，第 19 页。
[2] 《中华人民共和国宪法》，人民出版社 2018 年版，第 8 页。

民，通过不断的实践探索和理论提炼，创造性地建构了全过程人民民主的政治形态，进一步夯实了人民群众在社会主义现代化建设中的主体地位。全过程人民民主既能够通过人民代表大会制度保障人民群众行使国家权力，也可以依靠基层自治制度实现人民自我管理。同时，公共政策过程的民主化，也为人民行使权利与维护权利提供了途径。①

最后，"以人为本"是中国式现代化的价值观，实现人民利益和满足人民需求是社会主义现代化建设的价值旨归。人的全面自由发展与人类解放是社会主义现代化的伟大理想追求，中国共产党在带领全体人民追求这一宏大理想的进程中，形成了相信人民、依靠人民、支持人民当家作主的"人民本位观"，创造了人民主体力量的价值基础。人民本位观坚持人民生命至上、人民意志至上、人民利益至上的根本原则，将人的需求满足和人的幸福追求作为最高执政目标，致力于让人民"过上好日子"。② 中国式现代化建设以人民需求为导向，创造了巨大的物质财富和丰富的社会主义精神文明，维护了社会主义社会的民主、法治、公平、正义等价值，满足了人民群众物质性与精神性的双重需求。中国共产党始终把人民利益和人民需求放在心上，赢得了广大人民的衷心拥护，从而创造了社会主义现代化建设的主体合力。

三　兴党兴国体制的一体化建构：政党引领国家现代化的体制创新

在中国式现代化的历史实践中，中国共产党肩负着实现中华

---

① 张君：《全过程人民民主：新时代人民民主的新形态》，《政治学研究》2021 年第 4 期。

② 唐亚林：《人民本位观：基于经典现代化理论反思的多维度考察及其构建路径》，《行政论坛》2022 年第 4 期。

民族伟大复兴的历史使命，早已将政党命运、国家命运与中华民族命运紧密联系在一起，建构了政党建构国家、政党治理国家、政党强盛国家的"兴党兴国体制"。这种政党引领国家现代化的"兴党兴国体制"包含三个层面的内容，即发展目标层面的"发展—领导体制"、制度运作层面的"使命—责任体制"与实践模式层面的"决策—执行高效互动模式"。①

（一）以发展为中心：政党引领国家现代化的"发展—领导体制"建构

发展目标层面的"发展—领导体制"，是指中国共产党在追求"实现人的全面自由发展和人类伟大解放"的最高理想的进程中，坚持以经济建设为中心的发展思想，通过制定中国式现代化的重大战略，统筹协调各方力量，实现对国家和社会的领导，推动国家现代化的进程。

中国共产党引领国家现代化进程中，为实现"全面建成社会主义现代化强国、实现第二个百年奋斗目标"的发展目标，坚持发展仍是解决当代中国所有问题的关键这个重大战略判断，坚持以经济建设为中心，着力推动经济高质量发展，致力于实现全体人民共同富裕。党的二十大报告指出，到二〇三五年，我国发展的总体目标是："经济实力、科技实力、综合国力大幅跃升，人均国内生产总值迈上新的大台阶……人的全面发展、全体人民共同富裕取得更为明显的实质性进展。"②

在"全面建成社会主义现代化强国"的发展目标指引下，中国共产党通过发挥"总揽全局、协调各方的领导核心作用"，领

①　唐亚林：《从党建国体制到党治国体制再到党兴国体制：中国共产党治国理政新型体制的建构》，《行政论坛》2017 年第 5 期。

②　习近平：《高举中国特色社会主义伟大旗帜　为全面建设社会主义现代化国家而团结奋斗——在中国共产党第二十次全国代表大会上的报告》，人民出版社 2022 年版，第 24 页。

导建构了经济建设、政治建设、文化建设、社会建设、生态文明建设"五位一体"的中国特色社会主义现代化建设体系。中国共产党通过政治、思想和组织的领导，集中精力领导经济建设，加强对政治工作、社会工作、文化工作、生态工作的全面领导，以统筹协调各方力量、整体推进贯彻实施、加强督查督办的方式，实现对国家和社会的领导。

（二）以使命任务为导向：政党引领国家现代化的"使命—责任体制"建构

制度运作层面的"使命—责任体制"，是指中国共产党为实现社会主义现代化建设目标，通过建构肩负"代表与表达、整合与分配、服务与引领"等功能责任与担当"人民幸福、国家繁荣、民族复兴、世界和平"等历史使命的使命型政党，[①] 形成中国式现代化的领导体制。

党的二十大报告明确了新时代新征程中国共产党的使命任务，即"团结带领全国各族人民全面建成社会主义现代化强国、实现第二个百年奋斗目标，以中国式现代化全面推进中华民族伟大复兴"。[②] 为实现中国共产党的使命任务，党的二十大报告对全面建设社会主义现代化强国进行了全面部署，并对全面建设社会主义现代化强国的战略重点、主攻方向、工作机制、推进方式和时间表、路线图做了总体布局和有序安排，明确了中国共产党在全面建设社会主义现代化强国任务中的责任。中国共产党通过在政治原则上"总揽全局、协调各方"的党组织作用发挥，在组织架构上"横向到底、纵向到边"的党组织全面覆盖，在运作机制

---

① 唐亚林：《使命型政党：新型政党理论分析范式创新与发展之道》，《政治学研究》2021 年第 4 期。

② 习近平：《高举中国特色社会主义伟大旗帜　为全面建设社会主义现代化国家而团结奋斗——在中国共产党第二十次全国代表大会上的报告》，人民出版社 2022 年版，第 21 页。

上"多元参与、协商共治"的党建引领，在社会基础上"统一战线"大战略的全面实施，在价值追求上"社会主义核心价值观"的忠实引领，建构起中国式现代化的"使命—责任体制"。

（三）以发展实绩为依归：政党引领国家现代化的"决策—执行高效互动模式"建构

实践模式层面，中国共产党通过最广泛地凝聚来自广大党员和全体人民的意志和智慧，将自己的政治理想转化为中国式现代化实践，形成了西方国家政治形态所难以达成的"决策—执行高效互动模式"，致力于实现社会主义现代化强国的发展目标。[①]

在"决策—执行高效互动模式"中，中国共产党首先建构了中国式现代化的规划蓝图，提出了全面建成社会主义现代化强国两步走的战略安排，即"从二〇二〇年到二〇三五年基本实现社会主义现代化；从二〇三五年到本世纪中叶把我国建成富强民主文明和谐美丽的社会主义现代化强国"。在这一战略安排指引下，中国共产党明确了到2035年我国基本实现社会主义现代化八个方面的总体目标以及在未来五年的八个主要目标任务。[②]

其次，围绕全面建成社会主义现代化强国的发展规划蓝图，中国共产党通过"各改革领域的中长期战略规划"—"国民经济与社会发展五年规划"—"年度重点工作分解"—"重点工作部门分工与落实"的"层级规划决策与任务执行一体化"新模式，贯彻落实中国式现代化的战略规划与总体目标。在此过程中，在中央层面，通过法定途径将党中央决策意志变为国家决策意志，再通过国务院的具体执行，形成横向层面的"决策与执行高效互

---

① 唐亚林：《使命—责任体制：中国共产党新型政治形态建构论纲》，《南京社会科学》2017年第7期。

② 习近平：《高举中国特色社会主义伟大旗帜　为全面建设社会主义现代化国家而团结奋斗——在中国共产党第二十次全国代表大会上的报告》，人民出版社2022年版，第24—25页。

动机制";在地方层面,通过将党中央国务院决策意志变为地方决策意志,通过地方党委和地方政府的具体执行,以及将地方党委决策意志变为地方政府执行意志,形成纵横交叉层面的"决策与执行高效互动机制"。此外,各级条线部门也始终围绕党中央国务院决策意志以及上级部门决策意志,形成各具特色的条线部门层面的"决策与执行高效互动机制"。

最后,通过督查督办机制与问责机制的贯彻实施,确保中国式现代化的"任务执行机制"始终紧紧围绕"规划决策"而展开,通过将全面建设社会主义现代化强国的战略目标贯彻在从中央到地方、从组织到个人的日常工作行为之中,由此形构了当代中国社会主义现代化发展的制度创新与政策更新双重内生动力机制。

正是基于"决策—执行高效互动模式",中国共产党可以通过强大的组织动员能力、高效的组织执行能力、有效的组织问责能力,将中国式现代化的科学战略规划转化为国家、社会和民众所期盼的政策实践,不断满足人民群众日益增长的美好生活需要。

四　发展道路与实践模式的开辟:政党引领国家现代化的范式建构

现代化的实质是封闭落后的传统社会向开放先进的现代社会的转型,其发展模式受制于各国各地的实际情形。在人类社会进入近代以后,出现了资本主义与社会主义两种文明形态并存的发展格局。在作为马克思主义政党的中国共产党的领导下,中国式现代化是社会主义文明形态的现代化。概言之,中国式现代化道路是在马克思主义中国化时代化理论成果指导下,中国共产党带领全体人民开辟的社会主义现代化道路,具有"人的全面自由发展、社会协调均衡发展、世界共建共荣发展"等实践特征，克服了资本主义现代化缺乏主导引领力量和失去共富发展动力的内生缺陷。

（一）中国特色社会主义现代化：政党引领国家现代化的发展道路

中国特色社会主义现代化道路是中国共产党基于中国独特的历史命运、文化传统与基本国情，领导全体人民开创的符合中国实际的现代化道路。[①] 中国式现代化道路不是马克思主义经典作家设想的模板，也不是国外现代化的翻版，而是中国共产党在马克思主义中国化时代化理论成果指导下，通过对社会主义现代化文明形态的探索，开创的一条中国特色社会主义现代化道路。

第一，指导思想的确立及其与时俱进的演进。马克思主义是中国共产党立党兴国的根本指导思想，也是中国式现代化的理论基础。马克思恩格斯鞭辟入里地指出了资本主义社会的内在矛盾，批判了资本主义必然导致贫富分化、武力扩张的严重弊端，揭示了资本主义文明必然被社会主义文明取代的规律。[②] 在马克思主义指导下，中国共产党带领全国人民经过持续奋斗，开辟了社会主义现代化的发展道路。

中国共产党领导的中国特色社会主义现代化道路，始终以马克思主义为指导思想，将科学社会主义理论灵活运用于中国现代化建设实践，并进一步推动了马克思主义理论的发展，由此形成了毛泽东思想、邓小平理论、"三个代表"重要思想、科学发展观、习近平新时代中国特色社会主义思想等一系列马克思主义中

---

① 刘云山：《在全国纪念毛泽东同志诞辰 120 周年学术研讨会上的讲话》，《人民日报》2013 年 12 月 28 日。

② 《马克思恩格斯全集》第 4 卷，人民出版社 1958 年版，第 479 页。

国化时代化的理论成果，为中国式现代化指明了前进方向。尤其是党的十八大以来，习近平总书记围绕"为什么要推进中国式现代化、中国式现代化的具体样态与实践目标、怎样推进中国式现代化"等重大问题做出了系统回答与深刻揭示，为中国式现代化提供了科学指南和理论指引。

党的二十大的召开标志着中国进入全面建设社会主义现代化国家的新征程。中国式现代化必须坚持马克思主义的指导地位，并在建设过程中持续发展和推进马克思主义理论中国化时代化的创新发展。一方面，中国式现代化必须把马克思主义基本原理同中国具体实际相结合，深刻把握中国式现代化的历史方位与时代要求，着眼于中国式现代化的实践问题，创造符合中国特色与时代要求的理论成果。另一方面，中国式现代化必须结合中华优秀传统文化，植根中华民族的历史文化沃土，汲取中华优秀传统文化精髓，不断赋予科学社会主义理论鲜明的中国特色，使马克思主义在中国牢牢扎根。

第二，发展道路的一以贯之的坚持与不断的优化。中国共产党领导全体人民在中国现代化建设的历史实践中不断探索，历经中华人民共和国成立后不久所提出的"四个现代化"目标，到改革开放初期的"中国式的四个现代化"目标再到新时代"中国式现代化"目标的进阶式演化，开创了一条既体现人类社会现代化一般规律的，又坚守中国特色社会主义本质要求、体现中国社会现代化特殊规律的发展新路。

"四个现代化"是中国共产党领导社会主义革命和建设时期所提出的现代化发展目标。1954 年，在第一届全国人民代表大会上，党中央首次明确提出了实现工业、农业、交通运输业和国防的四个现代化任务，替代了之前提出的"社会主义工业化"单一现代化建设目标。1964 年召开的第三届全国人民代表大会第一次会议提出"四个现代化"的宏伟目标，即"把我国建设成为一个具有现代农业、现代工业、现代国防和现代科学技术的社会主义强国"①，为中国社会主义现代化建设指明了方向。

改革开放和社会主义现代化建设新时期，以邓小平同志为主要代表的中国共产党人深刻总结国内外现代化建设的历史教训与先进经验，更加认识到推进社会主义现代化建设的紧迫性和重要性。邓小平同志强调："能否实现四个现代化，决定着我们国家的命运、民族的命运。"② 1979 年 3 月，邓小平同志指出，中国的现代化概念与西方不同，姑且可以叫作中国式的四个现代化。③ "中国式的四个现代化"目标是基于中国特殊国情与发展需要而创建的不同于西方现代化评判标准的社会主义现代化建设目标。

党的十八大以来，中国特色社会主义进入新时代。2013 年 11 月，习近平总书记在党的十八届三中全会上提出了"完善和发展中国特色社会主义制度、推进国家治理体系与治理能力现代化"的发展目标，进一步丰富了社会主义现代化建设的目标体系。2021 年 7 月 1 日，习近平总书记在庆祝中国共产党成立 100 周年讲话中正式提出"中国式现代化"的表述，"我们坚持和发展中国特色社会主义……创造了中国式现代化新道路，创造了人类文明新形态"，揭示了中国式现代化道路的基本内涵与世界历史意义。2022 年 10 月，党的二十大召开，习近平总书记进一步指明了中国式现代化的本质特征是中国共产党领导的社会主义现代化，并宣告"全党全国各族人民迈上全面建设社会主义现代化国家新征程"，明确了中国式现代化的历史方位与奋斗方向。

第三，发展路径的并联式推进与中国特色社会主义现代化道

---

① 《周恩来选集》（下卷），人民出版社 1984 年版，第 439 页。
② 《邓小平文选》第 2 卷，人民出版社 1994 年版，第 162 页。
③ 《邓小平年谱（一九七五——一九九七）》（上），中央文献出版社 2004 年版，第 496 页。

路的开创。在中国共产党的领导下，中国始终坚持社会主义现代化方向，开创了工业化、城镇化、农业现代化、信息化并联式推进的中国特色社会主义现代化道路。

从西方国家的现代化建设经验来看，现代化是一个从工业化、城镇化、农业现代化、信息化依次推进的过程，而中国式现代化却只用了短短几十年时间就走完了西方国家几百年才完成的历程，且呈现出各方面并联式推进的特征。1978 年至 2021 年，中国的国内生产总值从 3678 亿元增长到 1143670 亿元，人均国内生产总值从不足 200 美元增长到 12551 美元，创造了人类发展史上未曾有过的奇迹。目前，中国国内生产总值已跃居世界第二，同时成为工业和制造业第一大国，出口第一大国，货物贸易第一大国。① 在这一过程中，中国开创了工业化、城镇化、农业现代化、信息化"并联式推进"的中国特色社会主义现代化道路。诚如习近平总书记所言，西方现代化是一个工业化、城镇化、农业现代化、信息化"串联式"的发展过程，用了 200 多年时间。我们要后来居上，决定了我们的发展必然是一个工业化、信息化、城镇化、农业现代化叠加的"并联式"过程。②

（二）全面统筹协调：政党引领国家现代化的实践模式

与西方强调经济发展的资本主义现代化实践模式相比，中国共产党引领的国家现代化坚持"五位一体"统筹推进，开创了具有"人的全面自由发展、社会协调均衡发展、世界共建共荣发展"等典型特征的国家现代化道路。

第一，人的全面自由发展的现代化。中国式现代化是促进人

---

① 黄群慧：《2020 年我国已经基本实现了工业化——中国共产党百年奋斗重大成就》，《经济学动态》2021 年第 11 期。

② 《习近平关于社会主义经济建设论述摘编》，中央文献出版社 2017 年版，第 159 页。

的全面发展的现代化。习近平总书记指出：“物质贫困不是社会主义，精神贫乏也不是社会主义。”① 中国式现代化是物质文明和精神文明相协调的现代化，既要保证人民物质富足，也要促进人民精神富有。

在物质层面，“中国式现代化是全体人民共同富裕的现代化”。② 2021 年，中国共产党领导全体人民打赢脱贫攻坚战，消除了绝对贫困，全面建成小康社会，为共同富裕奠定了坚实基础。中国共产党通过层次鲜明、梯次接续的组织动员机制与治理结构、治理机制创新，③ 充分激活了贫困治理的国家能力与社会潜力，使国家制度体系的政治和行政优势转化为贫困治理的能力和手段优势，④ 使中国人民摆脱了绝对贫困。截至 2020 年年底，“现行标准下 9899 万农村贫困人口全部脱贫”⑤，创造了贫困治理的人间奇迹，为其他发展中国家摆脱“中等收入陷阱”提供了经验。

在此过程中，中国共产党带领全体人民通过接续奋斗脱贫攻坚战，创造性地打造了一种中国式整体性脱贫的实践模式。与此同时，中国式现代化探索形成了“超特大城市现代化发展模式”“发达地区中国特色社会主义现代化先行区发展模式”“欠发达地区中央、地方与区域三结合现代化发展模式”等多样化的实践模式。首先，在较为发达的城市，如北京、上海、深圳等中国超特

---

①　习近平：《高举中国特色社会主义伟大旗帜　为全面建设社会主义现代化国家而团结奋斗——在中国共产党第二十次全国代表大会上的报告》，人民出版社 2022 年版，第 22—23 页。

②　习近平：《高举中国特色社会主义伟大旗帜　为全面建设社会主义现代化国家而团结奋斗——在中国共产党第二十次全国代表大会上的报告》，人民出版社 2022 年版，第 22 页。

③　符平、卢飞：《制度优势与治理效能：脱贫攻坚的组织动员》，《社会学研究》2021 年第 3 期。

④　燕继荣：《反贫困与国家治理——中国“脱贫攻坚”的创新意义》，《管理世界》2020 年第 4 期。

⑤　习近平：《在全国脱贫攻坚总结表彰大会上的讲话》，人民出版社 2022 年版，第 1 页。

大城市里，各地正在尝试率先走出一条引领现代化城市高质量发展、推进社会主义现代化国际大都市建设之路。其次，在较为发达的东部地区，如浙江、江苏等地在绿色低碳高质量发展以及共同富裕等方面，正在尝试率先走出一条中国特色社会主义现代化先行区与示范区之路。最后，在经济欠发达的中国边远省区，通过多年的实践摸索和经验总结，结合各省区的自然资源禀赋以及经济社会历史文化条件等特点，逐步探索出了一条国家整体支持、地区对口支援、各边远省区特色发展、多方携手共荣发展的社会主义现代化发展之路。

在全面建设社会主义现代化强国的新征程中，中国将继续推进全体人民共同富裕取得更为明显的实质性进展，通过完善收入分配制度，实施乡村振兴和农业农村现代化战略，推进国家整体支持和地方对口支援有机结合，缩小区域之间、城乡之间、群体之间的生活水平差距，使人民生活更加幸福美好，促进实现全体人民共同富裕。

在精神层面，中国式现代化道路以社会主义核心价值观为精神引领，坚持中国特色社会主义文化发展道路，致力于建设社会主义文化强国。西方资本主义社会崇尚个人主义价值取向，容易导致社会价值体系呈现混乱化、纷争化、极端化的特征，使社会陷入价值危机。避免这一问题需要一个有理想有使命、有责任有行动的政党去引导和塑造社会价值观的主流价值与根本走向。

中国共产党作为使命型政党，始终注重建设具有强大凝聚力和引领力的社会主义意识形态，坚持用社会主义核心价值观引领和塑造广大党员和人民群众的精神世界。社会主义核心价值观是中国共产党在领导中国特色社会主义现代化建设进程中逐步构建起来的价值观体系，包含国家层面、社会层面和个人层面的多元价值理念，凝结着全体人民共同的价值追求，引领全社会形成了团结合作、奋进昂扬的精神风貌。建设社会主义文化强国，必须加强社会主义精神文明建设，坚持社会主义文化自信自强，大力发展社会主义先进文化，坚持走中国特色社会主义文化发展道路，满足人民日益增长的精神文化需求。

第二，社会协调均衡发展的现代化。中国地域辽阔、人口规模巨大、发展极其不平衡，在现代化发展进程中面临着严重的资源约束与风险挑战，这意味着中国式现代化必须坚持社会均衡协调发展的道路，既要坚持解放和发展生产力，又要注意生态环境的保护与社会秩序的维护，推进社会协调均衡发展。

中国式现代化是人与自然和谐共生的现代化，强调人与自然是生命共同体。在社会主义现代化建设的过程中，党中央始终将环境保护放在首要位置，始终坚持生态文明建设的战略定力，努力实现经济增长和环境保护的协调推进，充分彰显了中国式现代化内蕴的生态现代化取向。尤其是党的十八大以来，当代中国坚持绿水青山就是金山银山的理念，全方位、全地域、全过程加强生态环境保护，纵深推进蓝天、碧水、净土保卫战，使生态环境保护发生历史性转折与全局性变化。党的二十大报告指出："尊重自然、顺应自然、保护自然，是全面建设社会主义现代化国家的内在要求。"① 这意味着中国式现代化建设必须正确认识人与自然之间的共生关系，尊重自然发展的客观规律，坚持走绿色发展之路。中国式现代化建设必须要加大对生态环境的保护力度，对受损的自然环境进行修复，完善生态环境保护制度，实现人与自然和谐共生。

中国式现代化的一条很重要的经验，就是始终统筹经济发展与社会安全一体化发展进程。改革开放以来，中国共产党领导人民创造了世所罕见的经济快速发展奇迹和社会长期稳定奇迹，这足以说

---

① 习近平：《高举中国特色社会主义伟大旗帜　为全面建设社会主义现代化国家而团结奋斗——在中国共产党第二十次全国代表大会上的报告》，人民出版社 2022 年版，第49—50 页。

明中国式现代化道路的可行性。一方面，我国经济已进入高质量发展阶段。当前，在新一轮科技和产业革命重塑世界经济体系的同时，地区贸易保护主义抬头、全球市场萎缩，国际大循环功能明显减弱。中国必须依托大规模的国内市场，不断释放内需潜力，深化供给侧结构性改革，培育现代化的内生动力。① 同时，有效利用外部资源和市场，推动战略性新兴产业发展，不断优化营商环境，形成更高水平的制度型开放，加快建设现代化经济体系。

另一方面，经济高质量发展需要高效能的政府治理体系支撑。近年来，新冠疫情的持续蔓延对全球经济发展造成严重打击，2020年世界经济呈现负增长态势，而我国经济反而出现正增长，充分说明了我国统筹发展与安全的现代化道路的正确性。推进国家安全体系和能力现代化，维护国家安全与社会稳定，是全面建设社会主义现代化国家新征程的必由之路。我们应坚持总体国家安全观，坚持发展与安全统筹兼顾的治理理念，完善国家安全治理现代化体系，建立集体统一的安全管理领导体制与系统完备的安全管理法规制度，优化处置指挥的安全管理运行机制，使其能够更好地适应经济社会发展需求，为经济高质量发展保驾护航。②

第三，世界共建共荣发展的现代化。中国式现代化是走和平发展道路的现代化，是世界各国人民共建共荣的现代化。党的二十大报告指出："中国始终坚持维护世界和平、促进共同发展的外交政策宗旨，致力于推动构建人类命运共同体。"③ 中国式现代化始终高举和平、发展、合作、共赢的旗帜，为构建人类命运共同体不断注入新内涵新动力，为世界共建共荣发展开辟了更加广

---

① 洪银兴：《论中国式现代化的经济学维度》，《管理世界》2022年第4期。

② 单珊：《党的十八大以来我国突发公共卫生事件应急管理体系建设的重大成就和重要经验》，《管理世界》2022年第10期。

③ 习近平：《高举中国特色社会主义伟大旗帜　为全面建设社会主义现代化国家而团结奋斗——在中国共产党第二十次全国代表大会上的报告》，人民出版社2022年版，第60页。

阔的前景。

党的十八大以来，习近平总书记提出了构建人类命运共同体的重大理念，积极推进"一带一路"建设，取得了全方位、开创性的历史成就。2015 年 9 月，习近平主席在第七十届联合国大会的讲话中，强调各国携手构建合作共赢新伙伴，同心打造人类命运共同体。[①] 构建人类命运共同体的倡议，深刻回答了"世界怎么了、我们怎么办"的时代之问，推动了全球治理变革完善，为人类去向何处贡献了中国方案。在"一带一路"建设中，中国同149 个国家和 32 个国际组织相继签署合作文件，打造了广受欢迎的国际合作平台，构建了面向全球的高标准自由贸易区网络，中国的国际影响力得到了全面提升。

"构建人类命运共同体是引领世界大变局发展方向的人间正道。"[②] 中国始终坚定奉行独立自主的和平外交政策与互利共赢的开放战略，坚持走和平发展道路，在大国外交实践中积极开拓进取、勇于担当作为，坚定捍卫国家主权、安全、发展利益，维护国际公平正义，尊重各国人民自主选择发展道路的权利，和世界人民共同创建人类安全共同体、人类卫生健康共同体、人与自然生命共同体。

五　美好生活与美好世界的塑造：政党引领国家现代化的价值指引

中国共产党领导的社会主义现代化发展模式，是在塑造美好

---

① 习近平：《携手构建合作共赢新伙伴　同心打造人类命运共同体》，《十八大以来重要文献选编》（中），中央文献出版社 2016 年版，第 699 页。

② 杨洁篪：《推动构建人类命运共同体》，载《党的二十大报告辅导读本》，人民出版社 2022 年版，第 73 页。

生活和美好世界的价值引领下开辟的。在中国式现代化的实践模式中，中国共产党始终坚持共同富裕、开放发展、命运与共的现代化发展理念，形成了塑造美好生活与美好世界的现代化价值指引。

（一）坚持以人为本战略，在共富中创造幸福美好生活

为民造福是中国共产党立党为公、执政为民的本质要求。中国共产党在社会主义现代化建设进程中，始终坚持"以人为本"的发展战略，致力于实现全体人民共同富裕，维护人民根本利益，增进民生福祉。在中国共产党的领导下，中国式现代化力图缩小居民收入差距，实现区域之间、城乡之间的平衡发展，最终实现全体人民共同富裕。党的二十大报告提出了"完善分配制度，健全社会保障体系，增强公共服务的均衡性和可及性，扎实推进共同富裕"[①] 等目标。一方面，中国式现代化要求完善分配制度，增加一线劳动者的报酬，增加税收在收入分配中的调节作用，提高公共服务投入，持续扩大中等收入群体。另一方面，中国式现代化要求健全覆盖全面、城乡统筹的多层次社会保障体系，完善养老保险全国统筹制度，完善大病保险和医疗救助制度，推动实现全体老年人享有基本的养老服务与医疗服务，持续改善人民生活水平，最终实现共同富裕。

（二）坚持独立自主战略，在开放中建设中国特色社会主义

在中国共产党的领导下，中国始终坚持独立自主与对外开放相统一的外交方针，为党和国家事业发展创造了和平的国际环

---

① 习近平：《高举中国特色社会主义伟大旗帜　为全面建设社会主义现代化国家而团结奋斗——在中国共产党第二十次全国代表大会上的报告》，人民出版社 2022 年版，第 46—47、48 页。

境，为中国特色社会主义现代化建设创造了良好的外部条件。在国家交往中，中国坚持各国主权一律平等的外交原则，坚决反对一切形式的霸权主义和强权政治，反对干涉别国内政。与此同时，中国坚持对外开放的基本国策，奉行互利共赢的开放战略，坚持在高水平开放中推进中国特色社会主义现代化建设。中国在现代化建设过程中，始终坚持经济全球化的正确方向，以中国发展为世界提供新机遇，积极推动贸易和投资自由化，反对保护主义、贸易壁垒、单边制裁，建设了"一带一路"，营造了有利于发展的国际环境。在全面建设社会主义现代化强国的新征程中，中国继续推进高水平对外开放，增强国内国际两个市场资源的联动效应，稳步扩大规则、标准等制度型开放，提升贸易投资合作质量和水平。同时，中国将优化区域开放布局，实施自贸区试验提升战略，深度参与全球产业分工合作。

（三）坚持和平发展战略，在共赢中构建人类命运共同体

构建人类命运共同体是世界各国人民前途所在。中国式现代化始终践行共商共建共享的全球治理观，为全球治理朝着更加公正合理的方向发展做出了巨大贡献。中国式现代化坚定不移走和平发展道路，坚持通过对话协商、以和平手段解决国际争端，反对动辄使用武力威胁。中华人民共和国成立以来，中国始终奉行防御性的国防政策，永不称霸，坚持做维护世界和平的坚定力量。党的十八大以来，习近平主席提出构建人类命运共同体的伟大构想，坚持对话协商、共建共享、合作共赢、交流借鉴、绿色低碳的原则，旨在推动建设世界共同体。自"一带一路"倡议实施以来，中国已成为国际社会中对外援助的重要国家，为其他发展中国家的减贫事业、农业发展、工业化进程贡献了积极力量。可以说，中国式现代化所倡导构建的"人类命运共同体"的交往与发展方式以及和平共处共生共荣之道，从根本上超越了资本与

霸权逻辑，[①] 对促进国际合作共赢、人类文明进步，具有十分重大的历史意义。

六　结语：新文明形态的登场及其世界历史性意义的创造

中国式现代化既遵循人类社会现代化发展的普遍规律，又具有基于自己国情的中国特色，内蕴了中国社会现代化发展的特殊规律，体现了人类社会现代化发展模式的一般性与特殊性相结合的规律性。中国式现代化开辟了不同于西方资本主义现代化模式的中国特色社会主义现代化模式，创造了社会主义现代化的人类文明新形态。中国式现代化摒弃了西方以资本为中心、以武力手段对外扩张的现代化老路，拓展了发展中国家的现代化道路，对人类文明进步提供了中国智慧、中国方案。

在政党引领国家现代化的发展模式中，中国共产党开创了"身家群国世"贯通一体、"天地人"和谐一体的人类文明新形态。一方面，中国共产党肩负实现"身家群国世"一体化共荣的世界历史价值之重任。"身家群国世"贯通一体的中国式现代化，建构了"基于生存需求的'丰衣足食、安居乐业'、基于交往需求的'出入相友、守望相助'、基于发展需求的'国泰民安、政通人和'、基于共荣需求的'天下为公、四海一家'的'圈层包容共生式需求观'"[②]，深刻揭示了中国式现代化对于人命、人性、人生、人口、人心与人世这"六人"根本命题的思考，由此建构了促进"身家群国世"一体化发展的制度体系与治理体系。另一

---

① 李包庚：《世界普遍交往中的人类命运共同体》，《中国社会科学》2020 年第 4 期。
② 唐亚林：《当代中国政治发展的逻辑》，上海人民出版社 2019 年版，第 230—231 页。

方面，中国式现代化强调人的自由全面发展，强调人与自然的和谐共生。中国共产党在努力实现全体人民共同富裕目标的同时，始终坚持以社会主义核心价值观为引领，发展社会主义先进文化，不断满足人民日益增长的精神文化需求。同时，中国共产党坚持"绿水青山就是金山银山"的绿色发展理念，始终关心生态环境保护，建立了严格的生态环境保护制度，形成了绿色协调可持续的现代化发展体系。

中国式现代化作为一种进阶式的人类文明新形态，在对中华民族伟大复兴具有重大决定性意义的同时，也为世界各民族提供了超越西方现代化模式的崭新选择，更肩负起了构建人类命运共同体的历史任务，推动了世界历史的整体进程，因而展现出了其所内蕴的世界历史意义。① 具体而言，中国式现代化的世界历史意义，通过中国现代化的发展，推动了世界范围内的生产力飞速发展与人类社会的普遍联系交往，塑造了人类社会共荣发展的新的动力体系，并体现在现代化对象的规模性与全面性、现代化过程的累积性与赶超性、现代化结果的民族性与世界性等方面。

从中国式现代化的对象来看，中国式现代化是人口规模巨大的现代化，是"五位一体"全面协调推进的现代化，实现了均衡化共富化共荣化的发展模式建构与多面向多领域的现代化内容体系的一体化推进。这种现代化模式的规模性和全面性前所未有，取得了人类文明发展史上的世界性成就。从中国式现代化的过程来看，中国式现代化是中国共产党领导全体人民经过接续奋斗、累积式提升的动态演化过程，塑造了由进阶式奋斗目标引领的国家整体发展战略框架及其任务体系，由此实现了只用几十年时间就走完了西方发达国家用了几百年才完成的现代化发展目标，并闯出了一条跨越式赶超的现代化新路。中国式现代化的过程经

---

① 吴晓明：《世界历史与中国式现代化》，《学习与探索》2022 年第 9 期。

验，为后发国家实现现代化提供了有益借鉴，对推进人类文明进步做出了巨大贡献。从中国式现代化的结果来看，基于中国式现代化的人类文明新形态的创造，不仅具有民族性意义，而且具有世界性意义，为人类社会现代化文明新形态的创建提供了新经验、新选择、新路径。更为重要的是，中国式现代化为世界上其他国家和地区的人们提供了新对比新参考，从而获得了世界人民对人类文明新形态的普遍性建构路径的新思考与新选择之历史进步意义。

人类文明新形态对现代性的时代开新与系统谋划[*]

摘　要　对人类文明新形态的质性加以锚定是阐明其创新性的基础，这一把握必然转换为对其与既有文明形态关联的考察。当然，这种思考与把握不能仅仅是对文明质料或思维层面的单一厘定，必须深入现代文明的内在规定，即最为本质的现代性的高度上进行。在这一层面上，人类文明新形态实际是中国共产党在马克思主义指导下，以中国式现代化实践实现的对现代文明的新探索，旨在开创一种不同于资本主义的新现代性。具体而言，这种开新实现了作为现代性具象的现代文明在发展理念、发展动力、发展方式、发展格局上的变革，以实现人民利益代替了论证存在合理化，崇尚劳动取代了资本至上，"五大文明"综合建构接替了器物层面单兵突进，合作共赢格局替换了零和博弈思维。在新时代新征程上，必然要以中国现

* 本文是国家社科基金后期资助项目"马克思现代性批判视域下的自由问题研究"（21FKSB007）、上海市马克思主义理论教学研究"中青年拔尖人才"发展支持计划（2020BJ16）的阶段性成果。原载《南京社会科学》2023 年第 3 期。

① 刘洋，上海财经大学马克思主义学院副教授、博导。

代性建构进一步推动人类文明新形态发展，展现出人类文明经由中国发展的光明前景，其核心在于：突出"现代文明是人的文明"的价值理念，实现劳动驾驭资本的动力重塑，巩固"五大文明"整体协同的总体布局，促进文明交流互鉴的开放格局。

关键词　现代性；人类文明新形态；中国式现代化；时代开新；系统谋划

党的二十大报告提出，新时代新征程中国共产党的使命任务是要"以中国式现代化全面推进中华民族伟大复兴"[①]，而中国式现代化本质要求的重要目标便是"创造人类文明新形态"。[②] 在学习贯彻党的二十大精神研讨班开班式上，习近平总书记进一步指出以中国式现代化创造人类文明新形态的重大意义："中国式现代化，深深植根于中华优秀传统文化，体现科学社会主义的先进本质，借鉴吸收一切人类优秀文明成果，代表人类文明进步的发展方向，展现了不同于西方现代化模式的新图景，是一种全新的人类文明形态"，其"打破了'现代化＝西方化'的迷思，展现了现代化的另一幅图景，拓展了发展中国家走向现代化的路径选择，为人类对更好社会制度的探索提供了中国方案"。[③] 当前，"人类文明新形态"引起学界广泛关注，对其进行学理阐释，我们可以从科学内涵、时代价值、世界意义等维度充分展开，但这些探讨无疑都要建立在深刻把握一个前置性问题上，即文明新形

---

① 习近平：《高举中国特色社会主义伟大旗帜　为全面建设社会主义现代化国家而团结奋斗——在中国共产党第二十次全国代表大会上的报告》，人民出版社 2022 年版，第 21 页。

② 习近平：《高举中国特色社会主义伟大旗帜　为全面建设社会主义现代化国家而团结奋斗——在中国共产党第二十次全国代表大会上的报告》，人民出版社 2022 年版，第 24 页。

③ 《习近平在学习贯彻党的二十大精神研讨班开班式上发表重要讲话强调　正确理解和大力推进中国式现代化》，《人民日报》2023 年 2 月 8 日第 1 版。

态与既有现代文明之间具有何种关联？只有对这一理论前提积极反思，才能明晰文明新形态究竟"新"在何处？意欲走向何方？当然，这种思考不能仅仅是对文明质料或思维层面的单一厘定，必须深入现代文明的内在规定，即最为本质的现代性的高度上进行。因此，本文旨在揭示人类文明新形态的现代性规定，明确其与既有现代文明的张力，进而深刻理解其对现代文明的时代开新，并使其创造性原则在新的历史条件下得以系统谋划。

一　人类文明新形态的质性锚定：现代性的中国重撰

要以中国式现代化不断创造"人类文明新形态"，必须首先站在文明历史进程的高度，以深邃的比较眼光审视既有文明的生成发展与矛盾困境。"文明"（civilization）范畴源自近代欧洲，此前只有"文化"（culture）这一术语。在《文明史纲》一书中，布罗代尔对这两个概念做出精审，认为"文化"出现的时间较早，西塞罗就以拉丁语使用过该词，而"文明"则较晚。按荷兰历史学家赫伊津哈（J. Huizinga）所指，是伏尔泰构想了这个概念，并提出"文明的普遍历史"。[①]"文明"和"文化"虽出现时间有异，但在相当一段时期内，其含义并无轩轾，都指向人类实践所凝结的物质与精神价值。直到 19 世纪，"文明"衍生出一层新的意味，即开化，"就其新意而言，civilization 一般指与野蛮状态相对立的状态……是开化的人"。[②] 这显然与欧洲殖民扩张密不

---

① ［法］费尔南·布罗代尔：《文明史纲》，肖昶等译，广西师范大学出版社 2003 年版，第 23—25 页。

② ［法］费尔南·布罗代尔：《文明史纲》，肖昶等译，广西师范大学出版社 2003 年版，第 24 页。

可分，他们以"文明"为辩护词，自诩为"一个向外界传递'文明'的旗手"。① 他们传递的便是一种被称为"现代"的文明，也是我们今天置身的基本场域，传递的结果是："未开化和半开化的国家从属于文明的国家，使农民的民族从属于资产阶级的民族，使东方从属于西方。"② 现代文明之所以具有如此强大的力量，从根本上说，归结为现代性在其特定阶段的绝对权力。因而，要明晰西方现代文明，必须在本质上高度理解现代性的绝对权力的生成与后果。

现代文明降生的标记是"1500 年前后发生的三件大事，即新大陆的发现、文艺复兴和宗教改革"。③ 要想把握现代文明的质，须透过这些事件，洞穿其背后的本质力量。这种本质力量是现代文明由以奠基、由以运作、由以铺展、由以成效的根据，是全部现代世界的枢轴，它将现代社会与传统社会彻底界分开来，是现代社会的独有特性，故谓之现代性。可见，现代性乃是现代文明的本质依据，现代文明是现代性的具象化，现代性浸润着现代文明的展开过程，决定着其发展理念、发展动力、发展方式及发展格局。

现代性的建构由资本主义开启，就资本主义现代性而言，它主要关涉两重维度，即观念论上理性的显明与存在论上资本的驱动。在观念层面上，从神圣形象统治中挣脱而来的现代世界亟须找到一种属人的、独立的理念代替上帝，成为新的权威，这便是"理性"。"理性是世界的灵魂"④，"思想除了'理性'的权威外

---

① ［德］诺贝特·埃利亚斯：《文明的进程》（上册），王佩莉译，生活·读书·新知三联书店 1998 年版，第 116 页。

② 《马克思恩格斯文集》第 2 卷，人民出版社 2009 年版，第 36 页。

③ ［德］于尔根·哈贝马斯：《现代性的哲学话语》，曹卫东译，译林出版社 2004 年版，第 6 页。

④ ［德］黑格尔：《逻辑学》，梁志学译，人民出版社 2002 年版，第 69 页。

不服从任何权威"。① 理性作为现代精神的内核贯穿于一切领域，我们要做的就是"要有勇气运用你自己的理智"！② 在存在层面上，马克思曾以"资本来到世间"揭示现代文明的发端，"资本一出现，就标志着社会生产过程的一个新时代"。③ 这便是现代，它是"资本处于支配地位的社会形式"④。资本是"支配一切的经济权力"⑤，"是一种普照的光"⑥，"是一种特殊的以太"⑦。在增值本能的催动下，资本像一台永动机不断地吐纳，赋予社会生产与生活新形式、新结构、新价值与新内容。

以上我们可以看到资本主义现代性的双重维度形塑着现代文明，但需要补充的是，对于现代文明的创生过程，要摒弃理性与资本二元对立的观点，也就是说二者是缺一不可的，现代文明是在理性与资本的联姻下展开的。学界一些观点将理性与资本看作是马克思与黑格尔关于现代性反思的分殊，制造出思想观念能动性与社会现实客观性的对立，这显然不符合历史唯物主义立场。也正如海德格尔所指出的："经济发展与这种发展所需要的架构"⑧ 是一体的，只有将理性与资本看作一个统一体，才能理解现代性的逻辑。在《共产党宣言》中，马克思描绘过这样的现代境遇："人和人之间除了赤裸裸的利害关系……就再也没有任何别的联系了……一种没有良心的贸易自由代替了无数特许的和自

---

① ［英］迈克尔·欧克肖特：《政治中的理性主义》，张汝伦译，上海译文出版社 2003 年版，第 2 页。

② ［德］康德：《历史理性批判文集》，何兆武译，商务印书馆 1990 年版，第 22 页。

③ 《马克思恩格斯文集》第 5 卷，人民出版社 2009 年版，第 198 页。

④ 《马克思恩格斯文集》第 8 卷，人民出版社 2009 年版，第 31 页。

⑤ 《马克思恩格斯文集》第 8 卷，人民出版社 2009 年版，第 31—32 页。

⑥ 《马克思恩格斯文集》第 8 卷，人民出版社 2009 年版，第 31 页。

⑦ 《马克思恩格斯文集》第 8 卷，人民出版社 2009 年版，第 31 页。

⑧ ［法］费迪耶等：《晚期海德格尔的三天讨论班纪要》，丁耘摘译，《哲学译丛》2001 年第 3 期。

力挣得的自由。"① 这便是利己的理性与冷酷的资本合谋打造出的现代图景，它重塑了价值伦理，颠覆了旧的生产生活方式。实际上，在资本主义现代文明的创生中，理性以形而上学的姿态出现，并在现实中不断聚合资本，从而形成现代性的决定性逻辑——资本逻辑。

资本逻辑是一体两面的。一方面，它表现出"伟大的文明作用"，"创造了完全不同于埃及金字塔、罗马水道和哥特式教堂的奇迹"②。但另一方面，它又造成"每一种事物好像都包含有自己的反面"③ 的文明吊诡，出现二律背反。一是作为现代文明精神内核的理性异变为"铁的牢笼"。这是韦伯对现代文明的揭露，当现代性"从理性主义对于生活基本问题的根本立场中演绎出来"④，随即造成了工具理性与价值理性的二分，人完全降格为工具，陷入"铁的牢笼"⑤。二是作为现代文明创生动力的资本化身为"吸血鬼"。这是马克思对现代性弊端的隐喻，资本创造文明的背后是对劳动者无尽的榨取，"它像吸血鬼一样……吮吸的活劳动越多，它的生命就越旺盛"⑥。三是现代文明的物质追求堕入"消费社会""景观社会"的迷雾。这是鲍德里亚、德波等后现代主义者对现代文明的挞伐，在他们看来，现代社会对物的追求已进展到意向化的癫狂，渴望"一种符号的社会价值"⑦，真实需要

---

① 《马克思恩格斯文集》第 2 卷，人民出版社 2009 年版，第 34 页。

② 《马克思恩格斯文集》第 2 卷，人民出版社 2009 年版，第 34 页。

③ 《马克思恩格斯文集》第 2 卷，人民出版社 2009 年版，第 580 页。

④ ［德］马克斯·韦伯：《新教伦理与资本主义精神》，于晓等译，生活·读书·新知三联书店 1987 年版，第 56 页。

⑤ ［德］马克斯·韦伯：《新教伦理与资本主义精神》，于晓等译，生活·读书·新知三联书店 1987 年版，第 142 页。

⑥ 《马克思恩格斯文集》第 5 卷，人民出版社 2009 年版，第 269 页。

⑦ ［法］让·鲍德里亚：《符号政治经济学批判》，夏莹译，南京大学出版社 2015 年版，第 2 页。

被"伪需要的伪造物所取代"①。四是现代文明制造了"中心—边缘"的分裂机制。这是依附论与世界体系论对现代文明全球扩张的审视，不同国家形成"宗主"与"卫星"的剥削和被剥削关系，②不发达国家"维持在一个'依附'的边缘地位……只能是'依附性发展'"。③

资本主义现代性带来的文明悖论成为文明新形态创生的现实境遇，但该以何种方法超越既定文明，成了莫衷一是的问题。莫尔的《乌托邦》、卢梭的《论人类不平等的起源与基础》、黑格尔的《历史哲学》、福山的《历史的终结》、马克思恩格斯的《共产党宣言》、利奥塔的《后现代状况》等，都是对这一问题的省思。它们都把矛头对准现代文明的制度方案：资本主义，但在立场方法上却表现出"修正""解构"与"扬弃"的迥异。"修正"立场坚信资本主义是文明的终极，历史的基本原则和制度不可能再进步，一切矛盾只需通过制度调节便可完善。哈贝马斯的"重振现代性"就认为，"现代性必须加以引导"④，但"不屈于后现代主义与反现代主义"⑤。"解构"立场则主张资本主义已然穷途末路，必须全面舍弃，并试图在现代性之外寻求解决之道，如德里达用"延异"来解构逻各斯中心主义，巴塔耶以情爱、浪费来抵制经济理性，德勒兹把精神分裂和游牧思想当作"资本主义的掘墓人"。

---

① ［法］居伊·德波：《景观社会》，王昭风译，南京大学出版社2007年版，第17页。

② ［德］安德烈·冈德·弗兰克：《不发达的发展》，载［美］查尔斯·K. 威尔伯主编《发达与不发达问题的政治经济学》，高铦等译，中国社会科学出版社1984年版，第151页。

③ Thomas R. Shannon, *An Introduction to the World - system Perspective* (Second Edition), Boulder: Westvier Press, 1996, pp. 201 –211.

④ ［德］乌·贝克、哈贝马斯等：《全球化与政治》，王学东、柴方国等译，中央编译出版社2000年版，第89页。

⑤ ［德］哈贝马斯：《现代性的地平线：哈贝马斯访谈录》，李安东、段怀清译，上海人民出版社1997年版，第6页。

　　"修正"与"解构"看似对立，实则无异，它们都认为资本主义文明在某种意义上终结了，差别仅限于如何理解这种终结：或是已达到极致只能全盘接受，或是已走向尽头必须彻底否定。两者都深陷形而上学的思维模式，难以站在辩证法的高度加以审视。这使得它们无法科学解答文明新形态与既有形态的关系，也无法给出真正走出文明困境的途径。马克思的"辩证"立场则扬弃了二者，他依据资本主义发展的内在逻辑来展望现代文明的自我超越，提出"通过批判旧世界发现新世界"① 的方法论，欲以一种"更加深刻的现代性来医治现代性的创伤"②。在马克思看来，资本主义现代性是劳动过程与价值增值过程的矛盾体，其趋势是劳动及生产力的发展日益冲毁价值增值及生产关系的束缚，是资本逻辑的自我扬弃。随之，资本主义生产方式将被炸毁，人类文明将进入一个继承了资本主义文明成果与解放潜能，又克服了异化状况的现代性新阶段。这个新阶段对马克思而言，不是一种绝对的断裂，而是内在性的继承与超越，新旧之间的差别不是"现代性"与"非现代性""后现代性"的隔阂，而是现代性的实现形式之间的更迭演变。

　　以上是面对西方现代文明的发展冲突，不同思想、主义给出的不同态度。实际上，中国共产党人带领中国人民开创的人类文明新形态，就生发的时代境遇与问题意识而言，其未能脱离资本主义现代文明的发展张力，亦是始于"人类文明究竟往何处去"的思考。自1840年以来，中华民族面临着最为严重的挑战与危机，其归根结底源于现代性的绝对权力。在开辟世界历史的过程中，这种权力试图把一切民族都卷入资本主义的现代文明中来，

---

① 《马克思恩格斯文集》第10卷，人民出版社2009年版，第7页。

② ［美］马歇尔·伯曼：《一切坚固的东西都烟消云散了：现代性体验》，徐大建、张辑译，商务印书馆2003年版，第126页。

并使进入现代文明成为每一个民族——"如果他们不想灭亡的话"——必然的历史命运，这正是"地球和人类的欧洲化"。西方列强的侵略，动摇了中华文明存在和发展的基础，与西方现代文明相比，中国传统农耕文明的优势荡然无存。在中华文明历史衰落的同时，中国人民开启对新文明（现代文明）的思考，此时中国发展的核心关切不是"要不要现代性"的问题，而是"要什么样的现代性"的问题。在探索伊始，我们试图效法西方，发起了洋务运动、戊戌变法、辛亥革命、新文化运动，经历了从器物学习到制度变革再到文化重建。在此过程中，改良主义、无政府主义等纷纷粉墨登场，但实践证明，西方现代性不适合中国。在历经多种思想与主义的探索、抉择后，中国进入现代文明的道路最终在中国共产党带领下与马克思主义建立起本质性的关联。当然，这一关联亦具有一定的天然性：近代中国内忧外患，面临着反帝反封建的双重任务，而马克思主义既肯定了资本主义文明对封建制度的历史进步性，又揭示了资本主义的历史局限性，恰能满足中国完成双重任务，走向一种新的现代文明的客观需要。可以说，中国人民对文明新形态的探索，是在苦于西方现代性的时代机遇中发端的，由此进入现代性、反思现代性，并在马克思主义指导下和中国共产党带领下成功开创了不同于西式的人类文明新形态。我们可以看出，就问题意识而言，人类文明新形态仍是对现代文明的探索，而不是与现代文明截然断裂的后现代抑或其他；就指导思想而言，它仍是对资本主义现代性的扬弃，而不是对西方现代文明的照搬照抄。故而，在质性上，它是中国共产党在马克思主义指导下，以中国式现代化实践实现的对现代文明的新探索，旨在开创发展一种不同于资本主义的新现代性。

二　人类文明新形态的文明超越：
　　现代性原则的时代开新

对人类文明新形态的质性进行锚定，明晰其仍然坐标于现代文明，旨在开启一种新型现代性，此时我们便可以在资本主义现代性的参照系下思索其究竟"新"在何处。这一思考关乎现代性原则的时代开新，可以通过作为现代性具象化显现的现代文明的革新加以透视。文明发展理念、发展动力、发展方式、发展格局的重塑，使人类文明新形态扬弃了资本主义现代性的资本逻辑，开启了一种新现代性的超越性构建。

（一）现代文明发展理念的转化：从存在合理化到人民利益的实现

遵循何种发展理念，首先是由探索现代文明的特殊历史情境决定的。西方现代文明是从中世纪走出的，因而其需要以"理性"来代替"神祈"作为社会规范的价值来源。然而，在求"理"的过程中，西方走向了极端化，将现代文明的发展纯粹客观化，导致人的价值意义丧失。中国对现代文明探索的历史语境与西方有较大不同。历史地来看，我们并没有经过西方那样的宗教社会背景，而是长期处于宗法封建专制的社会中。我们经历的是极度的中央集权与严酷的人性摧残，也就是常言道的"君要臣死，臣不得不死"，更何况是普通百姓。因而，中国走向现代的历史情境，就不是要求以理性来对抗神性（非理性），而是以人性来反抗非人性。以此语境为基，文明新形态建构伊始就将目光聚焦于人，其后将发展理念定位于实现人民利益，则是在指导思想与社会制度引领下进一步完成的。人类文明新形态是在中国共产党领导下，以马克思主义为指导、以社会主义为方向的，马克思主义以人民性为本质属性，社会主义方向亦标识了人民当家作主。中国共产党在带领中国人民开创新型现代文明的实践中，始终遵循着这一指导思想与发展道路，从"为人民服务""是否有利于人民生活水平的提高""始终代表最广大人民的根本利益""以人为本"到新时代的"以人民为中心"，实现人民利益贯穿于党引领中国式现代化的百年征程。

中国特色现代性带来现代文明发展理念的转化，使人类文明新形态内含依靠人民创造伟业、让人民共享成果的价值底蕴，克服了西方文明因过度理性化而致使人的意义失落的弊病。一是始终依靠人民群众的实践伟力来开创文明新形态。毛泽东指出："人民，只有人民，才是创造世界历史的动力"[1]，并发出"人民万岁"的历史最强音。习近平总书记反复强调："江山就是人民，人民就是江山。"[2] 我们在文明的创造中，牢固树立了靠人民打江山、守江山的思想观念，将尊重社会发展规律与人民主体能动性统一了起来。二是这一文明新形态充分让人民共享发展成果。在文明新形态创生过程中，我们始终想人民之所想、急人民之所需，解决"人民日益增长的物质文化需要同落后的社会生产之间的矛盾"，解决"人民日益增长的美好生活需要和不平衡不充分的发展之间的矛盾"，努力实现幼有所育、学有所教、劳有所得、病有所医、老有所养、住有所居、弱有所扶。

（二）现代文明发展动力的转变：从资本至上到崇尚劳动

西方现代性秉持资本至上原则，使其文明创造出丰富物质财

---

[1]　《毛泽东选集》第3卷，人民出版社1991年版，第1031页。

[2]　习近平：《高举中国特色社会主义伟大旗帜　为全面建设社会主义现代化国家而团结奋斗——在中国共产党第二十次全国代表大会上的报告》，人民出版社2022年版，第46页。

富的同时，也给人类社会带来莫测的命运。"死劳动统治活劳动、物统治人、产品统治生产者、神秘的主体统治真实的主体、客体统治主体。"① 中国现代性在建构中力图实现从资本至上到崇尚劳动的转变，欲重塑文明发展的内在推动力。当然，这与我们以马克思主义为指导思想密不可分，马克思主义说到底是无产阶级追求解放的学说，具有鲜明的阶级性。马克思主义产生的目的就是为无产阶级的斗争提供理论指导，产生的社会背景就是阶级关系的成熟，无产阶级开始登上历史舞台。而无产阶级是丧失生产资料，以出卖劳动力为生的阶级，一种代表无产阶级利益、实现无产阶级专政的现代文明必然要提升劳动的地位，要以劳动为核心动力来推动现代文明的发展。

中国特色现代性带来现代文明发展动力的转变，使劳动成为人类文明新形态中主导中国现代社会生活的重要驱动，克服了西方文明因资本至上而产生的劳动宰制。一是建立基本经济制度保障现代文明建构中劳动原则能够充分展开。在中国现代文明的展开中，我们探索出以公有制为主体、多种所有制经济共同发展，按劳分配为主体、多种分配方式并存，社会主义市场经济体制等社会主义基本经济制度，这就使得新型文明形态在符合社会生产力发展的基础上得以充分保障劳动的地位，为整个文明开创中劳动原则的展开奠定基础。二是大力弘扬劳动精神，为现代文明的动力重塑注入了精神营养。伟大实践孕育伟大精神，伟大精神引领伟大实践。在中国现代文明的展开中，我们始终宣扬马克思主义劳动观，注重劳模精神和工匠精神的弘扬，在时代特点与民族风范的结合中让崇尚劳动、热爱劳动、辛勤劳动、诚实劳动的理念贯穿文明发展全过程。三是以劳动解放作为现代文明的发展目标。文明新形态在其建构过程中，摒弃了西方资本至上的发展价

---

① ［捷］科西克：《具体的辩证法》，傅小平译，社会科学文献出版社 1989 年版，第 2 页。

值观，通过不断实现劳动解放来焕发经济社会发展活力，以劳动解放来推动社会进步。

（三）现代文明发展方式的变革：从器物层面单兵突进到"五位一体"协同共进

在资本动力的推动下，西方现代文明呈现出物的世界的繁荣，但经济发展与社会其他方面的进步却极不平衡。人类文明新形态讲求的是"五大文明"协同共进，重构现代文明的发展方式。这首先源于马克思主义整体文明观的支撑。在历史唯物主义视野，文明是人的实践活动的产物，在实践活动中"物质生活的生产方式制约着整个社会生活、政治生活和精神生活的过程"。①因而，实践活动所开创的文明应是整体性的系统。其次，中华优秀传统文化中天人合一的宇宙观及和谐协调的精神特质等，也为中国现代文明的整体协同发展构筑了底色。最后，整体协调的现代文明发展理念是社会主义现代化建设的实践养成。"五大文明"整体协调共进经历了一个探索过程：党的十二大首次从战略高度层面指出了"物质文明"与"精神文明"共进；党的十六大突出了"政治文明"的意义，上升到"三个文明"；党的十七大又正式将社会建设与经济建设、政治建设、文化建设并列，形成了中国特色社会主义"四位一体"总体布局，增添了文明形态的"社会文明"之维；在此基础上，党的十八大增加了生态文明建设，形成"五位一体"总体布局，"五大文明"也随之形成，标志着人类文明新的发展方式的生成。

中国特色现代性带来现代文明发展方式的变革，使人类文明新形态呈现出"五大文明"整体协调共进的新布局，破解了资本主义现代性造成的"文明发达＝文明畸形"的魔咒。一是创造出

---

① 《马克思恩格斯文集》第2卷，人民出版社2009年版，第591页。

充实丰裕的物质文明。"我们不断厚植现代化的物质基础，不断夯实人民幸福生活的物质条件"①，使我们打赢了人类历史上规模最大的脱贫攻坚战，实现了小康梦想，社会生活的物质条件不断提升。二是打造了全过程人民民主的政治文明。我们创造出"全链条、全方位、全覆盖的民主"，以全链条形式贯穿民主选举、民主决策、民主协商、民主监督等各个环节，以全方位形式贯通经济、政治、文化、社会、生态等社会生活各个领域，以全覆盖形式广泛凝聚社会共识，画出最大同心圆，推进民主政治的高质量发展。三是以中国特色社会主义文化建设推动精神文明。我们"大力发展社会主义先进文化，加强理想信念教育，传承中华文明，促进物的全面丰富和人的全面发展"②，实现了社会主义核心价值观广泛传播、中华优秀传统文化创新发展、人民文化自信明显增强。四是创造了共建共治共享的社会文明。我们搭建起共建共治共享的社会治理制度，政府治理、社会调节、居民自治互动融合，人人有责、人人尽责、人人享有的社会共同体正在形成。五是实现了人与自然和谐共生的生态文明。我们"坚持山水林田湖草沙一体化保护和系统治理，全方位、全地域、全过程加强生态环境保护，生态文明制度体系更加健全"③，使得天更蓝、山更绿、水更清。

（四）现代文明发展格局的嬗变：从零和博弈到合作共赢

"二元对立"是西方现代文明的思维传统，其按照非此即彼

---

① 习近平：《高举中国特色社会主义伟大旗帜　为全面建设社会主义现代化国家而团结奋斗——在中国共产党第二十次全国代表大会上的报告》，人民出版社2022年版，第23页。

② 习近平：《高举中国特色社会主义伟大旗帜　为全面建设社会主义现代化国家而团结奋斗——在中国共产党第二十次全国代表大会上的报告》，人民出版社2022年版，第23页。

③ 习近平：《高举中国特色社会主义伟大旗帜　为全面建设社会主义现代化国家而团结奋斗——在中国共产党第二十次全国代表大会上的报告》，人民出版社2022年版，第11页。

的"文明标准"创造了"文明与野蛮""西方与非西方"的对立范式。这种"零和博弈"敌我关系的惯性思维，最后造成的是"中心—边缘"的文明分裂机制。人类文明新形态主张合作共赢，要塑造美美与共的文明发展新格局。这首先是由中华民族和合共生的历史基因决定的。"和合共生"是中华民族的文化底蕴，富含对立统一的哲学思辨，主张"和而不同""求同存异"，反对"同而不和""非此即彼"，深刻影响着中华民族的处世原则和交往理念。其次，这种转变受中华民族反抗西方列强殖民征服历史经历的影响。近代中国饱经宰割和掠夺，文明新形态的建构不可能再依照西方弱肉强食的丛林法则，走和平发展道路成为中国的夙愿。最后，这一转变离不开对国际形势深刻变化的判断。文明新形态的建构处在世界多极化、经济全球化、社会信息化、文化多样化深入发展的时代，全球性难题频发，这就需要大家同舟共济、共渡难关，时代形势再次激活了历史文化基因。

中国特色现代性带来现代文明发展格局的革新，使人类文明新形态以合作共赢的理念推动着世界历史的前进，为现代文明进程注入了新价值、新智慧、新方案。一是我们弘扬全人类共同价值，揭穿了普世价值的虚伪外衣，为文明间共处提供了新的价值底色。我们提出并始终坚持同各国一道，"弘扬和平、发展、公平、正义、民主、自由的全人类共同价值"①，提倡所有国家跳出国别、党派与制度等藩篱，寻求世界和平发展的最大公约数，并以此来推动全球现代化进程与提高人类的整体文明境界。二是我们助力构建新的全球治理体系，为破解当下全球发展困局、人类文明进展阻碍提供了中国智慧与方案。面对和平赤字、发展赤字、安全赤字、治理赤字的全球难题，合作共赢的文明发展格局使人类文明新形态秉持胸怀天下的观念，倡导践履真正的多边主

---

① 《习近平谈治国理政》第 4 卷，外文出版社 2022 年版，第 12 页。

义，坚持正确义利观，树立新的安全观，并通过搭建"一带一路"、亚投行、上海合作组织等国际合作平台，推动构建人类命运共同体，使不同国家、民族和文明之间都能以平等主体的身份共同协商全球发展事务，共同解决全球发展问题，共同享有全球发展红利。由此，人类文明新形态充分彰显了全球化时代的文明共生逻辑，旨在建构合作共赢的新型全球现代性发展形式，同世界人民携手开创人类文明更加美好的未来。

三　人类文明新形态的未来展开：现代性原则的系统谋划

　　人类文明新形态是现代文明的中国重撰，从根本上生成了一种不同于西方资本主义，具有中国特色、中国风格、中国气派的新型现代性。这种现代性原则的创造性展开，克服了"西方中心论"，打破了西方现代文明的"正义性""优越性""普适性"的神话，摒弃了"现代化即西化"的本质主义思维，为发展中国家开辟出现代性的另一种模式；突破了"历史终结论"，化解了对"马克思主义过时""社会主义失败"的诋毁亵渎，以中国共产党的伟大创举、科学社会主义的时代创新再次论证马克思主义、社会主义的"在时"与"适时"；超越了"文明冲突论"，突破了西方文明的"二元对立""零和博弈"的冷战思维，以亲仁善邻、和合共生、协和万邦的文明精髓开辟出"强而不霸""强而共进"的现代文明新篇章。在新时代新征程上，我们必须不断推进中国现代性构建原则的历史展开与系统谋划，让人类文明新形态的独特优势与实践意义充分迸发绽放，以中华民族的伟大复兴为世界带来更多机遇，不断为人类文明进步贡献中国智慧与中国力量。

　　第一，进一步在中国现代性建构中彰显"现代文明是人的文明"的理念认知，提升人类文明新形态的理念自觉。以中国现代性开创人类文明新形态，最为首要的一点是要明确文明的根本究竟何在？现代性、现代化的本质又是为何？对于这个问题，习近平总书记指出，"现代化的本质是人的现代化"①，创造人类文明新形态实质上就是要塑造一种新的属人的文明。因此，构建中国现代性，创造人类文明新形态，必须把人摆在核心位置，坚持人民至上的价值取向不动摇。要进一步实现这种理念自觉，必须做到：一是要保证中国现代性发展的马克思主义思想指导，全面贯彻人民性这一马克思主义的根本属性。作为关于人的解放与自由全面发展的学说，马克思主义把以"人的世界的贬值"和"物的世界的增值"为特征的资本主义文明视为"虚假的文明"，认为"真正的普遍的文明"应是人的"全面的关系，多方面的需求以及全面的能力的体系"②。只有坚持马克思主义指导，中国现代性的发展才能彻底超越"物本"走向"人本"，才能开辟真正属人的文明新境界。二是必须在现代性发展中坚持中国共产党领导，以中国共产党的初心使命书写一切为了人民、一切依靠人民的文明新篇章。中国共产党是为人民谋幸福的政党，是为人类进步事业而奋斗的政党，只有坚持党的领导，才能确保中国现代性发展的人民底色，使文明发展成为惠及最广大人民群众的事业。三是必须坚持社会主义制度，要在发挥社会主义制度的优越性中将人民的利益实现好、维护好、发展好。作为比资本主义更高级的文明实现形式，社会主义制度体现人民意志、保障人民权益、激发人民创造活力，只有坚持社会主义制度，才能"在保证社会劳动生产力极高度发展的同时又保证每个生产者个

---

① 《习近平关于社会主义经济建设论述摘编》，中央文献出版社 2017 年版，第 164 页。

② 《马克思恩格斯全集》第 46 卷（上），人民出版社 1979 年版，第 104 页。

人最全面的发展"①。

第二，进一步在中国现代性建构中突出劳动对资本的驾驭，促进人类文明新形态的动力重塑。资本是现代社会发展的重要动力，然而资本主义现代性带来的现代文明却以资本再生产的条件与手段异化为目的，致使资本逻辑成为社会的主导逻辑，产生资本对劳动的宰制。中国共产党开创的人类文明新形态就是要谋划和重塑现代性的组织动力，要不断强化劳动对文明创造的本质作用。要进一步实现动力重塑，必须做到：一是要深化所有制改革，以公有制、混合所有制等促进国有资本、集体资本、混合资本的发展，形成新的公有资本战略布局，由此使资本复归为劳动者的生产条件与手段，让资本和劳动一起服务于社会生产，一起成为"创造社会财富的源泉"。二是要更好地实现劳动对资本的驾驭，必须"为资本设置'红绿灯'"，要"正确认识和把握资本的特性和行为规律"，"防止有些资本野蛮生长"②，要"依法规范和引导资本健康发展"。③ 要依靠制度政策、法律法规、舆论宣传等各类手段，建立健全资本治理体系，以统一市场、平等交换、公平竞争、保护产权、维护契约、有效监管为导向，依法推进资本治理，完善资本行为制度规则，深化资本市场改革。三是要以共同富裕为目标导向构建和谐劳动关系。"共同富裕是中国特色社会主义的本质要求"④，和谐劳动关系是实现其的重要基础，这里涉及的主要是劳动和资本的关系，要在共同富裕的目标下充分发挥三次分配的合力作用，减少资本与劳动以及劳动内部的收入差距，让劳动者实现文明成果创

---

① 《马克思恩格斯文集》第 3 卷，人民出版社 2009 年版，第 466 页。

② 习近平：《正确认识和把握我国发展重大理论和实践问题》，《求是》2022 年第 10 期。

③ 习近平：《高举中国特色社会主义伟大旗帜　为全面建设社会主义现代化国家而团结奋斗——在中国共产党第二十次全国代表大会上的报告》，人民出版社 2022 年版，第 30 页。

④ 《习近平谈治国理政》第 4 卷，外文出版社 2022 年版，第 123 页。

造与享有上的一致性。

第三，进一步在中国现代性建构中推进"五大文明"协同发展，巩固人类文明新形态的全面布局。物质文明、政治文明、精神文明、社会文明、生态文明共同搭建起人类文明新形态的内在结构，"五大文明"协调发展的"整体性文明"逻辑是其最鲜明的特质。在新时代新征程，在中国现代性建构中推进"五大文明"建设有机统一，促成彼此间的良性互动，是赓续人类文明新形态的重要实践遵循。要进一步凸显布局合理，必须做到：一是继续突出"五大文明"发展的全面性。人类文明新形态强调"富强民主文明和谐美丽"的统一，需要五个方面并驾齐驱，在整体有机推进中实现"高质量发展""人民当家作主""社会主义文化新辉煌""人民生活品质""人与自然和谐共生"的统一，促就整体发展的新型文明。二是继续坚持"五大文明"发展的协调性。"五大文明"是一个整体，各个文明在整体中都居于重要位置，经济文明是核心，政治文明是保障，精神文明是灵魂，社会文明是条件，生态文明是基础，要推动各大文明建设各司其职、协调共进，不能长的长、短的短，要形成文明叠加发展的"并联式"结构，取代西方顺序发展的"串联式"现代性建构过程。三是继续推进"五大文明"发展的持续性。"五大文明"协调推进作为中国现代性建构的鲜明特征，不仅要有全局性的眼光，更要着眼于长远性谋划，文明的进步再大都需要可持续。这种可持续性最为关键的体现在强调注重生态文明的基础与保障作用，只有将"绿水青山"与"金山银山"充分结合才能真正推动人类文明的持续进步。

第四，进一步在中国现代性建构中促进文明间交流互鉴，坚实人类文明新形态的开放格局。文明因交流而多彩，文明因互鉴而丰富。任何一个国家、民族都是在普遍交往中得到自身发展的，任何一种文明也应是在同其他文明的交流互鉴中向前发展。

人类文明新形态要求在这个挑战与希望并存的时代，"尊重世界文明多样性，以文明交流超越文明隔阂、文明互鉴超越文明冲突、文明共存超越文明优越"。[①] 要进一步实现交流互鉴，必须做到：一是继续以和而不同、求同存异的文明交往新思维促进不同文明的竞相绽放。作为一个国家和民族的精神标志与灵魂，不同文明有着各自独特的魅力与价值底蕴，因此"文明只有姹紫嫣红之别，但绝无高低优劣之分"。[②] 面对文明差异，我们应保持世界是多彩的、文明是多样的价值理念促进文明和谐共生、相得益彰，为各国现代性的构建创造一个和平有序的文明环境。二是继续以交流互鉴、兼收并蓄的文明发展新理念促进不同文明的交相辉映。文明的多样性决定了交流的必然性，"多样带来交流，交流孕育融合，融合产生进步"。[③] 只有坚持文明交流，才能实现博采众长、取长补短、推陈出新、择善而从，才能汲取不同文明的智慧为中国现代性建构提供强大精神力量。三是继续以互利互惠、多赢共赢的文明发展新格局促进不同文明美美与共。中国的发展离不开世界，世界的繁荣也需要中国。面对人类文明遭遇的新问题、新挑战，中国应与世界目标一致、利益共生、责任共担、各尽所能，从对美好未来的共同追求出发，从全人类共同价值出发，共迎挑战、共享成果，以世界眼光关注人类前途命运，在自身发展与惠及世界的统一中推动人类文明朝着"自由人联合体"的方向稳步迈进。

---

① 习近平：《高举中国特色社会主义伟大旗帜　为全面建设社会主义现代化国家而团结奋斗——在中国共产党第二十次全国代表大会上的报告》，人民出版社 2022 年版，第 63 页。

② 《习近平谈治国理政》第 3 卷，外文出版社 2020 年版，第 468 页。

③ 《习近平谈治国理政》第 2 卷，外文出版社 2017 年版，第 524 页。

四　结语

随着现代性的权力开辟出世界历史，走向现代文明便成为每个民族国家的普遍性历史命运。近代以来，以英美等国为代表的西方国家率先开辟了"经典现代性"模式，形成了西式现代文明。在资本逻辑的推动下，西方国家不断改进生产技术、拓展世界市场，其在生产力创造上的成就是"完全不同于埃及金字塔、罗马水道和哥特式教堂的奇迹"。在社会物质财富的急剧膨胀中，西方现代性与西式文明被迅速奉为圭臬，产生了现代化即"西化"的本质主义思维，造成后发国家对西式的"依附"。然而历史的发展总是充满着吊诡，西方现代性并不是普世的福音书。就发达国家自身而言，在经历了发展的黄金上升期后，目前遭遇"抛物线拐点"，金融危机、民主失灵、恐怖袭击等此起彼伏；就西式文明的效仿者来说，向西方学习使其被纳入资本的全球支配体系当中，只能消极地跟随发达国家的资本运动而随波逐流，势必丧失其发展的自主性，走向彻底的"依附性发展"。

中国现代性的探寻正是在这一语境中展开，呈现"晚发"与"外生"的特点，因其过程饱受殖民主义、帝国主义的压迫，中国人民不可能再接受一个资本逻辑主导的现代性方案，历史和人民最终选择在中国共产党带领下，以马克思主义为指导，走上社会主义发展道路，开辟出具有中国特色、风格与气派的现代性发展新形式，创造了人类文明新形态。这一创造的当代意义不仅表现为使得近代以来久经磨难的中华民族迎来了从站起来、富起来到强起来的伟大飞跃，更体现为其以自身的实践伟力开拓了科学社会主义在21世纪的发展未来，为人类整体发展与进步贡献出中国智慧与方案。人类文明新形态的时代展开正成为当今世界"百年未有之大变局"中最重要的积极变量，在促进中华民族伟大复兴的同时，有效地回应了人类社会面临的一系列重大难题，标识了人类文明经由中国发展而展现出的光明前景。

深刻把握中国式现代化新飞跃的四维向度[*]

王永贵①

摘　要　党的二十大深刻回答了新时代新征程中国共产党肩负什么样的使命任务的重大理论与实践问题，实现了中国式现代化认识的新飞跃。从历史探索看，中国式现代化在党的百年接续奋斗中达到认识的新高度；从理论创新看，中国式现代化在马克思主义中国化时代化进程中开辟新境界；从实践变革看，中国式现代化在新时代新征程中引领党和国家建设的新目标；从世界意蕴看，中国式现代化为人类进步和各国现代化进程提供了新方案。新时代新征程，要从历史的深度、理论的厚度、实践的广度和世界的高度深刻把握中国式现代化认识的新飞跃，不断彰显着中国式现代化的时代价值与世

　　* 本文是研究阐释党的十九届五中全会精神国家社会科学基金重大项目"新时代国家意识形态安全体系建构研究"（21ZDA113）、江苏省习近平新时代中国特色社会主义思想研究中心学习贯彻党的十九届六中全会精神研究专项课题"百年大党坚持'人民至上'理念研究"（22ZXYB002）的阶段性成果。原载《南京社会科学》2023 年第 1 期。

　　① 王永贵，南京师范大学马克思主义学院教授，江苏省习近平新时代中国特色社会主义思想研究中心南京师范大学基地研究员。

界历史意义，因而也必将开辟中国式现代化的新境界。

关键词　中国式现代化；新飞跃；党的二十大；中国特色社会主义

中国共产党经过百余年接力探索，成功推进与拓展了中国式现代化。习近平总书记在党的二十大报告中系统阐述了中国式现代化的科学内涵、显著特征、本质要求与重大原则等，高瞻远瞩地擘画了未来中国发展的宏伟蓝图："从现在起，中国共产党的中心任务就是团结带领全国各族人民全面建成社会主义现代化强国、实现第二个百年奋斗目标，以中国式现代化全面推进中华民族伟大复兴。"[①] 这体现了中国共产党人对中国式现代化使命任务与发展规律的科学判断和准确把握，标志着我们党对中国式现代化理论和实践认识实现了新飞跃。新征程上，我们有必要从历史探索的深度、理论创新的厚度、实践变革的广度与世界意蕴的高度等深刻把握中国式现代化认识的新飞跃，为走好第二个百年奋斗目标新的赶考之路凝心聚力、夯实基础。

一　历史探索：中国式现代化在党的
百年接续奋斗中达到认识新高度

习近平总书记指出，中国共产党的持续不懈奋斗"就是为了把我国建设成为现代化强国，实现中华民族伟大复兴"[②]。中国共产党百余年来始终从国情和时代特征出发来谋根本、谋大局、谋

---

① 习近平：《高举中国特色社会主义伟大旗帜　为全面建设社会主义现代化国家而团结奋斗——在中国共产党第二十次全国代表大会上的报告》，人民出版社 2022 年版，第 21 页。

② 《习近平谈治国理政》第 4 卷，人民出版社 2022 年版，第 151 页。

长远，保持历史耐心，坚持循序渐进，为中国现代化建设谋篇布局，成功推动新时代对中国式现代化的系统性、战略性、阶段性认识达到新高度。

（一）从总体布局来看，中国式现代化系统性认识达到新高度

纵观百年大党接续探索的伟大历程，中国式现代化由局部走向全面、由部分走向整体，系统性认识达到新高度。新民主主义革命时期，毛泽东同志在《论联合政府》中明确提出"由农业国变成工业国"、实现"工业化和农业近代化"的现代化目标，工业化成为这一时期现代化部署的重心。中华人民共和国成立后，党制定了过渡时期"一化三改"的总路线，工业化建设便由此成为当时中国现代化建设的时代主题。1959 年，毛泽东完整提出了"四个现代化"，"建设社会主义，原来要求是工业现代化，农业现代化，科学文化现代化，现在要加上国防现代化"①，从而丰富了中国现代化的场域。改革开放之初，邓小平同志创造性地提出"两手抓、两手都要硬"的战略思想，奠定了中国式现代化的基本框架。党的十二届六中全会进一步明确了"以经济建设为中心，坚定不移地进行经济体制改革，坚定不移地进行政治体制改革，坚定不移地加强精神文明建设"②，现代化建设总体布局向"三位一体"过渡。党的十五大明确了建设"有中国特色社会主义的经济、政治和文化"③，昭示着"三位一体"的布局逐渐成熟。党的十七大将"社会建设"纳入现代化建设的范畴，形成更高要求的"四位一体"总体布局。

---

① 《毛泽东文集》第 8 卷，人民出版社 1999 年版，第 116 页。
② 中共中央文献研究室编：《改革开放三十年重要文献选编》（上），中央文献出版社 2008 年版，第 430 页。
③ 《江泽民文选》第 2 卷，人民出版社 2006 年版，第 17 页。

中国特色社会主义进入新时代，党对现代化发展做出总体擘画，统揽伟大斗争、伟大工程、伟大事业、伟大梦想，明确"五位一体"总体布局，推动"五个文明"协调发展、全面提升。具体而言，在经济建设上，全面贯彻创新、协调、绿色、开放、共享的新发展理念，加快构建新发展格局，推进中国经济实现高水平、高质量发展；在政治建设上，通过发展全过程人民民主、全面推进依法治国，推进治理体系和治理能力的现代化；在文化建设上，着力推进文化自信自强，提升国家文化软实力与中华文化影响力，铸就社会主义文化新辉煌；在社会建设上，加快构建更加公平可持续的社会保障体系和公共服务体系，突出保障和改善民生，坚定推进社会治理现代化；在生态文明建设上，通过加强社会主义生态文明建设推动绿色发展，促进人与自然和谐共生。总体而言，中国式现代化把战略目标与战略举措协调起来，实现了从量变到质变的提升与转换，从重点突破到全局性谋划和整体性推进，实现现代化建设范围全方位、多领域覆盖，是社会主义现代化历史上从未有过的创新实践。

（二）从空间布局来看，中国式现代化战略性认识达到新高度

在党的百年艰苦奋斗和探索中，推进中国式现代化由局部走向全局、由中国走向世界，战略性认识达到新高度。中华人民共和国成立之初，极不平衡的工业布局制约着经济建设，毛泽东在《论十大关系》中提出"沿海的工业基地必须充分利用，但是，为了平衡工业发展的布局，内地工业必须大力发展"[①]，即在大规模建设内地工业的同时，充分发挥沿海地区的原有工业潜力，着力平衡沿海与内地的发展。改革开放后，邓小平高瞻远瞩提出

---

① 《毛泽东文集》第 7 卷，人民出版社 1999 年版，第 25 页。

"两个大局"的区域经济思想，即顺应改革开放的战略部署，优先发展沿海地区，沿海支持内地，实现均衡发展。进入20世纪90年代后，面对区域发展差距的日益扩大，"九五"计划正式确立区域协调发展的方针，旨在遏制区域发展差距逐渐扩大的趋势，统筹全国总体发展与地区发展。2003年、2004年先后提出振兴东北地区等老工业基地、促进中部地区崛起战略，逐步形成了以"四大板块"区域战略规划为核心的治理体系。

党的十八大以来，党中央充分认识并高度重视国内区域之间的发展差异，在贯彻"两个大局"战略思想，统筹推进"四大板块"的基础上，着力破解地区发展不平衡的难题，做出一系列新的重大举措并谋划出国内国际相互交错的综合性空间布局。从国内空间布局来看，相继出台了京津冀协同发展、长江经济带发展、粤港澳大湾区建设、长江三角洲区域一体化发展、黄河流域生态保护和高质量发展等一系列区域重大战略，为形成更加有效的区域协调发展新机制注入强劲动力。从国际空间布局来看，在双循环的新发展格局下，历史性地提出了以"一带一路"建设构建人类命运共同体的中国方案。中国式现代化建设的空间布局实现了从单一工业化到多样化综合性布局，从沿海优先发展到统筹区域协调发展的空间布局的转变，在国内"一轴两翼"与国际"一带一路"的空间布局的联动中持续提级加速，以不可阻挡的步伐迈向社会主义现代化强国。

（三）从时间布局来看，中国式现代化阶段性认识达到新高度

中国式现代化在党的百年实践探索中有序推进，实现发展程度与阶段性认识达到新高度。1956年，党的八大明确指出我国社会的主要矛盾发生了转变，并据此提出社会主义现代化建设的"两步走"战略规划，第一步是用15年时间初步实现工业化；第

二步是再用几十年的时间，接近或赶上世界最强大的资本主义国家，对中国的现代化发展做了长远的目标设计。1987 年党的十三大系统阐述了"三步走"的现代化战略步骤，以 1980 年为基期，第一步，到 1990 年，实现国民生产总值比 1980 年翻一番，解决人民的温饱问题；第二步，1991 年到 20 世纪末，国民生产总值再增长一倍，人民生活水平达到小康；第三步，到 21 世纪中叶，人民生活水平比较富裕，基本实现现代化。至此，力求质与量并行的现代化战略部署渐趋清晰。党的十五大在"三步走"战略第二个目标即将实现之际，将 21 世纪上半叶的现代化建设具体化为三个阶段性目标，形成"新三步走"发展战略，即到 21 世纪的第一个十年，人民的小康生活更加宽裕；21 世纪的第二个十年，国民经济更加发展，各项制度更为完善；到 21 世纪中叶，基本实现现代化，建成富强民主文明的社会主义国家。[①]

中国共产党人顺应现代化建设的规律，在党的十九大上首次对全面建成小康社会后的三十年进行阶段性划分，即前十五年的目标是基本实现社会主义现代化；后十五年的目标是把中国建成富强民主文明和谐美丽的现代化强国，这一战略安排将第二个百年奋斗目标的实现时间提前了十五年，将中国式现代化目标提高至建成社会主义现代化强国，并增加了"美丽"的新要求，提升了现代化建设的层次与程度。党的十九届五中全会乘势而上向第二个百年奋斗目标进军，统筹谋划了未来五年即"十四五"时期经济社会发展的战略思路、总体目标等。党的二十大报告明确宣示了新征程上举什么旗、走什么路、以什么样的精神状态、朝什么样的目标继续前进，更加清晰具体地擘画了未来十五年基本实现社会主义现代化的时间表与战略图："从二〇二〇年到二〇三五年基本实现社会主义现代化；从二〇三五年到本世纪中叶把我

---

① 《江泽民文选》第 2 卷，人民出版社 2006 年版，第 4 页。

国建成富强民主文明和谐美丽的社会主义现代化强国"①，为大步迈向社会主义现代化强国的目标搭建好了更为科学详细的发展轨道，以中国式现代化全面推进中华民族伟大复兴。

二　理论创新：中国式现代化在马克思主义中国化时代化进程中开辟新境界

习近平总书记指出："马克思主义的命运早已同中国共产党的命运、中国人民的命运、中华民族的命运紧紧连在一起。"② 中国式现代化理论形塑于马克思主义之"矢"射中国之"的"的过程，在坚持马克思主义的守正与创新、科学社会主义与现代化的有机结合、"两个结合"的持续推进中开辟新境界。

（一）中国式现代化理论在坚持马克思主义的守正与创新中实现新发展

习近平总书记指出："守正才能不迷失方向、不犯颠覆性错误，创新才能把握时代、引领时代。"③ 一方面是守马克思主义之"正"，"马克思主义指引中国成功走上了全面建设社会主义现代化强国的康庄大道"④。马克思主义创造性地揭示了人类社会发展的一般规律与资本主义运行的特殊规律，充分肯定了资本逻辑所

---

① 习近平：《高举中国特色社会主义伟大旗帜　为全面建设社会主义现代化国家而团结奋斗——在中国共产党第二十次全国代表大会上的报告》，人民出版社2022年版，第24页。

② 习近平：《在纪念马克思诞辰200周年大会上的讲话》，人民出版社2018年版，第14页。

③ 习近平：《高举中国特色社会主义伟大旗帜　为全面建设社会主义现代化国家而团结奋斗——在中国共产党第二十次全国代表大会上的报告》，人民出版社2022年版，第20页。

④ 习近平：《在纪念马克思诞辰200周年大会上的讲话》，人民出版社2018年版，第15页。

具有的"伟大文明作用",指出资本造就了世界历史性的现代化文明。但马克思主义对资本现代性"肯定的理解中同时包含对现存事物的否定的理解"①,系统批驳了西方资本主义现代化所带来的资本逻辑、两极分化、扩张侵略、环境污染等顽瘴痼疾。中国式现代化的理论创新以马克思主义世界观和方法论为基点,科学运用马克思主义所揭示的现代化规律,自觉发挥马克思主义所预测的未来社会政治、经济、文化、社会、生态等一般原则,在超越西方现代化的同时又有效应对西方式现代化弊端,使马克思主义真理性与科学性在中国得到充分检验。

　　另一方面是创当代马克思主义之"新",习近平总书记在党的二十大报告中明确了中国式现代化的中国特色,强调是"人口规模巨大""全体人民共同富裕""物质文明和精神文明相协调""人与自然和谐共生""走和平发展道路"②的现代化,建构起了社会主义的"新现代化观"。"人口规模巨大"和"全体人民共同富裕"是中国式现代化的鲜明特点和价值旨归,是对"保证社会劳动生产力极高度发展的同时又保证每个生产者个人最全面的发展"③的当代阐发,昭示"人本逻辑"超越"资本逻辑"。"物质文明和精神文明相协调"是中国式现代化的总体原则,中国式现代化不以物质财富的积累为圭臬,在快速发展社会经济的同时,以实现人的现代化为目标,不断推动人的精神境界的丰富和升华。"人与自然和谐共生"体现中国式现代化的重点要求,全面贯彻新发展理念,提高现代化建设的协同性与可持续性。"走和平发展道路"彰显现代化的对外逻辑,站在全人类前途命运攸关的高度引领了人类文明新形态,为推动全球现代化贡献新范式。

---

① 《马克思恩格斯选集》第 2 卷,人民出版社 2012 年版,第 94 页。
② 习近平:《高举中国特色社会主义伟大旗帜　为全面建设社会主义现代化国家而团结奋斗——在中国共产党第二十次全国代表大会上的报告》,人民出版社 2022 年版,第 22—23 页。
③ 《马克思恩格斯选集》第 3 卷,人民出版社 2012 年版,第 730 页。

（二）中国式现代化理论在科学社会主义与现代化的有机结合中实现新跃升

中国式现代化不仅高度体现着科学社会主义的基本原则，而且蕴含着现代化的普遍特征，昭示着科学社会主义与现代化的有机结合。首先，从历史和现实的角度阐释，只有中国特色社会主义才能救中国。中国屈辱的近代史表明了各种主义和思潮在中国的水土不服，中国共产党人深刻认识到"只有社会主义才能救中国，只有社会主义才能发展中国"①，牢牢把握住马克思为人类社会发展所指明的科学社会主义道路，走出了一条不同于资本主义且能够取得成功的民族化现代化的发展之路。在改革开放实践探索中，中国共产党高举中国特色社会主义伟大旗帜，不懈推进中国式现代化的蓬勃发展。

其次，中国式现代化的实践赋予科学社会主义新的时代内涵。马克思主义经典作家所阐述的科学社会主义基本原则反映了社会发展的一般特征，在中国现代化进程中，中国共产党人根据中国特有国情、历史文化传统与时代要求赋予其鲜明的中国特色。在现代化政治保障上，不断扎牢无产阶级政党领导的根本原则，找到了自我革命这一跳出历史周期率的第二个答案，拓展了执政党领导现代化的有效路径；在现代化价值取向上，坚持人民至上，强化密切联系群众的政治优势，着力促进全体人民共同富裕，坚守为人民谋利益的根本立场；在现代化制度保障上，推进中国式现代化须臾离不开社会主义公有制，坚持和完善社会主义基本经济制度，推进经济实现质与量的总体跃升；在现代化进程与对外关系上，以海纳百川的宽阔胸襟借鉴吸收发达国家的积极

---

① 习近平：《在庆祝中国共产党成立100周年大会上的讲话》，人民出版社2021年版，第5页。

文明成果，通过多种方式的高水平对外开放，使我们在现代化管理和治理方式等领域迈出新步伐。

最后，中国式现代化的本质特征有力证明了科学社会主义与现代化的融合统一与创新。习近平总书记在党的二十大报告中用九句话强调了中国式现代化的本质要求，从这一本质要求重要论断的深刻寓意看，它明晰了中国式现代化注重整体性、强化过程性、彰显独特性和弘扬历史主动性等鲜明特征和本质要求，实现了科学社会主义与现代化的融通性和贯通性。一是坚持"中国共产党的领导、中国特色社会主义"明示了中国式现代化"中国特色"的根本保证和社会主义属性。二是坚持"实现高质量发展、发展全过程人民民主、丰富人的精神世界，促进人与自然和谐共生"，展现出社会主义"全面协调"的"五位一体"现代化整体目标和发展逻辑。三是坚持"推动构建人类命运共同体，创造人类文明新形态"①，充分彰显了为人类谋进步和为世界谋大同的价值追求旨趣，不断追求人类社会真正实现"自由王国"的远大目标和历史主动。

（三）中国式现代化理论在"两个结合"的持续推进中实现新拓展

习近平总书记在党的二十大报告中指出："坚持和发展马克思主义，必须同中国具体实际相结合。……必须同中华优秀传统文化相结合。"② 一方面是坚持马克思主义同中国具体实际相结合。中国共产党以马克思主义的立场、观点与方法为根本遵循，推进中国式现代化的理论创新。中国共产党人明确指出社会主要

---

① 习近平：《高举中国特色社会主义伟大旗帜　为全面建设社会主义现代化国家而团结奋斗——在中国共产党第二十次全国代表大会上的报告》，人民出版社 2022 年版，第 24 页。

② 习近平：《高举中国特色社会主义伟大旗帜　为全面建设社会主义现代化国家而团结奋斗——在中国共产党第二十次全国代表大会上的报告》，人民出版社 2022 年版，第 17—18 页。

矛盾发生转化的科学论断，从关系全局的历史性变化的高度上来着力解决发展不平衡不充分的问题，在把握中国国情的"变"与"不变"的基础上，既不脱离中国处于并将长期处于社会主义初级阶段的客观基点，又自觉站在全面建设社会主义现代化国家的新起点，明晰了新时代新征程中国共产党人的使命任务，对中国式现代化理论做出了创造性发展。

另一方面是坚持马克思主义同中华优秀传统文化相结合。党以马克思主义的视野把我们的历史遗产和传统"以批判的总结"，不断赋予中国式现代化鲜明的中国特色。从指导思想来看，马克思主义中国化时代化最新成果习近平新时代中国特色社会主义思想，是"中华文化和中国精神的时代精华"①，成为引领中国式现代化发展的思想力量与科学指南。从目标指向来看，中国式现代化内蕴和谐社会、小康社会、共同富裕等价值理念。传统的小康、大同构想等在意义层面上是古人对和谐、安定、富足生活的向往，中国共产党人根据现代化阶段任务的变化赋予其时代新意，使中华优秀传统文化承担着现代化发展战略的功能。从具体实践来看，党的十八大以来，中国共产党坚持立足中国实际，坚守中华文化立场，以高度的文化自信，"使中华民族最基本的文化基因与当代文化相适应、与现代社会相协调"②，使中国现代化的历史经验与民族智慧、民族精神同马克思主义同频共振、同向共进，充分彰显出基于中国国情的民族底色。

---

① 《中共中央关于党的百年奋斗重大成就和历史经验的决议》，人民出版社 2021 年版，第 26 页。

② 习近平：《在哲学社会科学工作座谈会上的讲话》，人民出版社 2016 年版，第 17 页。

三　实践变革：中国式现代化在新时代 新征程中引领党和国家建设新目标

历史画卷在前后相继中铺展，时代华章在接续奋斗中书写，实现全面建成小康社会这个中华民族的千年梦想，为实现第二个百年奋斗目标夯基垒台。新时代新征程，党和国家在不懈探索中大步踏上践行初心使命的新实践，积极回应时代发展的新要求，锚定全面建成社会主义现代化强国的新擘画，为接续推进中国式现代化立柱架梁。

（一）中国式现代化开辟新时代新征程　党践行初心使命的新实践

"中国共产党是为中国人民谋幸福、为中华民族谋复兴的党"①，开拓与推进中国式现代化体现了党在新征程初心不改、矢志不渝的坚守。

一是中国式现代化是为中国人民谋幸福的现代化。江山就是人民，人民就是江山，中国共产党始终将"人民"镌刻在红色旗帜上、牢记为人民谋幸福的初心。一方面是持续增进民生福祉，实现共同富裕。共同富裕是中国式现代化的本质规定，等不得也急不得，是一个长期的奋斗过程。新征程中要着力解决发展不平衡不充分问题与人民群众的急难愁盼问题，主动解决地区差距、城乡差距、收入差距等问题，在统筹效率与公平、精神与物质、共建与共享、区域和城乡等的发展中推动共同富裕取得实质性进

---

① 习近平：《高举中国特色社会主义伟大旗帜　为全面建设社会主义现代化国家而团结奋斗——在中国共产党第二十次全国代表大会上的报告》，人民出版社 2022 年版，第 21 页。

展。另一方面是坚定不移发展全过程人民民主。全过程人民民主克服了西方民主的虚假性与低效性，是最广泛、最真实、最管用的民主。立足社会主义现代化强国的时代命题与发展目标，要健全人民当家作主的制度体系，发挥人民群众的积极性、主动性和创造性，确保人民民主权利的全过程、全领域、全方位的实现，不断满足人民群众对民主、法治、公平、正义等日益增长的需要。

二是中国式现代化是为中华民族谋复兴的现代化。"以中国式现代化全面推进中华民族伟大复兴"① 重要论断，明晰了中国式现代化承载着实现民族复兴的伟大使命任务。一方面，中国式现代化为民族复兴确定前进航向与战略规划。党的领导是中国式现代化的最大优势，始终坚持问题导向与目标导向相结合，把实现民族复兴与现代化的人民意志上升为国家发展战略，确定"主框架"、描绘"作战图"、制定"计划表"，致力于实现中国式现代化的递进式系统布局，使民族复兴的指向性更加明确。另一方面，中国式现代化为实现民族复兴提供动力与保障。"人口规模巨大"为民族复兴提供了坚实的主体力量，"全体人民共同富裕"为民族复兴奠定了民意共识基础，"精神文明和物质文明相协调"为民族复兴提供了物质保障与主动的精神力量，"人与自然和谐共生"为民族复兴提供了坚实的生态保障，"走和平发展道路"符合全人类共同利益，为民族复兴争取稳定的国际环境。我们比历史上任何时候都更接近民族复兴这一崇高目标，赓续中国式现代化奋斗历程，使实现伟大复兴逐渐由理想变成现实。

---

① 习近平：《高举中国特色社会主义伟大旗帜　为全面建设社会主义现代化国家而团结奋斗——在中国共产党第二十次全国代表大会上的报告》，人民出版社 2022 年版，第 21 页。

（二）中国式现代化回应"两个大局"背景下党和国家发展的新要求

习近平总书记指出："谋划和推进党和国家各项工作，必须深入分析国际国内大势"①，推进和拓展中国式现代化必须统筹国内国际两个大局，回应时代之变。

一方面，要回应国际力量对比掀转对党和国家工作的新要求。中国式现代化是资本主义与社会主义共时并存的现代化，其特点是社会主义与资本主义的共存性与斗争性。世界格局正在发生前所未有的历史性变局，以中国为代表的新兴经济体加速崛起，大国博弈不断加剧。西方资本主义国家为了维护其在全球政治、经济体系中的主导地位，掀起东西对抗的幕布，使国际形势紧张加剧。同时各国面临全球治理的共同问题，任何国家都不可能偏安一隅，因而协力应对挑战、战胜风险成为普遍愿望，为抵御风险和挑战，解决共性问题，需要深化以中国式现代化推动构建人类命运共同体，以中国的新发展为世界提供新机遇。

另一方面，要回应国内风险挑战对党和国家工作的新要求。从民族伟大复兴的战略全局来看，我国发展进入战略机遇与风险挑战并存、不确定难预料因素增多的时期，面临着全面深化改革向纵深推进，党风廉政建设与反腐斗争，补齐发展短板，意识形态安全等一系列难题。前进道路上，必须坚持好、运用好习近平新时代中国特色社会主义思想的世界观与方法论，做到"六个必须坚持"，从问题导向出发，坚持自信自立的基本

---

① 《习近平在省部级主要领导干部"学习习近平总书记重要讲话精神，迎接党的二十大"专题研讨班上发表重要讲话强调　高举中国特色社会主义伟大旗帜　奋力谱写全面建设社会主义现代化国家崭新篇章》，《人民日报》2022 年 7 月 28 日第 1 版。

点，站稳人民至上的根本立场，秉持守正创新的态度，运用系统观念的方法，树立胸怀天下的眼光，不断夺取全面建设社会主义现代化国家的新胜利。同时，还要回应重大时代课题对党和国家工作的新要求。新时代新征程如何坚持和发展中国特色社会主义，如何以奋发有为的精神把新时代中国特色社会主义不断推向前进，具有战略性和长期性。新时代新征程需要继续推动与拓展中国式现代化，不断从理论与实践上解决社会主义社会强大、国家强大与马克思主义政党强大的问题，回答好中国之问和时代之问。

（三）中国式现代化锚定全面建成社会主义现代化强国的新擘画

绘就不同发展阶段的发展战略规划，不断推进现代化的历史进程，是中国式现代化的重要特征与表现形态。党的二十大报告更加明确提出到 2035 年基本实现社会主义现代化的远景目标与战略安排。一是科学规划建设"2035"和"2050"现代化强国总的战略安排，描绘出社会主义现代化强国建成之后的美好图景。从国家维度来看，更加关注国家经济实力、科技实力与综合国力的提升；从人民维度来看，更加关注全体人民共同富裕与人民生活更加幸福美好取得实质性进展；从国际维度来看，更加关注国家安全体系和国际地位与影响力的提高，在全球治理中发挥更大作用。从这三个维度勾勒出国家如何强、人民如何强、中华民族如何强的新图景，指引着全面建设社会主义现代化国家夺取新胜利。二是 2035 年我国发展的总体目标。这一总体目标具有价值引领性、目标导向性与现实操作性，主要包括八个方面的任务要求与重大举措，统筹兼顾国家硬实力和软实力建设，涉及经济、政治、民生、文化、生态等多个方面，既与党的十九大做出的战略安排一脉相承，又根据五年来国际国内局势的新变化提出新要求，为推进中国式现代化提供更为清晰的航程表、更加明确的指向标。三是重点部署未来五年的主要目标任务。未来五年是全面建设社会主义现代化国家开局起步的关键时期，党的二十大报告从"重点突破—全面发展—系统谋划"的演进逻辑科学规划未来五年现代化的目标任务。"重点突破"即以经济建设为中心，高质量发展取得新突破。在夯实经济基础条件下推进"系统谋划"，着眼改革开放、全过程人民民主、精神文明建设、民生保障、国家安全、国际关系等要素进行系统性顶层设计。在"顶层设计"的基础上使各要素形成合理结构并发挥合力作用，确保未来五年全面建设社会主义现代化国家开好局、起好步。

四　世界意蕴：中国式现代化为人类进步和各国现代化进程提供新方案

习近平总书记强调，中国式现代化"既有各国现代化的共同特征，更有基于自己国情的中国特色"①。这一论断表明，中国式现代化是各国现代化共性与中国个性的有机统一，这个"个性"进一步彰显了中国式现代化的超越性。中国式现代化摒弃了"国强必霸"的逻辑与"零和博弈"的思维，实现了从"探索"到"跟跑"到"并跑"再到"领跑"的时代跃变，这不仅深刻改变了中华民族的前途命运，也深刻影响着世界发展的面貌和进程，为科学社会主义的发展、为人类现代化事业、为建设美好世界提供了中国方案。

---

① 习近平：《高举中国特色社会主义伟大旗帜　为全面建设社会主义现代化国家而团结奋斗——在中国共产党第二十次全国代表大会上的报告》，人民出版社2022年版，第22页。

（一）中国式现代化为发展科学社会主义理论与实践做出新贡献

中国式现代化根植于中国大地、符合人民意愿、适应时代要求，为科学社会主义的创新发展注入先进力量。一是全面破除了"历史终结论"。世界社会主义运动在经历苏联解体、东欧剧变后陷入低潮，一些唱衰社会主义的"历史终结论"者开始鼓吹僵化集权的社会主义必将失败、资本主义现代化是后发国家实现现代化的必由之路等谬论。而中国式现代化以史为鉴，坚持"两个结合"，坚定不移地走自己的路，百余年的接续奋进，我国现代化顺利推进，具备更为完善的制度保证、更为坚实的物质基础，科学社会主义在 21 世纪的中国焕发出强大生机活力。中国式现代化以自身的超越性彰显了科学社会主义的真理性，有力反驳了"历史终结论"。二是充分彰显了马克思主义的真理力量。拥有马克思主义科学理论指导是中国共产党把握历史主动，开辟中国式现代化新境界的根本所在。"中国共产党为什么能，中国特色社会主义为什么好，归根到底是马克思主义行，是中国化时代化的马克思主义行。"① 习近平新时代中国特色社会主义思想的"十个明确""十四个坚持""十三个方面的历史成就"等奏响了新时代最强音，向世界宣告马克思主义没有过时，而是在"解释世界"与"改变世界"的有机统一中实现了新跃升。中国到 2035 年基本实现现代化，必将让马克思主义放射出更加灿烂的真理光芒。三是有力引领了世界社会主义新发展。经过改革开放 40 多年的宏阔进程，中国特色社会主义在世界社会主义运动的低潮期逆势崛起，极大调整了资本主义与社会主义在世界格局中的力量对比，"世

---

① 习近平：《高举中国特色社会主义伟大旗帜　为全面建设社会主义现代化国家而团结奋斗——在中国共产党第二十次全国代表大会上的报告》，人民出版社 2022 年版，第 16 页。

界范围内社会主义和资本主义两种意识形态、两种社会制度的历史演进及其较量发生了有利于社会主义的重大转变"①。在当前世界主要经济体发展低迷的情况下，中国着力推进高质量发展，构建新发展格局，成为全球唯一经济正增长的主要经济体，生动鲜明诠释着科学社会主义的制度优越性与实践合理性，增强了社会主义的感召力、向心力与塑造力，必将不断开拓 21 世纪世界社会主义的光明前景。

（二）中国式现代化为人类文明进步和现代化发展贡献新选择

面对世界经济、国际治理、国际安全、生态治理等全球性挑战，中国式现代化为人类现代化事业提供了新的选择。一是开辟了世界现代化模式的多元性。长期以来，欧美国家凭借话语霸权与先发优势，鼓噪"现代化＝西方化"的话语导向，使后发现代化国家不自觉陷入"西化"与"民族化"、"快速发展"与"独立自主"的矛盾之中。马克思恩格斯指出西方资本主义现代化不是"一般发展道路的历史哲学理论"。② 中国共产党"坚持把国家和民族发展放在自己力量的基点上"③，强化自信自立，深化中国特色，摆脱了西方政治制度、价值体系等的干扰，从根本上破除了"西方中心论"，开辟了人类现代化事业多样化发展的新局面。二是向发展中国家提供了"并联式"现代化的发展方式。总体来看，西方现代化发展的"串联式"依次经历了工业化、城镇化、农业现代化、信息化的发展。中国式现代化的中国特色和本质要

---

① 《中共中央关于党的百年奋斗重大成就和历史经验的决议》，人民出版社 2021 年版，第 63—64 页。

② 《马克思恩格斯选集》第 3 卷，人民出版社 2012 年版，第 730 页。

③ 习近平：《高举中国特色社会主义伟大旗帜　为全面建设社会主义现代化国家而团结奋斗——在中国共产党第二十次全国代表大会上的报告》，人民出版社 2022 年版，第 27 页。

求，全面彰显了中国式现代化道路的鲜明特征，超越了西方现代化发展模式，采用"并联式"叠加发展的现代化方式，推动各环节各领域共同发展，"大踏步赶上时代"并将"失去的二百年找回来"，书写了经济快速增长和社会长期稳定的"两大奇迹"。"并联式"现代化之路成功证伪了西方兜售的"串联式"现代化路径的唯一性，为广大发展中国家推进现代化提供了新的思维方式，拓展了人类现代化的新版图。三是向发展中国家提供了一条"既能发展又能独立"的现代化道路。中国式现代化植根于民族特色、扎根于中国深厚的文化沃土，充分彰显了"三大规律"，破解了人类社会发展的一系列重大难题。习近平总书记强调"现代化道路并没有固定模式，适合自己的才是最好的，不能削足适履"①，基于本国国情、文化传统、制度体制等要素独立选择适合本国国情的发展道路，顺应了后发现代化国家"既能发展又能独立"的期盼。同时，也向发展中国家提供了和平发展的现代化道路。西方国家在现代化进程中为维护其在政治、经济体系的霸权地位，为发展中国家的现代化设置障碍、制造混乱，使这些国家成为西方现代化秩序的附庸。中国走出了一条与西方霸权和扩张逻辑截然不同的和平发展之路，在现代化征程中积极倡导构建和平、稳定、公正、合理的国际新秩序，致力于使一国利益之"独奏曲"转变为各国利益之"交响乐"，开拓出符合世界和平发展潮流的康庄大道。

（三）中国式现代化开创人类文明新形态，为世界和平发展注入新动力

中国以自身的现代化开创了人类文明新形态，为世界和平发展注入稳定因素和全新动力。一是中国式现代化深刻改变着世界

---

① 《习近平谈治国理政》第 4 卷，外文出版社 2022 年版，第 427 页。

现代化的版图。截至目前，全世界实现现代化的国家与地区总人数约 10 亿，美国作为最大的发达国家也不过 3 亿多人，不及中国 14 亿多人口的 1/4。中国实现现代化象征着全世界进入现代化的人口规模占比将从现有的不到 1/7 提升为全世界人口的 1/3，将前所未有地改写世界现代化版图。二是中国式现代化摒弃了单维发展的思维，形成了全面发展的文明形态。西方现代化将追求利润最大化的资本逻辑发挥到极致，存在单向度发展、异化发展等内生障碍。中国式现代化有效规避了西方现代化的发展陷阱，构建了全面协调可持续发展模式，在统筹推进"五位一体"总体布局，协调推进"四个全面"战略布局中，促进现代化各环节、各领域和多方面协调有序发展，实现了物的全面丰富和人的全面发展协调同步，为人的自由全面发展创造了条件。三是中国式现代化开辟了共享式的文明形态。一方面，中国式现代化不是以一种文明代替另一种文明，而是倡导不同社会制度、意识形态、历史文化、发展水平的国家，在处理国际事务中利益共生、权利共享、责任共担、合作共赢。另一方面，中国站在人类命运与共、利益共同的立场上，以开放的心态同各国共享现代化经验，让更多国家搭上中国现代化的"顺风车"，享受共同发展的"红利"，促进世界繁荣进步。四是中国式现代化走出"国强必霸"的文明困境，主张构建人类命运共同体。世界之变、时代之变、历史之变加速演进，人类社会面临前所未有的挑战，构建人类命运共同体是世界各国人民前途所在。中国式现代化超越"一国独霸"或"几方共治"的西方逻辑，坚持弘扬全人类共同价值，以文明交流超越文明隔阂，以文明互鉴超越文明冲突，以文明共存超越文明优越，在与世界的良性互动中积极倡导构建人类命运共同体，努力解决全球性问题，为从"世界之乱"走向"世界之治"贡献中国智慧。

中国式现代化道路的历史生成和实践价值[*]

王丽华　周建超[①]

摘　要　中国式现代化道路是中国共产党带领中国人民在追求真理和笃行真理进程中形成的富有中国气质的历史产物。中国式现代化道路的生成是对马克思主义关于人类社会发展统一性和多样性辩证原理的坚持和发展，它的文化根脉是对中华优秀传统思想文化资源的传承和创新。与此同时，中国式现代化道路的生成也是对苏联社会主义现代化建设经验和发展中国家现代化历史深刻反思的结果。一方面，就中国式现代化道路的实践样态来说：中国式现代化道路坚持党的全面领导，确保了社会主义发展方向；中国式现代化道路坚持中国特色，展现了中华民族坚定的历史自信；中国式现代化道路坚持人民至上，彰显了现代化的价值立场；中国式现

---

*　本文是江苏高校学习贯彻党的十九届六中全会精神和省第十四次党代会精神专题研究项目"中国式现代化新道路与人类文明新形态研究"（2022ZTYJ10）的阶段性成果。原载《南京社会科学》2022 年第 12 期。

①　王丽华，扬州大学马克思主义学院博士生；周建超，扬州大学马克思主义学院教授、博导。

代化道路坚持深化改革开放，揭示了后发国家现代化的推进动力；中国式现代化道路坚持斗争精神，实现了从单一现代化走向全面现代化。另一方面，就中国式现代化道路的实践价值来说：第一，中国式现代化道路突破了"西方中心论"，为世界各国探索符合本国国情的现代化道路提供了中国智慧；第二，中国式现代化道路超越了"资本主导"的资本主义现代化模式，创造了人类文明新形态；第三，中国式现代化道路宣告了"历史终结论"的破产，彰显了科学社会主义的生机与活力；第四，中国式现代化道路摒弃了"强国必霸"的陈旧逻辑，有力推动了构建人类命运共同体的新篇章。

关键词　中国式现代化；现代化；道路；发展

党的十九届六中全会审议通过的《中共中央关于党的百年奋斗重大成就和历史经验的决议》明确指出："党领导人民成功走出中国式现代化道路，创造了人类文明新形态，拓展了发展中国家走向现代化的途径。"① 党的二十大报告进一步强调："在新中国成立特别是改革开放以来长期探索和实践基础上，经过十八大以来在理论和实践上的创新突破，我们党成功推进和拓展了中国式现代化。"② 中国式现代化道路彰显了科学社会主义在 21 世纪"百年未有之大变局"的历史关头中的真理性和科学性。与此同时，中国式现代化道路的生成也体现了百余年来中国人民始终"坚持党的全面领导不动摇"，奋力求解"中国之问、世界之问、人民之问、时代之问"的成功。由此，坚持运用辩证唯物主义和

---

① 《中共中央关于党的百年奋斗重大成就和历史经验的决议》，人民出版社 2021 年版，第 64 页。

② 习近平：《高举中国特色社会主义伟大旗帜　为全面建设社会主义现代化国家而团结奋斗——在中国共产党第二十次全国代表大会上的报告》，人民出版社 2022 年版，第 22 页。

历史唯物主义，考察中国式现代化道路的生成机理、实践样态以及实践价值，以此助力中国特色社会主义的巍巍巨轮乘风破浪、行稳致远，是必要且意义深远的。

一　中国式现代化道路的生成机理

中国式现代化道路是百余年来党和人民在推进中华民族伟大复兴征程中的伟大创造，具有坚实的理论基础、深厚的文化根脉和深刻的经验借鉴，是历史发展合力的理论和实践结晶。

（一）理论基础：马克思主义关于人类社会发展统一性和多样性辩证原理的坚持和发展

马克思主义始终观照着人类社会嬗变的基本规律。无论是青年时期对"物质利益难事"的考量，还是晚年时期对俄国社会发展问题的阐述，马克思都坚持不懈地追求和探索人类社会文明运动的基本规律。他曾指出："我的观点是把经济的社会形态的发展理解为一种自然史的过程。"① 马克思主义告诉人们，人类社会发展像自然界运动发展一样具有内在的客观规律，其发展过程始终受一定规律的支配，而这一规律就是生产力与生产关系矛盾运动的规律，是不以人的意志、意识和意图为转移的，制约并支配着人类的社会实践活动。同时，人类社会历史的发展过程又不同于自然界的发展过程，在自然界中起作用的是各种盲目的、不自觉的力量，而人类社会历史的发展是现实的人的实践活动推动的。这里的"现实的人"是"具有意识的、经过思虑或凭激情行

---

① 《马克思恩格斯全集》第42卷，人民出版社2016年版，第16页。

动的、追求某种目的的人"。① 也就是说，人类社会历史的发展规律实际上是有目的有意识有激情的处在现实生活过程中的人们从事实践活动的规律，这种规律归根到底是"人们自己的社会行动的规律"②，因而其具体内容和表现形式在不同的国家和民族、不同的历史时期必然随着人的实践活动的具体历史条件的变化而发生变化。因此，马克思恩格斯在研究和回答人类社会发展道路时，特别强调其中蕴含的统一性和多样性辩证关系，一方面强调人类社会历史发展规律的客观性，即历史发展的决定性，指出人类社会发展是在生产力和生产关系的矛盾运动中向前推进的，是由低级到高级、由简单到复杂的一个自然历史过程，没有哪个国家和民族能够例外，这就是人类社会发展道路的统一性，体现了人类历史运动的总趋势、总过程；另一方面又强调在人类社会历史发展过程中，由于各个国家和民族的经济基础、政治结构、历史条件、文化传统、自然环境、人口因素和所处的世界历史环境不同，以及内部矛盾和外部矛盾的相互影响和相互作用等，其历史主体在选择社会发展道路时会表现出不同的内容、特点和方式方法，有时甚至会表现出某种跨越性或跳跃性。对此，列宁指出："世界历史发展的一般规律，不仅丝毫不排斥个别发展阶段在发展的形式或顺序上表现出特殊性，反而是以此为前提的。"③显然，中国式现代化道路的历史生成正是人类社会发展统一性和多样性辩证原理的生动体现和具体实践。

　　1840 年当西方列强用炮火强行轰开中华国门后，中华民族就一步一步陷入危亡的边缘。为拯救民族和国家之危难，中国无数仁人志士奔走呐喊，以各种救国方案来探索中国未来的现代化发

---

① 《马克思恩格斯全集》第 28 卷，人民出版社 2018 年版，第 356 页。
② 《马克思恩格斯选集》第 3 卷，人民出版社 2012 年版，第 815 页。
③ 《列宁全集》第 43 卷，人民出版社 2017 年版，第 374 页。

展道路，但都失败了。"中国迫切需要新的思想引领救亡运动，迫切需要新的组织凝聚革命力量。"[①] 在历史向何处去的重大关头，十月革命给中国送来了马克思列宁主义，中国先进分子经过反复比较，最终结合中国发展实际选择了马克思主义，并与工人运动相结合，中国共产党应运而生。中国共产党高举马克思主义旗帜，正确把握人类社会发展道路统一性与多样性的辩证关系内涵。中国共产党人带领中国人民厘清十月革命后中国要进行现代化发展的客观历史任务，那就是必须要进行反帝反封建的革命斗争，重建独立的现代民族国家，为中国现代化提供根本保证。由此，从"新民主主义革命"到"社会主义改造"，从"社会主义初期建设"到"改革开放以来的持续发展"，在这波澜壮阔的奋斗历程中，中国共产党始终带领中国人民推进中国式现代化道路生成。这是历史和人民的选择。历史证明，"世界上没有放之四海而皆准的具体发展模式，也没有一成不变的发展道路。历史条件的多样性，决定了各国选择发展道路的多样性"[②]。中国式现代化道路是历史规律的决定性和历史主体的选择性相统一的过程，也是近代中国社会历史发展的必然结果。

（二）文化根脉：中华优秀传统思想文化资源的传承和创新

中国式现代化道路不是天上掉下来的，它根植于中华文化沃土、脚踏中华大地，是在对中华民族 5000 多年悠久文明的传承和创新中生成的，具有深厚的文化基因。一方面，中华优秀传统文化为中国式现代化道路生成提供了历史的精神动力。中华民族自古以来就是具有远大理想抱负和勇于变革的民族，在长期的社会

---

① 《中共中央关于党的百年奋斗重大成就和历史经验的决议》，人民出版社 2021 年版，第 4 页。

② 习近平：《在纪念毛泽东同志诞辰 120 周年座谈会上的讲话》，人民出版社 2013 年版，第 21 页。

生产实践中形成了"革故鼎新""自强不息""见利思义、舍身为国""先天下之忧而忧，后天下之乐而乐""苟利国家生死以，岂因祸福避趋之"的崇高理想信念和精神品格，凝聚了先人们刚毅坚卓、不屈不挠、锐意进取、舍生取义的优秀精神基因，彰显了历史主体在推动社会发展中应承担的政治责任，成为中华民族始终保持生命力、凝聚力和创造力的重要源泉，成为近代以来仁人志士面对中华民族危亡、屈辱而奋起抗争和坚持不懈地探索国家现代化出路、寻找变革社会道路的强大精神动力。而接过历史接力棒的中国共产党人更是以改造中国、改造世界，实现中华民族伟大复兴中国梦为己任，以一往无前、百折不挠、发奋图强、锐意进取的守正创新精神，跋涉探索，成功开辟了"以农村包围城市，武装夺取政权"的革命道路、社会主义改造道路、中国特色社会主义道路，走出了中国式现代化道路，用一个又一个的生动实践印证了只有坚定理想信念、勇于变革创新，才能不断推动人类社会向前发展。另一方面，中华优秀传统文化为中国式现代化道路的生成提供了丰厚的思想资源。如"民惟邦本"是中华优秀传统文化的精髓，强调百姓在推动社会发展中的重要地位、作用和力量，今天我们加以借鉴转化，成为坚持以人民为中心、实现共同富裕现代化的重要文化基因。又如"天人合一""道法自然"积淀着中华优秀传统文化丰富的生态智慧，强调人与自然是和谐统一的，人类在取用自然资源、从事农业生产劳动时，必须遵循自然规律，爱护自然，善待自然和保护自然。再如"和为贵""和而不同""讲信修睦""亲仁善邻""协和万邦""己所不欲、勿施于人""化干戈为玉帛"等传统思想是中华民族自古就有的和平理念，并世代相传，深深融入中国人民的血脉之中。今天我们坚定不移走和平发展的现代化道路，是对五千年来中华民族爱好和平传统的继承和发扬。

同时，中华文化是在与外来文化交流融合中不断生长起来的，具有博采众长、兼收并蓄、吸纳外来文化的包容性特点。无论是西汉开辟通往西域的丝绸之路，唐代首都长安吸引大批来华使臣、商人和留学生，还是明代郑和七下西洋，明末清初中国人积极学习西方的现代科学文化知识，都有力推动了东西方文化的交流，大大开阔了当时国人的知识视野。应该说，中华民族兼容并包的文化基因是当今世界历史语境中推进中国式现代化道路的又一重要思想来源。为此，我们更要以海纳百川的天下胸怀和世界眼光，从人类发展的大趋势、世界变化大格局、中国发展大历史观中正确认识和处理与其他民族文化的关系问题，正确吸收和借鉴世界各国的优秀文化。由此，中国式现代化道路的历史生成要在动态优化过程中不断吸收外来文化中合理有益的成分，以此方能促进和创造更大的"中国奇迹"。

（三）经验借鉴：苏联社会主义现代化建设经验和发展中国家现代化历史的深刻反思

苏俄国内战争结束后，针对当时经济文化落后的实际情况，列宁审时度势，决定停止施行战时共产主义政策而迅速转向新经济政策，利用一切有利于社会生产力发展的积极因素，使苏俄经济得到了恢复和发展，为经济文化落后国家探索自己的现代化道路提供了新的路径选择。遗憾的是，斯大林执政后逐渐放弃了列宁所创设的苏俄现代化发展方向，形成了一整套单一的生产资料公有制和高度集中的计划经济体制，尽管这一模式在特定历史时期快速推进了苏联工业化进程，建立起独立完整的工业体系，并在实现全民就业和发展教育、科学、文化、社会福利事业等方面取得了巨大成就。"从 1928 年到 1940 年，苏联工业产值增长了 9 倍，年均增长 16.8%，这在世界工业发展史上都极为罕见"[①]，为

[①] 《社会主义发展简史》，人民出版社、学习出版社 2021 年版，第 109 页。

苏联卫国战争的胜利奠定了物质技术基础，展现了社会主义制度的优越性。但囿于当时的历史条件，斯大林并没有始终以马克思主义的科学态度，针对社会实践的发展来不断调整完善苏联的社会主义现代化模式，而是将其凝固化、绝对化、神圣化，视为各社会主义国家都要遵循的"普遍模式"。其本质是对马克思主义采取教条主义的理解，盲目追求纯粹的"社会主义"，严重脱离了人民群众的实际生活需求。随着时间的推移，使原本就超越苏联生产力发展水平的这一现代化模式陷入僵化的境地，逐渐丧失社会的发展活力，弊端日益显现，最终阻碍了苏联的社会主义现代化建设。自20世纪80年代以来，在经济领域，当时执政的苏共领导人戈尔巴乔夫打出"改革"的旗帜，推行以所谓"人道的民主的社会主义""新思维"进行改革，实际上在意识形态领域否认了马克思主义的指导地位。如此一来，苏联逐渐抛弃了原有的社会主义经济制度，遵奉西方新自由主义的经济模式，希望通过学习西方资本主义现代化发展模式来加速国家经济发展，这就从根本上改变了当时苏联社会主义的经济基础——社会主义公有制。与之相应地，在政治领域，苏联以所谓多党制取代共产党的领导，以议会制度取代苏维埃制度，全盘颠覆了人民民主专政的国体和苏维埃制度的政体。戈尔巴乔夫改革完全背离了社会主义原则，最终导致苏联解体，从而宣告了苏联社会主义现代化模式的失败，使国际共产主义运动遭受严重挫折。

针对苏联社会主义现代化模式所暴露的弊端，早在20世纪50年代，毛泽东就提出了要"以苏为鉴"，探索中国自己的社会主义现代化道路。党的十一届三中全会后，邓小平依据我国现实国情提出要坚持"一个中心""两个基本点"，走中国特色发展道路。苏联解体后，鉴于风云变幻的世界局势，邓小平发表了著名的南方谈话，突破了计划和市场的对立思维模式，为中国改革确立社会主义市场经济体制指明了方向。党的十八大以来，以习近平同志为核心的党中央充分认识到意识形态工作的极端重要性，确立和坚持马克思主义在意识形态领域指导地位的根本制度，反对一切否定党、否定社会主义制度的历史虚无主义思潮，全面总结历史经验和实践智慧，使中国式现代化在社会主义大道上阔步前行。

在这一过程中我们也看到，第二次世界大战后许多实现民族独立的发展中国家，由于受西方现代化理论的"诱惑"，在推进本国现代化进程中，也普遍接受了欧美资本主义国家提供的现代化发展模式，推行新自由主义政策，片面强调市场机制而忽视了社会公平。尽管在一段时间内经济增长了，但收入差距急剧拉大，贫富两极分化日益加剧，农村凋敝，城市治理恶性膨胀，社会治理矛盾激增。"西方式"现代化实践证明，"西方式"作为现代化理论开出的所谓"药方"不仅未能给欧美发展中国家带来社会的全面繁荣与进步，反而造成这些国家政治上混乱、经济上对外依赖和社会治理的各种动荡。事实上，世界上并不存在普遍适用的现代化发展模式，任何国家和民族的现代化建设如果不顾本国具体国情一味照搬照抄别国的现代化发展模式，其结果只会适得其反，最终摆脱不了现代化发展失败的命运。因此，中国推进现代化既不能照搬苏联模式，也不能"全盘西化"，必须结合国情，走中国式现代化道路。正如习近平总书记指出："当代中国的伟大社会变革，不是简单延续我国历史文化的母版，不是简单套用马克思主义经典作家设想的模板，不是其他国家社会主义实践的再版，也不是国外现代化发展的翻版。"①

---

① 习近平：《在纪念马克思诞辰200周年大会上的讲话》，人民出版社2018年版，第26—27页。

二　中国式现代化道路的实践样态

中国共产党带领人民在书写中华民族复兴辉煌史诗的历史征程中不断拓展和升华对中国式现代化道路的领导力量、特色内涵、价值立场、推进动力以及实践立足点的科学认识，形成了基于国情的中国特色实践。

（一）中国式现代化道路坚持党的全面领导，确保了社会主义发展方向

党的二十大报告指出，中国式现代化是中国共产党领导的社会主义现代化，坚持党的领导是中国式现代化的本质要求，并强调"从现在起，中国共产党的中心任务就是团结带领全国各族人民全面建成社会主义现代化强国、实现第二个百年奋斗目标，以中国式现代化全面推进中华民族伟大复兴"①。方向决定道路，道路决定命运。只有坚持党的领导，才能举旗定向，确保中国式现代化道路产生巨大的实践伟力。近代中国发展的曲折历程告诉我们，只有把"现代化"同"中国实际"结合起来才是唯一正确的道路，而党的全面领导使两者结合成为现实力量，并确保其在生动的中国式现代化治理实践中推动中国这艘巨轮继续行稳致远。同时，从世界现代化历史经验来看，无论是西方发达国家，还是发展中国家，社会政治稳定都是一个国家和民族推进现代化发展的重要基础。"中国式现代化是人口规模巨大的现代化"，其"规

---

① 习近平：《高举中国特色社会主义伟大旗帜　为全面建设社会主义现代化国家而团结奋斗——在中国共产党第二十次全国代表大会上的报告》，人民出版社 2022 年版，第 21 页。

模超过现有发达国家人口的总和，艰巨性和复杂性前所未有"①，在推进实现中国式现代化进程中，要在秉承系统观念和系统思维的基础上兼顾全社会各阶层各领域的利益协调与平衡。唯有坚持中国共产党的全面领导，才能在中国式现代化进程中的各领域各治理环节实现资源优化、统筹各方，最终才能保证在推进现代化进程中实现长治久安和和谐繁荣。党的二十大报告绘就了中国式现代化建设的宏伟蓝图，但前进的道路不会一帆风顺。面对"世界百年未有之大变局加速演进"，我们只有坚持党的全面领导，奋楫笃行，把握好习近平新时代中国特色社会主义思想的世界观和方法论，以此来凝心铸魂，才能在新征程上形成历史合力，持续不断地破解中国式现代化道路进程中的各类惊涛骇浪的重大考验。

（二）中国式现代化道路坚持中国特色，展现了中华民族坚定的历史自信

回顾悠久而灿烂的中华民族历史可知，中国式现代化道路是中国共产党领导人民独立自主探索和开辟的，其展现了中华民族坚定的历史自信。"独立自主是中华民族精神之魂，是我们立党立国的重要原则。"② 新民主主义革命时期，我们党就针对教条主义、本本主义给中国革命造成的危害，独立自主地找到了具有中国特色的革命新道路，取得了新民主主义革命的伟大胜利。新中国成立后，我们党将马克思列宁主义关于过渡时期理论在中国具体化，创造性地提出了社会主义工业化建设与社会主义改造同时并举的方针，形成了适合中国特点的社会主义改造道路，既在深

---

① 习近平：《高举中国特色社会主义伟大旗帜　为全面建设社会主义现代化国家而团结奋斗——在中国共产党第二十次全国代表大会上的报告》，人民出版社 2022 年版，第 22 页。

② 《中共中央关于党的百年奋斗重大成就和历史经验的决议》，人民出版社 2021 年版，第 67 页。

刻的社会变革中保持了社会稳定，又促进了生产力发展，使人民生活得到逐步改善，有力推动了社会进步。随后，毛泽东又提出了马克思主义与中国实际"第二次结合"的历史任务，旨在为经济文化落后的中国探索出一条自己的社会主义现代化新路。其间虽遭严重挫折，但我们党最终依靠自己的力量，从挫折中毅然奋起，成功开创了中国特色社会主义现代化道路。世界现代化经验表明，选择什么样的道路走向现代化必须依据国情实际，任何依赖外来力量、盲目照搬外国模式、跟在他人后面亦步亦趋，都不可能成功实现现代化。新时代以来，中国共产党人始终坚持深厚的历史自信，探索符合中国现实生产力的治国理政方案。习近平总书记指出："走自己的路，是党的全部理论和实践立足点，更是党百年奋斗得出的历史结论。"[①] 以习近平同志为核心的党中央面对严峻复杂的国际国内环境，遵循辩证唯物主义和历史唯物主义的基本原理，提出要始终"坚持独立自主、自力更生，坚持道不改、志不改，既不走封闭僵化的老路，也不走改旗易帜的邪路"。[②] 富有中国气质的治理方案既坚持世界文明的交流交融，学习借鉴国外现代化的有益经验，又坚持中国特色，坚持把中国历史智慧和中国历史自信浸润在现代化发展的各领域和各环节中，成功走出了中国式现代化道路，展现了中华民族的历史自信。

（三）中国式现代化道路坚持人民至上，彰显了现代化的价值立场

中国共产党以马克思主义为指导，从成立起就把实现共同富裕作为中国式现代化坚持不懈的奋斗目标。"共同富裕是中国特

---

① 习近平：《在庆祝中国共产党成立100周年大会上的讲话》，人民出版社2021年版，第13页。

② 习近平：《高举中国特色社会主义伟大旗帜　为全面建设社会主义现代化国家而团结奋斗——在中国共产党第二十次全国代表大会上的报告》，人民出版社2022年版，第27页。

色社会主义的本质要求，也是一个长期的历史过程。"① 只有实现共同富裕进而达到人的全面发展，才是人民盼望的现代化。新民主主义革命时期，我们党依据近代中国半殖民地半封建社会的基本国情，认为只有通过革命方式推翻帝国主义和封建主义专制统治，才能实现民族独立和人民解放，为共同富裕创造前提条件。在这一历史进程中，针对当时农民占全国人口绝大多数的事实，中国共产党在特定的历史时期领导农民开展土地革命，"打土豪、分田地"，真正实行"耕者有其田的土地制度"，以使广大农民获得土地，改变贫困落后的境遇。新中国成立后，党带领人民在恢复国民经济的基础上，进行社会主义改造，确立了社会主义基本制度，为亿万人民实现共同富裕奠定了制度基础。改革开放后，我们党深刻总结历史经验教训，认识到"贫穷不是社会主义，发展太慢也不是社会主义；平均主义不是社会主义，两极分化也不是社会主义"②，进而提出了鼓励一部分人和地区通过辛勤劳动先富裕起来，最后达到共同富裕的行动策略。进入新时代，在中国共产党的全面领导下，在治国理政的各领域中都渗透着人民至上的情怀和立场。在历史性地解决绝对贫困问题、全面建成小康社会的基础上，中国式现代化社会文明建设朝着幼有所育、学有所教、劳有所得、病有所医、老有所养、住有所居、弱有所扶"七个有之"的更高水平保障发展，不断实现社会全体成员的共同富裕构成了其社会文明的基本维度。③ 由此，中国共产党带领中国人民直面各类治理矛盾和挑战，冲破陈旧思想观念束缚，突破现实利益固化藩篱，坚持在促进全体人民共同富裕进程中构建凸显

---

① 习近平：《高举中国特色社会主义伟大旗帜　为全面建设社会主义现代化国家而团结奋斗——在中国共产党第二十次全国代表大会上的报告》，人民出版社 2022 年版，第 22 页。

② 中共中央文献研究室编：《改革开放三十年重要文献选编》（上），中央文献出版社 2008 年版，第 727 页。

③ 曹劲松：《中国百年道路实践逻辑与现代化维度》，《南京社会科学》2022 年第 1 期。

中国特色社会主义优越性的制度，以此来增强人民群众的获得感和幸福感。事实证明，中国式现代化道路不是以追求资本利润最大化为目的的现代化，而是为实现全体人民共同富裕和人的全面发展的现代化，这是区别于西方式现代化发展道路的显著特征。

（四）中国式现代化道路坚持深化改革开放，揭示了后发国家现代化的推进动力

任何一个国家实现现代化，它必然要直面的一个难点就是如何破解现代化的发展动力问题。中国共产党带领中国人民始终坚持好、运用好马克思主义的基本立场、观点和方法，在生动的中国式现代化实践中求解发展动力的密钥。对此，我们党做出了科学的回答，指出"在社会主义的发展动力问题上，强调改革也是一场革命，也是解放生产力，是中国现代化的必由之路"。[①] 这就深刻揭示了改革是推进中国式现代化的发展动力。一方面，中国式现代化是一场全方位全领域的深刻变革。它必然会遇到各种各样的矛盾，这就需要以改革创新精神直面困难和挑战。通过全面深化改革、不断扩大开放，"着力破解深层次体制机制障碍，不断彰显中国特色社会主义制度优势，不断增强社会主义现代化建设的动力和活力，把我国制度优势更好转化为国家治理效能"[②]，以进一步解放和发展生产力，为中国式现代化创造更多更丰富的物质财富。另一方面，实现中国式现代化是夯实马克思主义中国化时代化的现实要求。通过持续深化改革，进一步解放思想，调动人民创造历史伟业的积极性主动性，激发人民首创精神，从而使中国式现代化获得了源源不断的动力之泉，极大地推动了中国

[①]　中共中央文献研究室编：《邓小平年谱（1975—1997）》（下卷），中央文献出版社2004年版，第1353页。

[②]　习近平：《高举中国特色社会主义伟大旗帜　为全面建设社会主义现代化国家而团结奋斗——在中国共产党第二十次全国代表大会上的报告》，人民出版社2022年版，第27页。

式现代化的历史进程。当然，实践发展永无止境，解放思想永无止境，改革开放也永无止境。新的发展阶段，必须坚持问题导向，以更大的政治勇气和智慧深化改革开放，才能使中国式现代化道路在开拓创新中破浪前行。

（五）中国式现代化道路坚持斗争精神，实现了从单一现代化走向全面现代化

百余年来，中国共产党人始终以昂扬的姿态坚持斗争精神，克服中国式现代化道路生成进程中的各类障碍，实现从"单一现代化走向全面现代化"的治理景观呈现。对中国式现代化发展内涵的科学认识，中国共产党经历了一个探索过程。早在中共七大上，毛泽东就明确指出，"没有工业，便没有巩固的国防，便没有人民的福利，便没有国家的富强"①，进而提出了我国实现工业化的历史任务。在党的七届二中全会上，毛泽东又提出，在革命胜利后要迅速恢复和发展生产，"使中国稳步地由农业国转变为工业国"。② 这就是说，我们党最初理解的现代化主要还是实现国家工业化。因此，新中国成立不久，为了尽快改变我国"一穷二白"的社会面貌，我们党决定从 1953 年起开始实行国民经济发展的第一个五年计划，并"准备在几个五年计划之内，将我们现在这样一个经济上文化上落后的国家，建设成为一个工业化的具有高度现代文化程度的伟大的国家"③。1964 年，我们党向世界宣布，要在不长的历史时期内，实现我国工业、农业、科技和国防"四个现代化"。改革开放后，基于对社会主义建设经验教训的深刻反思，邓小平提出了"中国式的四个现代化"概念，并用中国

① 《毛泽东选集》第 3 卷，人民出版社 1991 年版，第 1080 页。
② 《毛泽东选集》第 4 卷，人民出版社 1991 年版，第 1437 页。
③ 《毛泽东文集》第 6 卷，人民出版社 1999 年版，第 350 页。

传统文化中的"小康"概念将中国式四个现代化发展目标具体化，提出到 20 世纪末"达到第三世界中比较富裕一点的国家的水平"①。党的十二大至十七大，根据国际国内形势发展变化，中国共产党领导中国人民不断深化和拓展中国式现代化的实践内涵，让马克思主义在中国牢牢扎根。党的十八大以来，以习近平同志为核心的党中央始终坚定"四个自信"，以更加积极的历史担当和创造精神在各领域探索新的治理方案，提出了一系列推进经济、政治、文化、社会、生态等全面现代化的具体举措。习近平总书记强调指出，一方面，"中国式现代化是物质文明和精神文明相协调的现代化。物质富足、精神富有是社会主义现代化的根本要求。物质贫困不是社会主义，精神贫乏也不是社会主义"，必须"不断厚植现代化的物质基础"，"大力发展社会主义先进文化"，以"促进物的全面丰富和人的全面发展"。另一方面，"中国式现代化是人与自然和谐共生的现代化"，必须"像保护眼睛一样保护自然和生态环境"，以"实现中华民族永续发展"。② 同时，党的二十大报告立意深远，它全面阐述了中国式现代化道路的战略安排、时间节点、实现路径、立场原则等，为新征程"创造新的伟业"指明了前进的方向。可见，中国式现代化道路是一个始终秉承斗争精神，在中国共产党全面领导下持续推进"五位一体"总体布局和"四个全面"战略布局的全面现代化的实现进程。

三　中国式现代化道路的实践价值

观照全球治理和中国治理的现实状况可知，整体上，中国式

---

① 《邓小平文选》第 2 卷，人民出版社 1994 年版，第 237 页。
② 习近平：《高举中国特色社会主义伟大旗帜　为全面建设社会主义现代化国家而团结奋斗——在中国共产党第二十次全国代表大会上的报告》，人民出版社 2022 年版，第 22—23 页。

现代化道路正在以"前所未有的方式展开"，它呈现出人类社会进步历史上饱含着中国特色和中国历史自信的壮美景观。中国式现代化道路以富有中国鲜明元素的生发逻辑创造了人类文明新形态，在人类社会发展史上具有深刻的实践价值。

（一）中国式现代化道路突破了"西方中心论"，为世界各国探索符合本国国情的现代化道路提供了中国智慧

观照中国式现代化道路的历史生成可知，中国人民始终坚持党的全面领导不动摇，坚持中国特色社会主义不动摇。"西方中心论"是由于世界现代化发轫于西方资本主义国家而形成的，认为只有西方现代化发展模式才能实现人类最好的发展图景，每个国家、每个民族迈向现代化时，只能选择西方现代化道路，进而无视发展中国家现代化道路的特殊性。其实，马克思恩格斯晚年在考察东方落后国家如何跨越资本主义"卡夫丁峡谷"、走上社会主义现代化道路时，曾反复强调一切都要依据世界历史环境的具体变化。这就为经济文化落后的中国探索自己的现代化道路奠定了理论基础。中国共产党成立以来，首先从现代化理念上进行了革命性变革，强调在中国实现现代化首先要通过武装斗争推翻三座大山的压迫，争取民族独立和人民解放，这是前提条件。20世纪50年代，毛泽东又依据我国社会主义制度确立后国内主要矛盾的变化，指出要大力发展生产力，正确处理我国社会主义建设的十大关系，在综合平衡中发展经济，走出一条适合我国国情的社会主义工业化道路。改革开放后，邓小平深刻总结"文化大革命"的经验教训，强调"发展才是硬道理"[①]，明确提出要结合中国特点，走中国特色发展道路。2012年以来，习近平总书记胸怀天下，深刻洞察人类发展进步潮流，坚持问题导向，直面中国式

[①]《邓小平文选》第3卷，人民出版社1993年版，第377页。

现代化道路进程中的各类新问题、深层次问题、重大问题以及突出问题等，推动构建人类命运共同体，取得了一系列历史性成就。中国式现代化道路的探索与成功突破了"西方中心论"的思维范式，改变了西方现代化模式长期主宰世界现代化的格局，摆脱了东方依附和从属于西方的历史困境，开启了世界现代化发展的多元化时代，为世界各国探索符合自身国情的现代化之路提供了中国智慧。

（二）中国式现代化道路超越了"资本主导"的资本主义现代化模式，创造了人类文明新形态

马克思主义始终以批判的眼光审视资本逻辑在人类现代化发展进程中的效用。资本主义崛起和发展的过程是一个伴随着资本流向全球、在全世界扩张蔓延的过程，这也是以资本为主导的西方现代化发展模式的形成过程。尽管资本的扩张使得"资产阶级在它的不到一百年的阶级统治中所创造的生产力，比过去一切世代创造的全部生产力还要多，还要大"①，并促进了人类思维方式、交往方式、生活方式的深刻变革，使得全球不同区域或民族都被迫卷入了世界现代化的潮流。但"资本来到世间，从头到脚，每个毛孔都滴着血和肮脏的东西"②，它与生俱来的追求利益最大化的秉性，使其具有很强的剥削性、侵略性和野蛮性，既造成资本主义国家内部社会矛盾和阶级矛盾的日益尖锐，也使发达的资本主义国家和相对落后的国家或区域之间发生紧张对立与冲突。这表明"资本主导"的资本主义现代化模式具有不可克服的历史局限性，也促使其他国家或区域探索现代化发展的人民逐渐意识到"西方式"现代化的固有矛盾和缺陷。改革开放后，中国

---

① 《马克思恩格斯选集》第 1 卷，人民出版社 2012 年版，第 405 页。
② 《马克思恩格斯全集》第 42 卷，人民出版社 2016 年版，第 777 页。

共产党全面领导中国人民，坚持解放思想，一切从实际出发，既坚持批判西方"资本主导"的现代化发展模式，又及时总结苏联社会主义现代化建设过程中完全放弃市场经济的经验教训，确立了社会主义市场经济体制改革目标。一方面，中国共产党人充分引导和发挥资本作为生产要素的积极作用，明确资本运行、资本逻辑作用的范围和界限，运用各种力量使资本运行有效服从社会主义现代化建设和人的全面发展。另一方面，中国共产党人又防范和规制资本，依法加强对资本的有效监管，防止资本无序扩张和野蛮生长，把资本逻辑限定在经济发展领域内，防止其向经济治理、社会治理、精神文明建设等领域渗透，从而规避或尽可能降低资本所带来的负面效应。简言之，中国式现代化道路把社会主义和市场经济有机结合起来，超越了西方式现代化"资本至上"的生产逻辑和发展逻辑，为社会主义生产力的巨大发展和人的全面现代化发展找到了新道路，创造了饱含着科学社会主义真理光芒的人类文明新形态。

（三）中国式现代化道路宣告了"历史终结论"的破产，彰显了科学社会主义的生机与活力

20世纪80年代末90年代初，随着苏联解体、东欧剧变，社会主义运动在世界范围内遭遇重大挫折。著名学者弗朗西斯·福山提出了"历史终结论"，认为自由民主制是"人类意识形态演化的终点"和"人类政体的最后形式"[1]，主张后发现代化民族国家应仿效西方自由民主制才能实现现代化。那么，人类社会的历史是否真像福山所言终结于资本主义社会呢？在这里，福山并没有从本质上分析资本主义内在无法克服的基本矛盾运动所导致的

---

① ［美］弗朗西斯·福山：《历史的终结与最后的人》，陈高华译，广西师范大学出版社2014年版，第9页。

重重危机，只看到了资本主义暂时的"繁荣"，因而不可能科学认识人类社会发展的客观规律。实际上，任何一种现代化发展理论的科学性和真理性都需要实践的检验。改革开放以来，秉承着中国共产党的全面领导，中国人民始终紧跟时代步伐，顺应中国实践发展要求，以满腔热情和持之以恒的奋斗姿态，不断拓展中国式现代化认识的深度和广度，不断创造一个又一个令世界震惊的奇迹。一是中国式现代化道路坚持马克思主义在意识形态领域指导地位的根本制度。历史经验表明，国家动荡、政权更迭，往往始于思想领域的混乱、指导思想的动摇。为此，我们党准确把握世界范围内思想文化相互激荡、我国社会思想观念深刻变化的趋势，强调意识形态工作的极端重要性，同一切弱化党的领导和否定社会主义制度的错误思潮作坚决斗争，廓清理论是非，不断推进马克思主义中国化时代化，全社会凝聚力和向心力得到极大提升。这就从根本上否定了"意识形态终结论"，有力回击了企图以资本主义意识形态取代马克思主义的美梦。二是中国式现代化道路始终坚持党的全面领导，大力发展全过程人民民主，从各层次各领域扩大人民有序政治参与，全面推进国家治理体系和治理能力现代化，保证人民依法通过各种途径和形式治理国家、社会和经济文化各项事务，彻底打破了资本主义自由民主制度是终极社会制度的神话。三是中国式现代化道路"坚持自信自立"。百余年来，中国共产党带领中国人民坚持理论联系实际，将马克思主义思想精髓同中国实际有机结合起来，赋予科学理论鲜明的中国特色。"马克思主义的中国篇章是中国共产党人依靠自身力量实践出来的，贯穿其中的一个基本点就是中国的问题必须从中国基本国情出发，由中国人自己来解答。"① 事实证明，中国共产

---

① 习近平：《高举中国特色社会主义伟大旗帜　为全面建设社会主义现代化国家而团结奋斗——在中国共产党第二十次全国代表大会上的报告》，人民出版社 2022 年版，第 19 页。

党带领中国人民创造了"中国奇迹",其体现了充分的历史自信和文化自信。新时代以来,我国国内生产总值从 54 万亿元增长到 114 万亿元,经济总量占世界经济的比重达到 18.5%,稳居世界第二位。① 这就"用事实宣告了'历史终结论'的破产,宣告了各国最终都要以西方制度模式为归宿的单线式历史观的破产"②,彰显了科学社会主义在 21 世纪的中国所焕发出的蓬勃生机和鲜活生命力。

(四) 中国式现代化道路摒弃了"强国必霸"的陈旧逻辑,有力推动了构建人类命运共同体的新篇章

在世界现代化进程中,以美国为首的西方国家为维护自身的霸权地位和强权政治,维护旧的国际政治秩序,竭尽全力遏制中国的发展,在它们看来"国强必霸",崛起的中国必然会引发一场新旧之间的争霸战争。对此,习近平主席明确指出:"中国不认同'国强必霸'的陈旧逻辑。"③ 新中国成立以来,中国共产党和中国人民一直将反对霸权主义、强权政治、阻止战争、捍卫世界和平作为推动社会发展的基本外交政策,坚决反对"强国必霸"的丛林法则,坚定不移地走独立自主的和平发展的现代化之路,既坚决捍卫中华民族的核心利益不受别国侵犯,又尊重别的国家和民族的利益,决不干涉他国内政,按照和平共处五项原则展开国际交往。进入新时代,中国共产党带领中国人民积极参与全球治理,践行共商共建共享的全球治理观。在此基础上,立足

---

① 习近平:《高举中国特色社会主义伟大旗帜　为全面建设社会主义现代化国家而团结奋斗——在中国共产党第二十次全国代表大会上的报告》,人民出版社 2022 年版,第 8 页。

② 中共中央文献研究室编:《习近平关于社会主义政治建设论述摘编》,中央文献出版社 2017 年版,第 7 页。

③ 中共中央党史和文献研究院编:《习近平关于总体国家安全观论述摘编》,中央文献出版社 2018 年版,第 263 页。

于中国之治实际，中国共产党人始终坚持维护世界和平，致力于推动构建人类命运共同体。中国式现代化道路的实现，也就是以积极的姿态参与全球治理体系的改革和建设的进程，它显示了对人类前途和命运的重大关切，为处在十字路口的世界指明了方向。构建人类命运共同体与维护全人类共同利益之间存在一致性。[①] 历史告诉我们，和平的国际环境是中国和世界经济社会顺利发展的必要条件，而没有发展，无论中国还是世界都不可能有持久和平。特别是在当今人类社会面临极端恐怖、局部战争、生态环境、资源短缺、网络安全、贫富差距、传染性疾病等重大全球性共同难题挑战时，世界各国更要抛弃"零和博弈""恃强凌弱""巧取豪夺"的逻辑思维，消除封闭对抗和固化隔阂，求同存异，增进交流合作，携手应对世界性危机，共享世界发展成果。正如党的二十大报告所强调的："我们真诚呼吁，世界各国弘扬和平、发展、公平、正义、民主、自由的全人类共同价值，促进各国人民相知相亲，尊重世界文明多样性，以文明交流超越文明隔阂、文明互鉴超越文明冲突、文明共存超越文明优越，共同应对各种全球性挑战"[②]，为构建人类命运共同体谱写新篇章。

总之，中国式现代化道路是中国共产党团结带领人民历经艰难困苦、付出巨大代价而获得的独创性成果，深刻印证了马克思主义关于人类社会发展统一性和多样性、历史决定性和主体选择性的科学真理。事实表明，中国式现代化道路既突破了世界现代化发展的"西方中心论"、超越了"资本主导"的资本主义现代化发展模式，又摆脱了苏联社会主义现代化模式的束缚，在风云变幻的世界历史环境下成功实现了中华民族从积贫积弱的传统国

---

① 刘同舫：《构建人类命运共同体：人类共同利益的生成逻辑与实践指向》，《南京社会科学》2022 年第 10 期。

② 习近平：《高举中国特色社会主义伟大旗帜　为全面建设社会主义现代化国家而团结奋斗——在中国共产党第二十次全国代表大会上的报告》，人民出版社 2022 年版，第 63 页。

家治理向繁荣富强的现代化国家治理的现实转变，以自身特有的文明逻辑创造了人类文明新形态，为世界其他国家或区域推进现代化发展提供了中国智慧。当然，中国式现代化道路在人类社会漫长的历史进程中还属于新生事物，许多新的领域还需要不断地探索。"不断谱写马克思主义中国化时代化新篇章，是当代中国共产党人的庄严历史责任。"① "我们要以科学的态度对待科学、以真理的精神追求真理，坚持马克思主义基本原理不动摇，坚持党的全面领导不动摇，坚持中国特色社会主义不动摇。"② 如此一来，以满腔热忱和科学方法对待推进中国式现代化进程中遇到的各类困难和问题，那么就一定能够"不断谱写马克思主义中国化时代化新篇章"，以中国式现代化全面推进中华民族伟大复兴必将取得更大胜利，为人类文明贡献中国经验和中国智慧。

---

① 习近平：《高举中国特色社会主义伟大旗帜　为全面建设社会主义现代化国家而团结奋斗——在中国共产党第二十次全国代表大会上的报告》，人民出版社 2022 年版，第 18 页。

② 习近平：《高举中国特色社会主义伟大旗帜　为全面建设社会主义现代化国家而团结奋斗——在中国共产党第二十次全国代表大会上的报告》，人民出版社 2022 年版，第 20 页。

中国式现代化历程、样式及独特创新[*]

布旻晟[①]

摘　要　中国式现代化起始于新中国成立后，相继经历了四个现代化、全面建设小康社会、中国式现代化建设三个发展阶段。中国式现代化具有特定的内涵和本质。习近平总书记关于中国式现代化的中国特色、本质要求和重大原则等一系列重要论述，构建了中国式现代化的理论体系。中国式现代化是中国共产党领导的现代化，是实现共同富裕的社会主义现代化，是"五个文明"与"五位一体"有机融合的现代化，是和平发展的现代化。它既具有鲜明中国特色，又是世界现代化的新样式，它为解决活力与秩序、效率与公平、守正与创新等"现代化悖论"提供了中国方案，创造了人类文明新形态。

关键词　现代化；历史阶段；中国特色；时代创新

---

　*　本文是国家社科基金项目"新时代人民政协制度发展研究"（19BKS104）、江苏省卓越博士后计划（2022ZB120）的阶段性成果。原载《南京社会科学》2023 年第 4 期。

　①　布旻晟，东南大学马克思主义学院博士后。

概括提出并深入阐述中国式现代化的理论，是党的二十大的一个重大理论创新。为正确理解和深入研究这一科学社会主义的最新重大成果，本文对中国式现代化的历史起点、发展阶段及其独特创新进行研究，以期抛砖引玉，共同破解西方现代化话语垄断，构建体现中国风格的现代化理论体系。

一　中国式现代化的历史进程

尽管人们对现代化的认知迄今还没有形成统一的概念界定和判断标准，但大都认为现代化是一个历史的、与时俱进的概念，标识着人类从传统（农业）社会向现代（工业）社会转变的总体性历史过程。从历史角度看，世界现代化进程首先发生在西欧，再发展到欧洲其他地区和北美，20 世纪以后传播到亚洲、非洲和拉丁美洲。因而学界大多把追求现代化的国家划分为"早发内生（内源）型现代化"和"后发外生（外源）型现代化"两种类型。

毫无疑问，中国在鸦片战争后被迫卷入现代化潮流，属于"后发外生型现代化"国家。中国近代以后开启的现代化，是否等同于中国式现代化？金岳霖先生在 20 世纪 30 年代关于中国哲学曾提出过一个饶有趣味的问题：是"中国哲学"呢？还是"在中国的哲学"呢？中国哲学史"是中国哲学的史呢？还是在中国的哲学的史呢？"[①] 受金岳霖先生启发，我们化用他的句式提问：是"中国"的现代化？还是"在中国"的现代化？"中国的现代化"是不是"中国式现代化"呢？

---

① 金岳霖为冯友兰专著所写的"审查报告"，参见冯友兰《中国哲学史》附录"审查报告二"，四川人民出版社 2020 年版，第 739、737 页。

　　国内学界当下尚未对"中国的现代化"和"中国式现代化"是否等同的命题展开研究，少数学者把中国的现代化混同于中国式现代化，主张划分为早期现代化和社会主义现代化两大历史阶段，前者是旧民主主义革命时期以"西化"为模板的非自主性现代化，后者是中国共产党开创的"独立自主"的现代化。① 多数学者认为，中国式现代化是在中国共产党诞生之后才开始探索的，并由行动上被动的、非自主性的，逐步走向精神上的主动，再到行动上的独立自主，大约涵盖了中国共产党从成立到新时代一百多年的历史②，并且把中国式现代化的起始阶段"约定俗成"地归结为 1921—1949 年。

　　本文认为，中国早期对现代化的追求与探索，不是中国式现代化，而是现代化"在中国"或"现代化与中国"。近代以后，中华民族遭受了前所未有的劫难。洋务运动、戊戌变法、辛亥革命等接连而起，无论是引进铁路和机械、仿造"坚船利炮"，还是效法君主立宪制、多党制、总统制，西方国家搞现代化的各种方案轮番尝试，但皆以失败告终。

　　中国共产党诞生后，改换了方向，抛弃了资本主义现代化，最终找到了中国式现代化成功之路。中国式现代化具有特定含义和内容，起始阶段不应是中国共产党诞生的 1921 年，而是新中国成立之后。因为中国式现代化是中国共产党领导的现代化，是属于社会主义性质的现代化。党的二十大报告明确指出："在新中国成立特别是改革开放以来长期探索和实践基础上，经过十八大

---

　　① 赵义良：《中国式现代化的本质意蕴与价值追求》，《中国特色社会主义研究》2022 年第 1 期。

　　② 荣开明：《中国式现代化新道路几个基本问题的思考》，《江西师范大学学报》（哲学社会科学版）2021 年第 4 期；张雷声：《从现代化走向中国特色社会主义现代化——中国共产党的百年探索》，《马克思主义理论学科研究》2021 年第 5 期；杨凤城、肖政军：《中国共产党现代化观的百年演进》，《广西大学学报》（哲学社会科学版）2022 年第 2 期。

以来在理论和实践上的创新突破，我们党成功推进和拓展了中国式现代化。"①

据此，我们将中国式现代化划分为以下三个阶段。

（一）1949—1978 年，"四个现代化"建设时期

现代化的核心内容是工业化，毛泽东早就认识到，"没有独立、自由、民主和统一，不可能建设真正大规模的工业"②，不可能实现现代化。新中国的成立为现代化发展创造了条件。1953—1956 年对农业、手工业和资本主义工商业实行社会主义改造，建立起社会主义制度，从而为中国式现代化奠定了根本政治前提和制度基础。在此之后，毛泽东等中国共产党人把现代化目标任务明确为建设"四个现代化"。1964 年，周恩来在人大三届全国一次会议所作的《政府工作报告》中将"四个现代化"正式表述为农业现代化、工业现代化、科学技术现代化、国防现代化，并提出先建立比较完整的国民经济体系，再在 20 世纪末实现"四个现代化"的"两步走"发展战略。

这是中国式现代化的建设萌芽和探索时期，其过程艰辛曲折。特别是"文化大革命"期间，使中国的现代化建设迟滞不前，人民生活水平长期没有提高，甚至有所下降，"痛失了宝贵的历史机遇"③。党的十一届三中全会后，进入改革开放和社会主义现代化建设新时期。党和国家的工作重心转移到以建设四个现代化为中心的经济建设上来，并受到全国人民的衷心拥护。为什么工作重心的转移特别得民心？邓小平认为："就是因为有'文

---

① 习近平：《高举中国特色社会主义伟大旗帜　为全面建设社会主义现代化国家而团结奋斗——在中国共产党第二十次全国代表大会上的报告》，人民出版社 2022 年版，第 22 页。

② 《毛泽东选集》第 3 卷，人民出版社 1991 年版，第 1080 页。

③ 《中华人民共和国简史》，人民出版社、当代中国出版社 2021 年版，第 129 页。

化大革命'作比较，'文化大革命'变成了我们的财富。"① "文革"抛弃了对"四个现代化"的目标追求，但它反推了民众的思想解放和理性觉醒。这就是历史的辩证法。

（二）1978—2012 年，全面建设小康社会时期

"中国式现代化"的表述最早是由邓小平在 1979 年提出的。1979 年 3 月 21 日，邓小平在会见外宾时指出，中国的现代化概念与西方不同，"我姑且用个新说法，叫做中国式的四个现代化"。1979 年 3 月 23 日，他在出席中共中央政治局会议时又说："我同外国人谈话，用了一个新名词：中国式的现代化。"② 1979 年 3 月 30 日，邓小平在党的理论工作务虚会上的讲话中进一步指出："中国式的现代化，必须从中国的特点出发。"③ 这一论断更是被学界广泛引用。

邓小平对"中国式现代化"的论述，概括起来看主要有三个方面。

一是重新强调四个现代化的目标。国门打开后，邓小平清醒地认识到中国与世界发达国家的差距，迫切需要实现四个现代化。"所谓四个现代化，就是要改变中国贫穷落后的面貌"④，这就需要以经济建设为中心实行改革开放，因此，"抓住时机，发展自己，关键是发展经济"，"我国的经济发展，总要力争隔几年上一个台阶"⑤。

二是规定"现代化"的制度属性。1980 年 2 月，邓小平在党

---

① 《邓小平文选》第 3 卷，人民出版社 1993 年版，第 272 页。
② 中共中央文献研究室编：《邓小平年谱：1975—1997》（上），中央文献出版社 2004 年版，第 496、497 页。
③ 《邓小平文选》第 2 卷，人民出版社 1994 年版，第 164 页。
④ 《邓小平文选》第 2 卷，人民出版社 1994 年版，第 237 页。
⑤ 《邓小平文选》第 3 卷，人民出版社 1993 年版，第 375 页。

的十一届五中全会第三次会议上的讲话中指出："我们党在现阶段的政治路线，概括地说，就是一心一意地搞四个现代化。"①1986 年 9 月，在接受美国记者迈克·华莱士的电视采访时，他再次重申："我们搞四个现代化建设，人们常常忘记是什么样的四个现代化，是社会主义的四个现代化。"② 同月，他在接见芬兰总理时又说："我们是搞社会主义现代化建设，人们常常忽略社会主义。"③ 邓小平多次强调："我们搞的现代化，是中国式的现代化。我们建设的社会主义，是有中国特色的社会主义。"④

三是根据本国国情，制定切实可行的现代化目标和步骤。20世纪 80 年代末期，邓小平提出"三步走"发展构想，⑤ 1987 年党的十三大正式确认了中国现代化"三步走"的发展战略。1997 年党的十五大又细化了"三步走"发展目标，并用"两个一百年"目标来表述。党的十六大、十七大、十八大都强调了这个战略目标。因此，解决温饱问题—全面建成小康社会—基本实现现代化，是中国共产党领导现代化发展一以贯之的战略。

（三）2012—2050 年，中国式现代化建设和发展时期

2017 年党的十九大后，理论界把党的十八大以来的实践历程作为一个相对独立的阶段看待，自此"中国特色社会主义进入了新时代"。党的二十大报告为我们第三个阶段的划分提供了权威依据。这一阶段迄今只有十多年的时间，整个历史发展阶段应到2050 年前后，"理论上"有 30 多年的时间，直至建成社会主义现

---

① 《邓小平文选》第 2 卷，人民出版社 1994 年版，第 276 页。

② 《邓小平文选》第 3 卷，人民出版社 1993 年版，第 173 页。

③ 中共中央文献研究室编：《邓小平思想年编：1975—1997》，中央文献出版社 2011 年版，第 589 页。

④ 《邓小平文选》第 3 卷，人民出版社 1993 年版，第 29 页。

⑤ 中共中央文献研究室编：《邓小平年谱：1975—1997》（下），中央文献出版社 2004 年版，第 1183 页。

代化强国、完成第二个百年奋斗目标之时。

之所以把这一阶段定位为中国式现代化建设和发展时期，是因为全面建成小康社会后，"中国式现代化"概念才重新走进党和国家领导人的视野。有学者认为，邓小平的"中国式现代化"思想，实际上就是"小康社会"理论。[①] 1979 年 12 月，邓小平在会见来访的日本首相大平正芳时对"中国式现代化"进行了阐释，主要包含两方面含义：一是改变中国贫穷落后的面貌，逐步提高人民生活水平；二是在国际事务中恢复中国的地位，对人类做出较多的贡献。邓小平指出，中国式现代化，"不是像你们那样的现代化的概念，而是'小康之家'"，就是"要达到第三世界中比较富裕一点的国家的水平，比如国民生产总值人均一千美元"。[②] 1984 年 3 月，邓小平在会见日本首相中曾根康弘时又说："这个小康社会，叫做中国式的现代化。"[③]

本文认为，将邓小平的"中国式的现代化"等同于"小康社会"并不完全恰当。"小康社会"只是中国式现代化发展过程中的一个重要阶段，也是邓小平所说的"四个现代化的最低目标"。通过遍读文献可知，邓小平所讲的"中国式的现代化"更多强调的是从中国的实际出发，根据国情特点建设中等水平的现代化。他把"小康社会"或小康水平，更多界定为温饱问题解决后尚未实现现代化的中间阶段。在邓小平看来，"小康社会"如按美元标准衡量大约是人均 800—1000 美元，如"翻两番、国民生产总值人均达到八百美元，就是在本世纪末在中国建立一个小康社

① 文世芳：《"中国式的现代化"：邓小平"有中国特色的社会主义"和"小康"思想的发轫》，《北京党史》2018 年第 2 期。杨凤城等认为，"中国式的现代化"是接续"四个现代化"的表达，主要指向是在 20 世纪内实现"小康"，及至"小康"为人们熟知和接受后，这一概念几乎不再提起。参见杨凤城、肖政军《中国共产党现代化观的百年演进》，《广西大学学报》（哲学社会科学版）2022 年第 2 期。
② 《邓小平文选》第 2 卷，人民出版社 1994 年版，第 237 页。
③ 《邓小平文选》第 3 卷，人民出版社 1993 年版，第 54 页。

会"，又如，他也说人均 1000 美元，"就是虽不富裕，但日子好过"①。"中国式的现代化"大约是人均 4000 美元（有时也说3000 美元），"意味着中国是中等发达国家，总的国家力量并不弱了"②。

将邓小平说的"中国式的现代化"等同于"小康社会"虽不完全恰当，但也有一定道理。因此，在党的十八大以前，党和国家领导人以及中央文件中使用"现代化"或"社会主义现代化"的频率最高。在党的十八大报告中"现代化"一词共用了 35 次，"社会主义现代化"用了 10 次。在党的十九大报告中"现代化"一词共用了 47 次，"社会主义现代化"用了 14 次，两次党代会都没有使用"中国式现代化"一词。

2020 年 11 月 23 日，经过 8 年的持续奋斗，中国全面建成小康社会。③ 2020 年 10 月，习近平总书记在中共十九届五中全会第二次全体会议上开始使用"中国式现代化"，并阐释其重要特征。④ 2021 年后，习近平总书记对"中国式现代化"展开密集论述，并在党的二十大报告中概括形成了中国式现代化的中国特色、本质要求和重大原则，初步构建起中国式现代化理论体系，科学回答了"建设什么样的社会主义现代化强国、怎样建设社会主义现代化强国"的重大时代课题，丰富和发展了马克思主义理论。

习近平总书记提出的中国式现代化是世界水准的现代化，2022 年，中国 GDP 达到 121 万亿元，约 18 万亿美元，人均 GDP

---

① 《邓小平文选》第 3 卷，人民出版社 1993 年版，第 161 页。
② 中共中央文献研究室编：《邓小平思想年编 1975～1997》，中央文献出版社 2011 年版，第 593 页。
③ 《中国共产党简史》，人民出版社、中共党史出版社 2021 年版，第 514 页。
④ 《习近平谈治国理政》第 4 卷，外文出版社 2022 年版，第 123—124 页。

达到 1.27 万美元，已超过全球平均水平。① 中国式现代化，在实践上以世界现代化最高水准为标杆推进高质量发展，力争到 21 世纪中叶，把我国建设成为综合国力和国际影响力领先的社会主义现代化强国。这在理论上表明，中国共产党对现代化的认知达到了整体性、系统性、科学性的高度，拓展了发展中国家走向现代化的途径，从而极大地增强了中华民族的自信心和自豪感。

二　中国式现代化是世界现代化的新样式

现代化最早起源于西方，研究现代化的理论迟至 20 世纪五六十年代后在美国才出现。② 但许多著名学者如魏因纳、艾普特、勒纳、布莱克、艾森斯塔特等认为，西化、资本主义化是现代化的普遍模式，包括经济上的工业化、政治上的民主化、文化上的理性化、生态领域的城市化等。③ 正如马丁·雅克所指认的，"西方主流观点认为只有一种类型的现代化，那就是西式的现代化。"④

被动卷入现代化潮流能够真正走出一条现代化道路吗？印度

---

① 国家发展和改革委员会：《关于 2022 年国民经济和社会发展计划执行情况与 2023 年国民经济和社会发展计划草案的报告——2023 年 3 月 5 日在第十四届全国人民代表大会第一次会议上》，《人民日报》2023 年 3 月 16 日。

② 亨廷顿认为，西方现代化理论可以在 19 世纪的马克思等人的著作中找到它们的起源。参见〔美〕萨缪尔·亨廷顿《导致变化的变化：现代化、发展和政治》，载〔美〕西里尔·E. 布莱克编《比较现代化》，杨豫、陈祖洲译，上海译文出版社 1996 年版，第 50 页。罗荣渠先生则认为马克思没有"现代化"的范畴和理论，参见罗荣渠《现代化新论——世界与中国的现代化进程》（增订版），商务印书馆 2020 年版，第 21 页。对于马克思有没有现代化理论，学界有争议，限于篇幅，本文略而不论此问题。

③ 〔美〕西里尔·E. 布莱克编：《比较现代化》，杨豫、陈祖洲译，上海译文出版社 1996 年版，第 134—139 页。

④ 解读中国工作室：《读懂中国：海外知名学者谈中国新时代》，天津人民出版社 2019 年版，第 4 页。

学者德赛认为，这是一个具有世界历史意义的至关重要的难题。非洲和拉美等发展中国家采取西方现代化的发展方式，结果却转变为对西方的依赖、附庸和从属，导致"现代化的中断"。因此，依附理论反对西化论，它由阿根廷普雷维什提出，经由弗兰克、桑托斯、阿明等人得到发展。他们认为世界经济体系由"中心"（西方发达资本主义国家）和"边缘"（发展中国家）两部分组成，正是由于中心国对外围地区的控制和剥削，才导致后者"低度发展"。只有摆脱和消灭"中心"和"边缘"的国际分层体系，才能实现现代化。沃勒斯坦在依附论的基础上，于1974年、1980年、1985年先后推出三卷本的《现代世界体系》，创立了"中心—边缘—半边缘"分析框架。他认为，资本主义具有进步性和落后性的双重性格，进步性体现在中心的自由雇佣制，落后性体现为边缘的强制劳动制（农奴制或奴隶制），进步性是以落后性为前提的。①

　　沃特海姆在研究这一严酷现实后，提出了如下问题："欠发达国家能自己实现现代化吗？能依靠'与强者打赌'的策略冲破贫困的恶性循环吗？"②

　　实践证明，中国式现代化给出了破解这一难题的全新思路，它不是对西方现代化的模仿，也不是对苏联现代化的抄袭，更不是东亚现代化模式的复制。中国式现代化之"式"，是世界现代化的新样式，主要体现在以下四个方面。

（一）中国式现代化是中国共产党领导的现代化

　　中国共产党的成立，解决了中国现代化事业的领导力量问

---

① 安然：《论沃勒斯坦的现代化思想》，《史学月刊》2006年第2期。

② ［印］A. R. 德赛：《重新评价现代化概念》，载［美］塞缪尔·亨廷顿等《现代化：理论与历史经验的再探讨》，张景明译，上海译文出版社1993年版，第45页。

题，为中国现代化指明了正确方向，制定了不同阶段的奋斗目标，独立自主走符合自己国情的发展道路。习近平总书记指出："人类历史上，没有一个民族、没有一个国家可以通过依赖外部力量、跟在他人后面亦步亦趋实现强大和振兴。"① 20 世纪六七十年代一大批获得独立的非洲国家，有的国家走上了资本主义现代化道路，企图融入西方国家产业链，利用发达国家已有的资本、市场和技术，结果必然走上依附性发展道路；有的国家意在摆脱西方现代化范式，选择不同形式的社会主义制度，结果也没有带来预期发展，不仅难以实现现代化，且极易陷入经济停滞、社会动荡的"现代化陷阱"。

走自己的路，是中国共产党百年奋斗的历史经验，也是中国式现代化的基点。中国式现代化在中国共产党的领导下，既不一味依附西方发达国家，也不盲目排斥西方现代化的优秀成果，把独立自主与对外开放相结合，从根本上规避了后发国家现代化的依附陷阱和后发劣势，给世界上希望保持自身独立性的发展中国家和民族提供了走向现代化的全新选择。

（二）中国式现代化是实现共同富裕的社会主义现代化

作为现代化的经典样板，西方现代化改变了传统世界格局和发展模式，它所创造的生产力从规模上超越了过去一切世代创造的全部生产力，按照自己的面貌为自己创造出一个世界。马克思恩格斯认为，西方现代化"无情地斩断了把人们束缚于天然尊长的形形色色的封建羁绊"，使人类社会从传统走向现代，"使未开化和半开化的国家从属于文明的国家，使农民的民族从属于资产阶级的民族，使东方从属于西方"②。然而，西方现代化是依赖市

---

① 《习近平谈治国理政》，外文出版社 2014 年版，第 29 页。
② 《马克思恩格斯选集》第 1 卷，人民出版社 2012 年版，第 403、405 页。

场经济"看不见的手"操控发展的，追求财富的增殖和资本的扩张是它最主要的价值逻辑。因此，以资本为内驱力的西方现代化，不可避免地造成整个社会的撕裂和两极分化，"分裂为两大敌对阵营，分裂为两大相互直接对立的阶级：资产阶级和无产阶级"①。西方现代化是"用血和火的文字载入人类编年史的"，是以"直接生产者的完全贫困化为代价而取得的"。②

中国式现代化本质上是社会主义现代化，超越了以资本为核心的发展逻辑，确立了以人民为中心的发展思想和一切为了人民、一切依靠人民的发展理念，在基本制度上实行公有制为主体、多种所有制经济共同发展，按劳分配为主体、多种分配方式并存，社会主义市场经济体制等社会主义基本经济制度。中国式现代化不是以资本增殖为目标，而是坚持劳动人民的主体地位，尊重人民的首创精神，让人民生活幸福是"国之大者"。因而中国式现代化对资本逻辑和市场机制的运用作为追求共同富裕的一种重要手段，本质上是一种"驾驭"性运用，即一方面激活"资本的文明面"，激发生产力发展的活力和效能；另一方面又要克服资本的生产性矛盾，避免陷入资本权力化和资本形而上学③，以消除资本逻辑带来的社会裂隙和现代性危机。

中国式现代化确保社会主义的本质属性，致力于实现全体中国人民的共同富裕。2022年我国经济规模达到121万亿元，稳居全球第二大经济体。全国居民人均可支配收入3.68万元，农村居民人均可支配收入2.01万元，全年脱贫县农村居民人均可支配收入1.51万元。④

---

① 《马克思恩格斯选集》第1卷，人民出版社2012年版，第403、401页。
② 《马克思恩格斯文集》第7卷，人民出版社2009年版，第697页。
③ 周丹：《社会主义市场经济条件下的资本价值》，《中国社会科学》2021年第4期。
④ 国家统计局：《中华人民共和国2022年国民经济和社会发展统计公报》，《人民日报》2023年3月1日。

中国式现代化是全体人民共同富裕的现代化。当然，共同富裕是人类社会发展的难题，迄今还没有哪个国家能完美解决这一难题。我们所说的"全体人民共同富裕是一个总体概念，是对全社会而言的"，它不是少数人的富裕，也不是所有人都同时、同步富裕，而是要在高质量发展中促进共同富裕，正如习近平总书记指出的："这是一个在动态中向前发展的过程，要持续推动，不断取得成效。"①

（三）中国式现代化是"五个文明"与"五位一体"有机融合的现代化

众所周知的"现代化包括器物、制度与观念"三个层面这句话，被部分学者解读为经济、政治、文化三个方面的现代化。西方现代化是建立在工业化基础上的物质文明高度发达的类型，形塑了西方以物质文明为核心的发展模式。刘易斯"先增长后分配"的西方经济学理论突出了经济现代化的物质内涵，使有些国家的政府更专注于经济数字（即政府业绩）的增长，以快速发展经济而尽早实现工业化。

没有经济现代化，没有坚实的物质技术基础，就不可能全面建成社会主义现代化强国。改革开放以来，我们对现代化内涵的认识不断深化，逐步把中国式现代化"五个文明"与中国特色社会主义"五位一体"总体布局贯通起来。早在1987年党的十三大就提出要把我国建设成为"富强、民主、文明"的社会主义现代化国家，2006年党的十六届六中全会又增加了"和谐"，发展为"四位一体"的目标。2017年党的十九大又扩展为"五位一体"，要把中国建设成为富强民主文明和谐美丽的社会主义现代化强国。在此基础上，2021年，习近平总书记进一步指出："我

---

① 《习近平谈治国理政》第4卷，外文出版社2022年版，第146、147页。

们坚持和发展中国特色社会主义，推动物质文明、政治文明、精神文明、社会文明、生态文明协调发展，创造了中国式现代化新道路。"① 中国式现代化以经济建设为中心推动物质文明高质量发展，以政治建设为统领发展全过程人民民主，以文化建设为灵魂丰富人民精神世界，以社会建设为抓手实现全体人民共同富裕，以生态文明为基石促进人与自然和谐共生。中国式现代化摒弃了西方工业化、现代化老路，坚定走生产发展、生活富裕、生态良好的文明发展道路。

（四）中国式现代化是追求各美其美、美美与共的和平发展现代化

西方资本主义现代化建立在对外掠夺、对内剥削人民的原始积累基础之上。据统计，西方殖民者 300 多年间从中南美洲抢走了至少 250 万公斤黄金和 1 亿公斤白银。② 与此不同，中国式现代化确立了向内挖掘发展潜力，在艰苦奋斗中积累现代化的物质技术基础；对外则强调要为全世界各国人民谋幸福，构建人类命运共同体，坚定不移走和平发展道路。

习近平总书记指出："中国从一个积贫积弱的国家发展成为世界第二大经济体，靠的不是对外军事扩张和殖民掠夺，而是人民勤劳、维护和平。"③ 他多次强调，中国不接受"国强必霸"的逻辑，任何人、任何事、任何理由都不能动摇中国走和平发展道路的决心和意志。长期以来，中国致力推动构建人类命运共同体，推动共建"一带一路"高质量发展，在坚定维护世界和平与发展中谋求自身发展，又以自身发展更好维护世界和平与发展。

---

① 《习近平谈治国理政》第 4 卷，外文出版社 2022 年版，第 10 页。

② 中共中央宣传部编：《习近平新时代中国特色社会主义思想学习问答》，学习出版社、人民出版社 2021 年版，第 128 页。

③ 《习近平谈治国理政》第 2 卷，外文出版社 2017 年版，第 545 页。

中国坚持对话而不对抗、结伴而不结盟，开辟了一条通过合作共赢实现携手共进的现代化发展道路。

作为"外源型"和"后发展型"现代化国家，中国摒弃了西方以资本为中心的现代化、两极分化的现代化、物质主义膨胀的现代化、对外扩张掠夺的现代化老路，用几十年时间走完了西方发达国家几百年走过的工业化历程，创造了经济快速发展和社会长期稳定的奇迹，为世界上其他发展中国家和民族提供了不同于西方现代化的全新选择。

三　中国式现代化的独特创新

一条成功的现代化发展道路，不仅意味着能够带动一个国家的经济起飞，而且还要能够有效处理现代化进程中的一系列矛盾和问题。后发展型国家工业化的基础较为薄弱，又是在西方列强的裹挟下进入现代化的，不能按部就班发展，而是在"时空压缩"的条件下"并联式"发展，历时性问题共时性存在进一步增加了现代化难度。现代化发展的五项目标（增长、公平、民主、稳定、自主）之间是有冲突的，西方经典现代化理论所宣扬的"所有好事情一起发生"只是一种假说，"总的说来是错误的"①。发展中国家常常遭遇"现代化悖论"，处于进退两难的困境，概括起来主要有三个问题。

（一）活力与秩序

活力主要是指社会进步的创造力，体现在经济、政治、文化

---

① ［美］塞缪尔·亨廷顿等：《现代化：理论与历史经验的再探讨》，张景明译，上海译文出版社 1993 年版，第 335 页。

等方面。首先在经济上要有发展活力，而秩序则是社会有序与稳定。活力与秩序的关系，西方学者一般称之为经济发展与政治稳定的关系，这是各国在推进现代化进程中需要处理好的难题。亨廷顿在《变化社会中的政治秩序》中对此进行了概括："现代性孕育着稳定，而现代化过程却滋生动乱。"①

现代化是一个社会发展进步的过程，也是一个快速的、剧烈的、持续的变革过程。在这一过程中，往往都要经历一个社会矛盾和风险的高发期。亨廷顿认为，经济发展增加了社会活力，但经济发展引起的社会动员的过高需求与政治制度化水平低之间的矛盾，容易导致政治秩序混乱。② 过去 200 年的大量事实表明，很多不满和动乱是在经济繁荣之际发生的。③

中国式现代化破解了活力与秩序的悖论，其秘诀就是正确处理改革、发展、稳定的关系。没有坚实的物质技术基础，现代化只能是空中楼阁。改革开放后，中国"抓住时机，发展自己，关键是发展经济"，以经济的高速增长带动人民生活水平提高和社会稳定，"没有稳定的环境，什么都搞不成，已经取得的成果也会失掉"④。1989 年邓小平提出"稳定压倒一切"的著名论断。随着改革开放和社会主义市场经济的发展，1994 年江泽民提出"改革是动力，发展是目的，稳定是前提"⑤ 的重要观点，1998 年他在总结改革开放 20 周年的经验时进一步指出，发展是硬道理，改革是发展的动力，稳定是改革和发展的基本前提，要"把

---

① ［美］塞缪尔·亨廷顿：《变化社会中的政治秩序》，王冠华、刘为译，上海人民出版社 2008 年版，第 31 页。
② ［美］塞缪尔·亨廷顿：《变化社会中的政治秩序》，王冠华、刘为译，上海人民出版社 2008 年版，第 51—53 页。
③ 杨光斌：《政治学导论》（第 5 版），中国人民大学出版社 2019 年版，第 241 页。
④ 《邓小平文选》第 3 卷，人民出版社 1993 年版，第 284 页。
⑤ 《江泽民文选》第 1 卷，人民出版社 2006 年版，第 365 页。（2006 年收入《江泽民文选》时有一字之差，把"目的"改为"目标"——作者注）

改革的力度、发展的速度和社会可承受的程度协调统一起来"。①
这表明中国共产党人对社会主义现代化的认识实现了飞跃，从单
向度的改革动力观和"压倒一切"的稳定观提升为"改革发展稳
定"的多元复合统一观。

　　发展是执政兴国的第一要务，要在改革发展中保持社会稳定
和国家的长治久安。中国式现代化一向"坚持辩证唯物主义和历
史唯物主义世界观和方法论，正确处理改革发展稳定关系"②。进
入新时代后，习近平总书记更加强调坚持系统观念处理经济增长
与社会稳定的关系。一是注重改革、发展、稳定之间的整体性、
关联性和系统性，提高"七种思维"（战略思维、历史思维、辩
证思维、系统思维、创新思维、法治思维、底线思维）能力，解
决改革发展稳定存在的深层次问题。二是统筹发展和安全，有序
释放经济社会发展的活力。国家安全是民族复兴的根基，社会稳
定是国家强盛的前提。中国式现代化以完善和发展中国特色社会
主义制度、推进国家治理体系和治理能力现代化为目标，以实现
制度现代化作为中国式现代化的方向和内容，拓展了现代化内
涵，打破了"现代化＝西方化"的迷思。

（二）效率与公平

　　效率问题，一般认为是经济发展如何有效配置资源问题，经
常被简单定义为资源投入与产品产出之比。而公平问题，理论界
尚未有统一的认识和标准，现代"起点公平观"包括权利公平、
机会公平、分配公平等。从理论上说效率与公平可能没有矛盾，
效率是实现公平的物质基础和动力，公平是效率的保证和必要条
件，二者相互依存。但在后发现代化国家的实践中，如何解决效

　　① 《江泽民文选》第 2 卷，人民出版社 2006 年版，第 260 页。
　　② 《习近平谈治国理政》第 3 卷，外文出版社 2020 年版，第 188 页。

率与公平的矛盾是一大难题。

面对西方现代化国家的"示范效应"和激烈的国际竞争压力，后发国家不得不把效率作为社会发展的优先选择。但忽视社会公平又使许多国家的现代化遭到重大挫折。从国际发展经验看，当人均 GDP 突破 1000 美元的"贫困陷阱"后，在相当长的时间内将保持较快的经济增长速度而进入人均 GDP 3000 美元的"起飞阶段"。可进一步发展时，社会矛盾和问题将可能集中爆发。有些成功领导经济起飞的政党，不仅没有能巩固自己的执政地位，反而在创造经济奇迹后丢掉了政权，墨西哥、巴西都有此先例。如，巴西工业生产指数如以 1949 年为 100，1959 年则达到 245.7，1961 年高达 301.9，经济高速发展。但 1960—1970 年，占全国总人口 10% 的收入最高群体人均收入增长率是 114%，占全国总人口 50% 的低收入群体人均收入增长率是 10%，扣除物价上涨因素，实际收入反而减少了。① 效率优先但严重的社会分配不公，其结果导致经济增长停滞，陷入"中等收入陷阱"。据统计，在拉美地区的 33 个经济体中，中等收入者高达 28 个，平均已在"中等收入陷阱"中滞留 37 年，阿根廷则长达 50 年。②

经济发展实际上就是提高资源尤其是稀缺资源的配置效率，而市场配置资源是最有效的形式。配置资源不外乎计划和市场两种方式，改革开放后，中国在现代化发展过程中创造性地将社会主义与市场经济连接起来。1992 年党的十四大首次把我国经济体制改革的目标确立为建立社会主义市场经济体制，明确肯定市场对资源配置起"基础性"作用，并提出"兼顾效率与公平"的分配原则。2013 年党的十八届三中全会进一步提出使市场在资源配置中起决定性作用和更好发挥政府作用，对市场作用由"量"的

---

① 吴鹏森：《世界各国现代化进程中的公平问题》，《探索与争鸣》1996 年第 1 期。
② 红旗文摘编辑部编：《理论热点辨析》，红旗出版社 2012 年版，第 194 页。

调整升级为"决定性作用",标志着社会主义市场经济发展进入了一个新阶段。

中国式现代化对效率与公平的关系做出了卓有成效的探索。"效率由市场去实现",但市场机制并不是万能的,弥补市场失效及缺陷,需要政府介入和发挥作用,"公平由政府来安排"。公平要建立在效率的基础上,效率也要以公平为前提才能够持续。中国式现代化既要不断做大"蛋糕",又要更好地分好"蛋糕"。经过新时代十年的伟大变革,中国实现了从"站起来"到"富起来"的飞跃。我国的发展具备了更为坚实的物质基础,"效率优先,兼顾公平"的观念已不合时宜,必须构建初次分配、再分配、第三次分配协调配套的制度体系,努力通过各种途径提高居民收入、扩大中等收入群体、促进社会公平正义,构建效率与公平动态平衡的体制机制。习近平总书记指出:"总的思路是,坚持以人民为中心的思想,在高质量发展中促进共同富裕"①,并在扎实推进全体人民共同富裕的实践中取得更为明显的实质性进展。

(三)守正与创新

西方现代化理论从多个角度分析传统社会与现代社会的区别。马克斯·韦伯在《新教伦理与资本主义精神》中指认西方宗教所孕育的独特价值观和文化促进了西方现代化,而在《儒家与道教》中指认儒家文化是阻碍现代化的因素之一。受此影响,一些学者认为西方文化有助于现代化,东方文化则使社会长期停滞。秉持现代化等于西化的人就把传统与现代看作截然对立的,主张后发现代化国家必须抛弃传统。

习近平总书记摒弃了传统与现代的二分法,强调守正与创新

① 《习近平谈治国理政》第 4 卷,外文出版社 2022 年版,第 144 页。

的辩证统一。守正创新既是我们党治国理政中的重要思维方法，也是推进中国式现代化必须坚持的重大原则。只有"守正才能不迷失方向、不犯颠覆性错误"，只有"创新才能把握时代、引领时代"①。

　　守正意为正本清源，重点是守好中国式现代化的本和源、根和魂。其内涵主要有三个方面。一是守好现代化的方向之正。马克思主义是我们党的灵魂和旗帜，是中国式现代化之本源。中国式现代化之所以取得辉煌成就，归根到底是马克思主义行，是中国化时代化的马克思主义行。二是守好人民至上的立场之正。为人民谋幸福、为民族谋复兴是中国式现代化的出发点和落脚点，只有坚持以人民为中心的发展思想，才会有正确的发展观、现代化观。② 人民是我们党执政的最深厚基础和最大底气，要实现好、维护好、发展好人民的根本利益。三是守好中国式现代化之苗红根正。中华优秀传统文化是中国式现代化的基础，现代化是中华优秀传统文化的延续与超越。2021 年 3 月 22 日，在福建武夷山市考察朱熹园时，习近平总书记指出："如果没有中华五千年文明，哪里有什么中国特色？ 如果不是中国特色，哪有我们今天这么成功的中国特色社会主义道路？"中国式现代化就是在中华优秀传统文化的滋养和具体国情的沃土中发展起来的，必须把马克思主义基本原理同中国具体实际相结合、同中华优秀传统文化相结合，推动中国式现代化行稳致远。

　　创新意为革故鼎新、推陈出新。创新在我国现代化建设全局中处于核心地位，内容包括理论创新、制度创新、文化创新、科技创新等。理论创新首先要全面贯彻习近平新时代中国特色社会

---

　　① 习近平：《高举中国特色社会主义伟大旗帜　为全面建设社会主义现代化国家而团结奋斗——在中国共产党第二十次全国代表大会上的报告》，人民出版社 2022 年版，第 20 页。
　　② 《习近平谈治国理政》第 4 卷，外文出版社 2022 年版，第 171 页。

主义思想，运用好马克思主义的世界观和方法论去指导中国实践。制度创新是完善和发展中国特色社会主义制度，推进国家治理体系和治理能力现代化。文化创新就是推动中华优秀传统文化创造性转化、创新性发展，更好构筑中国精神、中国价值、中国力量。科技创新要把科技自立自强作为国家发展的战略支撑。当今世界经济竞争的核心在科技，必须坚持科技是第一生产力、人才是第一资源、创新是第一动力，加快建设世界科技强国。

四　余论

现代化是一个有着本质统一性和形式多样性的历史过程，中国式现代化既有各国现代化的共同特征，更有基于自身国情的中国特色。中国的现代化进程走过了前半段，开辟了一条新道路，展现了不同于西方现代化的另一幅新图景。

中国式现代化不是一次性就能完成的，有许多未知领域和规律需要探索，面临着一系列时代问题和挑战，比如，顶层设计与实践探索、战略与策略、自立自强与对外开放、安全与发展等需要正确认识和处理。又如，现代化的动力问题、风险问题、协调问题等需要应对。再如，构建中国式现代化理论体系，从马克思的乐观主义到沃勒斯坦的悲观主义理论等都需要梳理。这些不仅是中国的新问题，也是全世界国家现代化发展迈向更高阶段必然遭遇的问题，需要更为艰难的探索。过程难免坎坷，但前途终归光明。让我们携手同行现代化之路，共同创造人类文明新形态。

丰富人民精神世界的时代内涵与实践进路[*]

王友建[①]

摘 要 丰富人民精神世界是中国式现代化的本质要求之一。从意义上而言，丰富人民精神世界是推进精神生活共同富裕的基本向度，是"人的现代化"中国式建构的题中之义，也是实现中华民族伟大复兴的内在要求。精神追求、精神享受和精神创造相协同的崇高精神境界，心灵生活、文化生活和信仰生活相衔接的美好生活追求，获得感、幸福感和归属感相统一的和谐发展状态，构成了丰富人民精神世界的时代内涵。立足中国式现代化的实践进程，丰富人民精神世界要以培养时代新人为目标导向，扎实推动精神生活共同富裕，全面推进社会主义文化强国建设，在守正创新中繁荣中华文明，这对于新时代新征程丰富人民精神世界、以中国式现代化全面推进中华民族伟大复兴具有重要意义。

* 本文是国家社科基金项目"习近平总书记高校思想政治工作思想的总体性研究"（18BKS152）的阶段性成果。原载《南京社会科学》2022 年第 12 期。

① 王友建，江苏师范大学马克思主义学院副研究员、博士，江苏省习近平新时代中国特色社会主义思想研究中心特约研究员。

关键词　丰富人民精神生活；中国式现代化；时代新人

习近平总书记在中国共产党第二十次全国代表大会的报告中指出："中国式现代化的本质要求是：坚持中国共产党领导，坚持中国特色社会主义，实现高质量发展，发展全过程人民民主，丰富人民精神世界，实现全体人民共同富裕，促进人与自然和谐共生，推动构建人类命运共同体，创造人类文明新形态。"① 报告中将丰富人民精神世界作为中国式现代化的本质要求之一，并把"人民精神文化生活更加丰富"作为未来五年全面建设社会主义现代化国家开局起步的关键时期的主要目标任务之一，这不仅为文化发展指明了方向，也充分彰显了中国式现代化的独特意蕴。究其根本，现代化的本质是人的现代化，人的发展绝不是物质层面的单向度，而必然包括精神层面丰富发展这一本质性要求。正如习近平总书记所强调的那样："人类不仅追求物质条件、经济指标，还要追求'幸福指数'；不仅追求自然生态的和谐，还要追求'精神生态'的和谐；不仅追求效率和公平，还要追求人际关系的和谐与精神生活的充实，追求生命的意义。"② 正是因为丰富人民精神世界对于实现中国式现代化的重要意义，要求我们要以习近平总书记关于中国式现代化的重要论述为根本遵循，在面向全面建设社会主义现代化国家的时代进程中明晰丰富人民精神世界的科学内涵和实践进路。站在新的历史起点上，我们要从全局角度和战略高度来认识丰富人民精神世界的必要性，在时代大潮中把握和彰显中国式现代化的内在特征，在促进民族复兴和人

---

① 习近平：《高举中国特色社会主义伟大旗帜　为全面建设社会主义现代化国家而团结奋斗——在中国共产党第二十次全国代表大会上的报告》，人民出版社 2022 年版，第 23—24 页。

② 习近平：《之江新语》，浙江人民出版社 2007 年版，第 150 页。

的全面发展历史进程中发挥好丰富人民精神世界的重要价值。

一 丰富人民精神世界作为中国式 现代化本质要求的重大意义

一直以来，中国共产党高度重视精神文明建设，认为人民精神世界是否丰富是判断经济社会发展的基本要素，也是全方位展现社会主义以人民为中心这一根本价值立场的内在要求。从实践的角度来看，丰富人民精神世界是当前新时代中国特色社会主义事业的重要内容，其生成于新时代中国社会美好生活建设的深刻变革，贯穿于全面建成社会主义现代化强国新征程的历史进程，在彰显"人的现代化"中国式建构的独特追求中成为中国式现代化的本质要求。因此，从历史与现实、当前与未来等角度把握丰富人民精神世界作为中国式现代化本质要求的重大意义，有助于我们更加深刻地理解中国式现代化的"精神密码"和全面实现中华民族伟大复兴的"精神动力"。

（一）新征程中推动精神生活共同富裕的基本向度

唯物史观认为人的社会生活是由物质生活和精神生活两大领域构成，其两者之间的辩证关系为：物质生活的生产决定精神生活以及整个社会生活，精神生活在反映物质生活的同时具有相对独立性和能动作用。正如恩格斯所说："人们首先必须吃、喝、住、穿，然后才能从事政治、科学、艺术、宗教等等。"[1] 意即物质生活决定精神生活，精神生活共同富裕必然建立在高质量物质生产和精神生产的基础上，进而才能"全面提升人民的知识、道

---

① 《马克思恩格斯文集》第 3 卷，人民出版社 2009 年版，第 601 页。

德、审美等精神要素和精神境界"①。目前，我国经济迈上了更高质量、更有效率、更加公平、更可持续和更为安全的发展之路，进一步推进经济社会高质量发展成为新时代新征程的关键任务。新时代中国共产党人提出要满足人民群众对美好生活的向往，其实质就是实现物质生活和精神生活的协同发展。特别是在全面建成小康社会、物质生活层面得到长足进步的情况下，精神生活共同富裕越来越成为不可忽视的重要领域。所谓"精神生活共同富裕"，是指人们在已有精神生活的基础上，实现更为充实的精神产品生产、更为协调的精神文化供需、更为昂扬的精神生活状态和更为强大的精神力量，并以此推进国家文化繁荣、社会精神健康和个人发展全面。由此可见，丰富人民精神世界不仅仅是精神生活共同富裕的内在体现，也是推进精神生活共同富裕的基本向度，是标注经济社会高质量发展和中国式现代化水平的关键要素。经济社会发展的主体、发展的动力，归根到底是人的发展与进步；实现高质量发展必然建立在高素质人才的基础上，而人的发展与进步又离不开精神层面的提高。正是这样的内在逻辑，决定了丰富人民精神世界既是社会高质量发展的体现，又将从根本上影响经济社会高质量发展能否实现。虽然当前物质生产和生活能力大幅度增强，人的整体素质也显著提高，但"物质的满足"并不意味着"精神的满足"，物质产品和精神产品"数值上的增加"也绝不意味着"质的提升"。何以在物质丰裕中加强精神获得，并借以精神生活的富裕反向推进物质生活的进步，成为新时代经济社会高质量发展急需解答的重要问题，也日益彰显丰富人民精神世界对于促进精神生活共同富裕的重要性。

---

① 柏路：《精神生活共同富裕的时代意涵与价值遵循》，《马克思主义研究》2022 年第 2 期。

（二）充分展现"人的现代化"中国式建构的题中之义

自近代人类社会开启现代化进程以来，是否有更广泛的人民参与、现代化成果是否被广大人民所共享、人的整体发展是否产生质的改变，决定了现代化道路的成败，也成为不同社会制度基础上所衍生并发展出来的现代化道路的根本区别。西方国家率先开启现代化的历史进程，通过数次工业革命极大提升了社会生产效率，创造了日益丰富的物质生活，但"在富裕和自由掩盖下的统治就扩展到私人生活和公共生活的一切领域"①，真实的不平等和贫穷绝对化被富裕的表象和物欲的横流彻底遮蔽。在资本主义私有制的制度基础上，贫富差距日益拉大，物质财富的绝对增长恰恰带来了更加严重、更加对立的绝对贫困。现代社会各种风险因素的叠加，使得广大人民群众的生活不确定性和不稳定性继续加深。如新冠肺炎在全球肆虐使得相关国家贫困问题更加严重，社会不平等进一步加剧。不仅如此，以尼采宣称"上帝死了"为起点，资本主义社会整体上面临着现代发展的精神危机。总而言之，"人的现代化"在资本主义现代化进程中越来越偏离于启蒙思想家描绘的"美好蓝图"，取而代之的是人与人、人与社会以及人与自然发展的割裂，这极大影响到了人的精神层面发展，也使得物质生活的充裕与精神世界的匮乏日益成为西方现代化的"阿喀琉斯之踵"。

反观中国式现代化，始终强调以人为中心，实现了从经济现代化到全面现代化、物的现代化到人的现代化的跃迁。随着全面建成小康社会，物质层面实现"人的现代化"已经具备了坚实基础，丰富人民精神世界作为衡量社会文明的重要尺度，也愈发成

---

① ［美］赫伯特·马尔库塞：《单向度的人——发达工业社会意识形态研究》，刘继译，上海译文出版社 2014 年版，第 14 页。

为影响"人的现代化"甚至是决定"人的现代化"的要素之一。我们知道，一个人的精神世界丰富与否直接决定了个体的社会实践能力和成果，那么作为群体的人民群众精神世界丰富与否更是直接影响和决定了社会的进步和发展。正因如此，党的十八大以来，在应对我国社会主要矛盾深刻变革的过程中，以习近平同志为核心的党中央多方位、多领域、多举措地不断满足人民群众多样化、多层次、多方面的精神文化需求，为精神文化领域实现"人的现代化"创造了更为充足的条件。在全面建设社会主义现代化国家的新征程中，我们提出丰富人民精神世界作为中国式现代化的本质要求，就是重在强调从精神层面实现人与自然、人与人、人与社会的和谐发展，让这些精神理念引导物质文明、政治文明、社会文明、生态文明的协调发展，在彰显以人民为中心的现代化发展逻辑中超越西方现代化的资本主导逻辑，积极推动起具有坚定社会主义取向和鲜明中国特色的"人的现代化"。

（三）以中国式现代化全面实现中华民族伟大复兴的内在要求

中华民族伟大复兴是全方位、全过程、全领域的复兴，涵盖经济、政治、文化等各个方面，其最深层次的目标是实现中华文明的伟大复兴。文明的复兴，必然伴随着中华民族精神文化的伟大复兴，真正体现了民族精神的自觉自信自立。习近平总书记强调："一个民族的复兴需要强大的物质力量，也需要强大的精神力量。没有先进文化的积极引领，没有人民精神世界的极大丰富，没有民族精神力量的不断增强，一个国家、一个民族不可能屹立于世界民族之林。"[1] 在全面建设社会主义现代化强国新征程上，广大人民群众的精神世界是否丰富、精神力量是否强大、精

---

[1]　习近平:《在文艺工作座谈会上的讲话》，人民出版社 2015 年版，第 5 页。

神追求是否崇高越来越关乎民族复兴大业的成败。历史地看，人民精神生活极大满足和呈现高度繁荣发展状态的时期，也是中华民族强盛发展的时期；而在文明蒙尘、文化凋敝的时期，整个社会所呈现出来的精神状态与社会动荡的经济政治局面相呼应。现实地看，中华民族伟大复兴战略全局和世界百年未有之大变局中可能出现的各种风险挑战，既需要国家的战略定力和社会的核心价值引领，也需要个体的精神进步。因此，我们强调丰富人民精神世界就是要通过以文化人、以文育人，极大推动社会主义精神文明建设，不断彰显中华优秀传统文化的生命力和活力，在增进人的精神力量中为民族复兴奠定了坚实的精神基础。此外，中华民族伟大复兴的标志性成果就在于中国式现代化道路中开创的人类文明新形态，这既是植根于中华文化的深厚土壤，也是铸就于中国特色社会主义的伟大实践，更是明确指向于实现共产主义的远大理想。从精神层面来看，人类文明新形态是人类精神生活不断超越、不断更迭的新形式，它的形成意味着中华民族意义世界、文化记忆和精神家园在精神生活共同富裕中走向自信，并且通过全体人民富裕充实的精神生活得以表现，这当然也就包括了丰富人民精神世界，由此展现中华文明焕发新生中所具有底气朝气和充沛丰盈的精神力量和民族气象。

二　丰富人民精神世界的
时代内涵及其呈现

丰富人民精神世界作为中国式现代化的本质要求，包含着更加丰富的内涵、具有更辩证的思考以及新的发展指向，不仅仅是个体角度精神文化生活的满足，也越来越强调整个社会道德文化水平、理性认知能力、精神领域建设和自信自立社会面貌的提升与发展。加之丰富人民精神生活作为一项长期性的实践活动，由于阶段性内容、主体层次以及自身功能等，其内在组合也呈现出不同标准下的类型结构。如从人民精神世界的内容结构来看，大致包括感性精神生活、理性精神生活与信仰精神生活等；从主体层次来看，包括个体精神世界与群体精神世界，并努力追求两者精神世界的融合共生发展；从丰富人民精神世界的现实功能和中国特点的角度来看，基本包括物质文明和精神文明均衡发展、丰富人民精神世界与提升人民的精神境界相辅相成、以人民精神生活共同富裕为目标等。总而言之，丰富人民精神世界是包括精神生活在内的全部思想意识活动和精神价值的呈现，是认识和改造自然实践过程中的精神生活、社会实践过程中的精神生活、科学技术实践过程中的生活的总和，体现了崇高精神境界、美好生活追求和和谐发展状态的有机结合。与此同时，丰富人民精神世界的时代内涵对于"人民"的主体性及其当前呈现提出了新的要求。

（一）努力提升精神追求、精神享受和精神创造相协同的崇高精神境界

"文化精神作为文化的深层结构，是支撑一个文明体延续和发展的文化精髓，是内化于人们心中的精神坐标和价值追求。"[①]对于丰富人民精神世界来说，必然包含了以精神为核心的追求、享受和创造的动态过程，以崇高的精神境界塑造来影响主体的内化于心、外化于行，并最终对文明发展、社会进步产生积极影响。个人的精神境界是表明精神世界是否丰富的直接体现，是每个人自由全面发展的基础所在。人的发展既是社会发展的内在要求，也是社会发展的最终体现。步入新时代，丰富人民精神世界

---

① 吴璇、曹劲松：《新时代文化精神的主体建构》，《南京社会科学》2021 年第 3 期。

成为中国式现代化的本质要求，深刻体现了精神世界的丰富提升与促进人的全面发展相统一，这也正是中国式现代化最终要达到的重要目的之一。所以，丰富人民精神世界从个体角度来看，其时代内涵就体现为精神追求、精神享受和精神创造的协同推进。

第一，更为高尚的精神追求。在经济全球化、阶层差异化和社会多元化等诸多因素的影响下，个人的精神追求具有现代性与传统性并存、超越性与滞后性共在和层次性与差异性兼有的基本特征，这也充分说明了要想丰富人民精神世界面临着众多挑战。满足人民精神需求是新时代新征程中思想文化领域建设的核心任务，特别是随着人民的精神文化需求日益旺盛，多样化、差异化特征日益显现，精神文化领域发展不平衡不充分的问题比较突出。与此同时，社会思想观念和价值取向日趋活跃，主流的和非主流的并存，先进的和落后的交织，社会思潮纷纭激荡，拜金主义、享乐主义、消费主义、极端个人主义、历史虚无主义等错误思想在一定程度上影响着整个社会文明水平的提高，影响着个体层面的精神追求。为此，我们要进一步明确丰富人民精神世界要以实现民族复兴为最根本的精神追求，要在社会实践中不断激发人民群众的文化创造活力来增强精神力量，使新时代的中国人以高尚的精神追求锚定人生前进的航标。

第二，更为丰富的精神享受。享受是人的需要发展到更高层次的表现，除了物质享受，还应该有更为丰富的精神享受。当然，这种精神享受是建立在丰富的物质享受基础之上的。马克思主义认为人类未来社会的走向会日益凸显人的精神享受的重要性，当精神需要和享受的限制消失了，精神需要和享受会成为人的发展的主要方面。当前我们处于全面建成社会主义现代化强国以及迈向社会主义更高阶段的历史过程，决定了这一阶段既要正视也要着力解决好人民群众的精神享受问题。为此，我们要在进一步满足个体层面的知识需要、心理健康需要、文化和美的需要、道德情感需要、理想信念需要、信仰需要等基础上，推进社会主义文化的大发展、大繁荣，让全体人民享有更加充足的精神文化产品和更加开放包容的精神文化氛围，以高质量的精神享受来不断丰富人民的精神世界。

第三，更为自主的精神创造。人的活动的本质是带有目的性的创造与超越，人能够进行精神生产，同时也在进行着精神创造。"人民群众是精神财富的创造者，促进人民精神生活共同富裕必须发挥人民群众的创造作用。"[1] 同样，丰富人民精神世界更需要建立在人民群众更为自主的精神创造的基础上。唯物史观告诉我们，人民群众是走好新征程、实现民族复兴的历史主体，也是这一过程中精神文化财富的创造主体。在这里，我们要区分作为精神创造的个体以及群体。具体而言：一方面，精神创造的个体，即每一个个人都应该积极参与新时代中国特色社会主义文化的实践活动，成为精神生活共同富裕的创造者和参与者，在丰富的实践活动中展现个体的创新创造能力。另一方面，作为精神创造的群体，它既是植根于每一个个人的创造，又最大程度上覆盖起人民群众的精神生活需要。强调更为自主的精神创造，就是要把个体层面和群体层面的创造活力统一起来，注重把创新精神贯彻落实到精神文化领域发展的方方面面，让广大中国人在创造中不断增强志气、骨气和底气，以更加昂扬的自信姿态创造更多的精神文化财富，不断凝聚起中国力量和中国精神。

（二）不断满足心灵生活、文化生活和信仰生活相衔接的美好生活追求

作为中国式现代化本质要求之一的丰富人民精神世界，构成

---

① 项久雨、马亚军：《人民精神生活共同富裕的时代内涵、层次结构与实现进路》，《思想理论教育》2022 年第 6 期。

了中国共产党长期以来奋斗目标的基本内容，即实现人民对美好生活的向往，这是因为"新时代美好生活是包括物质生活、政治生活、精神生活在内的总体性概念，对应的是人的全面需求"①。美好生活是新发展阶段中国人社会生活的新方式，在精神层面表现为个体、社会群体以及国家精神文化的协调发展。如果聚焦于人民群众这一行为主体，其精神世界丰富表现为心灵生活、文化生活和信仰生活相统一，这是人类精神生活层次性的现实反映，也是从社会整体生活层面对于人的精神世界丰富饱满的进一步确证。

第一，理性平和、健康充实的心灵生活。人们精神生活发展的基础是心灵生活，精神世界的丰富需要建立在稳固且健康的心灵生活基础之上，以此来实现个体精神需要的普遍满足和集体精神价值的普遍认同。民国时期著名学者辜鸿铭曾说道："中国人是有着赤子之心和成人之思过着心灵生活的人，是心灵与理智的完美和谐。"对于丰富人民精神世界来说，心灵生活的充实必不可少，并且所要达到的美好心灵生活应该是感性认识与理性认识的辩证统一。在这一过程中，社会民众要善于把握自己的情绪、欲望和感觉，在对外部事物直观感受中不断深入内部，从而形成较为稳定的理解和认识。个体逐渐对社会现实有了清晰的认知态度、分析视角和价值取向，并由此不断内化和优化自我的精神追求和审美意识，以稳定、积极、健康的心理状态迎接自我发展和社会进步可能面临的风险挑战。具体来看，当前丰富人民精神世界在心灵生活中要做到理性平和，即用客观、理智的态度来看待问题、解决问题，特别是对自身肩负的历史使命、社会发展的历史方位和国家民族的历史进程要有清楚的认知；又要做到健康充实，即以个人良好心态塑造积极向上的社会心态，在传播正能量

---

① 高炳亮：《马克思生活主体的三种样态》，《浙江社会科学》2022 年第 5 期。

中实现自我价值和社会价值的共同实现。

第二，多元包容、立德育人的文化生活。文以载道，文以传情，文以植德。人的精神生活要想充足富裕、精神世界要想丰富多元，文化生活必不可少。可以说，没有文化生活的提升和文化自信的增强，就没有人民精神世界的极大丰富，更不会有人民精神生活的共同富裕。这是因为文化生活的实质就是以文化人，而且以文化人更能实现以人兴文，由此能够以丰富人民精神世界来推进社会主义现代化文化强国的建设。我们要看到丰富人民精神世界的重要基础是文化事业和产业的高度发展，是对其高质量文化生活需要的不断满足。在这里，我们需要认识到文化生活是相对于个人心灵生活来说的"外部世界"，它是社会层面对于人民群众精神世界丰富发展的一种反映。所以，我们要从社会角度来构建美好的文化生活。一方面，要秉持多元包容的文化态度，这一点对于日益多元化的思想文化取向来说至关重要，特别是随着虚拟实践和网络空间的深入发展，不同个体所呈现出来的具体精神状态有着很大差异性，如何用主流价值引领多元文化是丰富人民精神世界必须解决的关键问题；另一方面，文化生活自身要努力发挥好价值导向、社会整合等功能，要把立德育人摆在核心位置，通过文艺工作、哲学社会科学工作等做到启迪心智、文明心灵，努力培育德智体美劳全面发展的社会主义建设者和接班人。

第三，凝魂聚气、坚定初心的信仰生活。信仰生活"这一层次的精神生活的本质，是不断地超越向前"①，它是人们精神追求试图从"实然"状态进入"应然"状态的过程，也是指引人们不断提升精神境界、丰富人民精神世界的重要原因。一定程度而言，对于新时代新征程致力于实现中华民族伟大复兴的中国人来

---

① 郑永廷、罗姗：《中国精神生活发展与规律研究》，中山大学出版社 2012 年版，第 13 页。

说，信仰生活是我们追求美好生活终极意义的体现，也是马克思主义政党和中国特色社会主义长期发展的重要内驱力。对于个体来说，信仰是不断超越自我、实现更高目标的方式；对于群体来说，信仰是凝聚共识、统一意志和行为的依据；对于国家与民族来说，信仰决定了其前途命运。从心灵生活的基础性作用到文化生活的外在涵养作用，再到信仰生活蕴含终极意义的作用，丰富人民精神世界不仅要追求心灵生活和文化生活的富足，更要明确知道生活的意义和过上有价值的生活。作为中国式现代化的本质要求，新时代丰富人民精神世界就是形成对于马克思主义坚定信仰的共同体，让马克思主义成为每一个个体认识世界、改造世界的强大精神武器。正如习近平总书记所言："无论过去、现在还是将来，对马克思主义的信仰，对中国特色社会主义的信念，对实现中华民族伟大复兴中国梦的信心，都是指引和支撑中国人民站起来、富起来、强起来的强大精神力量。"[①] 马克思主义的信仰生活为当代中国人的精神世界提供了意义阐释、前进方向，是其思想灵魂和政治根本。面向全面建成社会主义现代化强国新征程，我们更要以此为遵循，牢记理想信念，矢志不渝、百折不挠，磨砺信仰、升华境界，从而坚定和自觉地为人民谋幸福、为民族谋复兴、为人类谋进步和为世界谋大同。

（三）持续优化获得感、幸福感、归属感相统一的和谐发展状态

中国式现代化依靠人民的创造伟力得以形成，其持续发展也离不开人民力量的发挥，这也就包含了人民群众的精神力量。在现代化发展过程中，我们需要推动人民生活全方位改善，进一步

---

① 习近平：《在庆祝改革开放 40 周年大会上的讲话》，人民出版社 2018 年版，第 42—43 页。

使得人民群众获得感、幸福感、归属感更加充实、更有保障、更可持续，让现代化建设成果更多更公平惠及全体人民。如果说现代化建设是一个总体性概念，那么作为其本质要求之一的丰富人民精神世界也具有这样的内在规定性，所以我们需要从总体上把握真实的发展状态。丰富人民精神世界是一个动态中向前发展的过程，其取得成效的表现在于人民群众的获得感、幸福感、归属感不断增加。以上三者之间相互联系、相互作用，共同构成了判定人民精神世界丰富程度的重要指标。也就是说，新时代丰富人民精神世界是治国理政的一项重要实践活动，党和政府要从精神文化领域不断增强广大人民群众的获得感、幸福感和归属感，努力营造更加优良的和谐发展状态，为不断丰富人民精神世界创造良好的社会环境。

第一，更可持续的获得感。丰富人民精神世界不仅仅要实现数量上的丰富，也要实现质量上的提升，这就与扎实推进精神生活共同富裕紧密联系在一起。为什么强调"共同富裕"，就是要"做大蛋糕"的同时也要"分好蛋糕"，在共享发展理念中维护社会公平正义。因此，获得什么、获得多少、如何获得等问题在精神生活共同富裕实践中显得越来越重要。人民群众丰富精神世界、不断提升精神生活领域的获得感应该体现为这样几个方面：一是对于精神文化资源获得感的增加，不断提升利用资源的能力，让这些资源充分涌流，成为保证广大人民群众精神文化生活的坚实根基；二是对于精神文化产品和服务获得感的增加，顺应新时代人民群众对于精神文化产品供给提出更高要求的时代趋势，用精准化、个性化的文化产品和服务来满足人们越来越多样化的精神文化需求，着力解决"好不好""精不精"的问题；三是对于精神文化权益获得感的增加，让大家更加自觉运用和维护自身的精神文化权益，在推进精神生活共同富裕中用"最大公约数"对整个社会价值取向产生积极的正面引导作用。

　　第二，更有保障的幸福感。幸福感相较于获得感来说更具有浓厚的主观色彩，但是幸福感必须通过强有力的保障才能持续存在。丰富人民精神世界的幸福感是个体价值和精神享受的满足感，也是人民昂扬向上精神状态和奋发有为精神风貌的实践感，总之是时代新人在践行历史使命的奋斗中形成起来的。正如习近平总书记所说："幸福都是奋斗出来的，奋斗本身就是一种幸福。"① 在这里，我们要特别说明一点，新时代中国共产党人将能为之提供强大的政治保障、规范的法治保障、健全的制度保障和有力的物质保障，也让作为中国式现代化本质要求的丰富人民精神世界不断走向更高阶段具备了良好基础。不仅如此，新时代新征程以中国式现代化全面实现中华民族伟大复兴是一个长期性过程，在此过程中要通过丰富人民精神世界来培养更多的堪当民族复兴大任的时代新人，这一历史使命决定了幸福感既要关注当下，也要积极面向未来，并且幸福感的实现离不开党和国家强力保障带来的安全感。党和国家努力提升丰富人民精神世界的安全感除了常规领域以外，要更加注重意识形态安全、虚拟空间的精神交往安全等，特别是警惕夹杂其中的外来思想文化挑战，坚决杜绝可能导致的负面、颓废的精神生活。

　　第三，更为强烈的归属感。丰富人民精神世界是一个关系到个体发展和社会进步前进方向的问题，其本质上是"为谁培养人、怎样培养人"的问题。也就是说，丰富人民精神世界作为一个过程有着其重要的目标指向，即我们通常所说的"归属感"。这种归属感主要体现为以下几点：首先体现为历史归属感，即对中华民族五千年文明史、中国共产党历史、新中国史、改革开放史、社会主义发展史等要有客观认识和准确把握，自觉认同历史文化传统，汲取宝贵的历史经验，在掌握历史主动中提升自身发

_____

① 习近平：《在北京大学师生座谈会上的讲话》，人民出版社 2018 年版，第 12 页。

展；其次体现为民族归属感，也就是要坚定树立中华民族共同体意识，主动强化民族认同、文化认同，在提高凝聚力的同时向世界展现中华民族的蓬勃生机；再次体现为国家归属感，坚决拥护社会主义中国，让自己扎根中国大地、不断厚植爱国情怀，用实际行动报国强国；最后体现为政治归属感，是对中国共产党领导的衷心拥护和支持，是对中国特色社会主义道路的坚定不移和发展，如此能够有效澄清各种模糊认识，凝神聚力、团结一致朝着社会主义现代化强国的目标奋斗。

三　丰富人民精神世界的实践进路

丰富人民精神世界不仅是一个重大的理论课题，也是一个直接关系到中国式现代化发展前景的重大实践命题。党的十八大以来，以习近平同志为核心的党中央高度重视精神文明建设，大力提升精神文化产品生产、供给和消费的质量，让人民在享有更加充实、更为丰富、更高质量的精神文化生活中极大丰富了精神世界。随着我们全面进入建设社会主义现代化国家的新征程，要想不断提升崇高的精神境界、不断满足美好文化生活需要以及持续优化和谐发展状态，就必须从目标导引、根本之策、重要支撑和深耕基础等多个方面来丰富人民精神世界，从而以精神独立推进文化自信自强，铸就社会主义文化新辉煌，以中国式现代化全面推进中华民族伟大复兴。

（一）以培养堪当民族复兴大任的时代新人为目标导向

中国式现代化是以人民为中心的现代化，作为本质要求之一的丰富人民精神世界更是直接鲜明地指向"人的现代化"。从这个角度来看，丰富人民精神世界就是要培育时代新人。习近平总书记多次强调"培养担当民族复兴大任的时代新人"是关系我国前途命运的战略使命和任务，特别是党的十八大以来，中国特色社会主义进入新时代，时代新人成为"我国发展新历史阶段的新力量，是中国特色社会主义事业的新主体"①。丰富人民精神世界从层次上来说，既要有针对性地应对社会总体精神面貌和个体精神状态的内在差异，又要积极协调好精神生活主导性与多样性之间的矛盾，还要化育全体人民的心灵世界、文化世界和信仰世界。为此，我们必须强化对于时代新人培育的思想引领，在牵引时代新人理论自觉、价值自省、文化自觉、舆论自立中构筑美丽的精神家园，围绕时代新人这一根本育人导向努力做到"育"之有方、"育"之有力和"育"之有效。

一是强化理论引领，用马克思主义及其中国化理论成果武装时代新人。在扎实推动共同富裕、促进精神生活共同富裕的新发展阶段，要继续坚持马克思主义指导地位，用习近平新时代中国特色社会主义思想铸魂育人，把马克思主义信仰置于时代新人精神生活的制高点，引导时代新人从历史和现实、理论和实践、当前和未来、国内与国际等方面深刻认识自己、认识社会和认识世界，并通过理论武装让自己成为有天下观的爱国者、有理想的奋斗者、有本领的实干者、有担当的开拓者。二是强化价值引领，用社会主义核心价值观涵养时代新人的精神世界。一方面要加快社会主义核心价值观的大众化传播，特别是充分发挥先进榜样的引领示范作用，让时代新人向英雄学习、向前辈学习、向榜样学习；另一方面，要用社会主义核心价值观引领多元化的社会思潮，对时代新人不同层面的精神生活质量、不同群体时代新人精神生活的要求进行精准把握，努力发挥好社会主义核心价值观"疏解矛盾""黏合分歧""凝聚共识"的重要作用。三是强化文

---

① 刘建军：《论"时代新人"的科学内涵》，《思想理论教育》2019 年第 2 期。

化引领，用中华优秀传统文化推进中华民族共同体意识的形成。时代新人也是中华儿女，它的精神根基仍然是悠久灿烂的中华文明，因此用中华优秀传统文化来滋养、培育时代新人具有基础性意义。要努力推进"两个结合"，坚持"两创"方针，让时代新人在历史与时代中贯通意义世界、民族愿景，在情感融合、观念相通中形成中华民族共同体意识，打造全体中华儿女共有的精神家园。四是强化舆论引领，用风清气正的舆论环境塑造自觉自信的时代新人。习近平总书记特别指出："要加强促进共同富裕舆论引导，澄清各种模糊认识，防止急于求成和畏难情绪，为促进共同富裕提供良好舆论环境。"① 这一重要论断对于培育时代新人同样适用。其中，我们要格外加强网络空间精神文明建设，对错误观点、错误认识要敢于斗争、善于斗争，提升时代新人明辨是非、分清善恶的能力。

（二）以扎实推动精神生活共同富裕为首要之策

丰富人民精神世界作为推动精神生活共同富裕的基本向度，同样需要精神生活共同富裕实践来为其创造更为丰富的精神文化产品、更为多元的精神文化要素和更为优良的精神文化环境。要想扎实推动精神生活共同富裕，最根本的在于必须始终坚持以人民为中心的发展思想，努力做到精神文化的发展依靠人民、精神文化发展成果由人民共享，不断回应和满足新时代新征程人民精神世界丰富活动中所需要、所期盼、所急切的时代内容。与此同时，更要发挥出广大人民群众的主体性、创造性和积极性，通过高质量发展不断提升人民群众美好生活品质，在丰富的精神文化生活中为人民提供精神指引、构筑精神家园。以此为根本遵循，扎实推动精神生活共同富裕来丰富人民精神世界，需要做到以下

---

① 习近平：《扎实推动共同富裕》，《求是》2021 年第 20 期。

几点。

一是要推动文化事业高质量发展，在繁荣文化产业、提升文化服务过程中努力提高人民群众的精神文化生活品质。重点发展公共文化事业，完善公共文化服务体系，生产出一批具有鲜明时代特色、显著文化影响力和深受人民群众喜闻乐见的文化产品。不仅如此，不断丰富人民精神世界要把融合中国风格和世界视野的中国自主的知识体系放在重要位置，推出更多有学理深度、学术厚度和学术辨识度的研究成果，不断加大基础研究、应用研究和综合研究的力度，通过学科体系、教材体系、教学体系和话语体系等协同发展不断提升人民群众特别是广大青年群体的精神境界。二是要以共享为核心推进精神文化产品分配，改善精神生活已经存在的"享有差距"问题，更好预防后续发展可能出现的不公平不正义现象。其中，要通过制度建设，主要是经济分配制度的改革与完善，让精神文化发展的成果被更多人所享有，让共享发展理念打造人人享有、人人参与、人人创造的良好格局，用共享带动共情，让广大民众的心灵生活、文化生活和信仰生活实现高度统一。三是要在求同存异中促进精神交往，构建高度文明、高度融合、高度自信的精神共同体。人是社会关系的产物，丰富人民精神世界是社会实践的内容，也必须在社会实践中进行。通过思想文化引领、正面舆论宣传等来推动人们之间的精神文化交流，并且在实现民族伟大复兴过程中进一步拓展交流空间、深化交流领域、延伸交流范围，努力做到消弭差异、增进共识、凝聚思想、统一行为。四是要在提质增效中满足人民群众日益增长且多样性的精神消费，在确证个体精神意义中增强其获得感、幸福感和归属感。同时，通过精神消费反馈出来的问题，还必须加强精神文化产品生产和服务提供，持续优化精神生活的供给格局，让丰富人民精神世界为本质要求的中国式现代化道路越走越宽、越走越好。

（三）以大力推进社会主义文化强国建设为重要支撑

没有社会主义文化的大发展大繁荣，也就没有社会主义现代化的大发展大繁荣。因此，丰富人民精神世界必须增强文化自信，要在围绕举旗帜、聚民心、育新人、兴文化、展形象建设社会主义文化强国中为其注入源源不断的动力。

首先，必须始终坚持和加强党的全面领导，以党的坚强领导推进社会主义文化强国建设，在明确方向中确保丰富人民精神世界朝着社会主义道路前进。丰富人民精神世界是一项极为艰巨的复杂事业，特别是在当前思想文化领域多元化多样化特征更加明显、意识形态领域风险挑战更加隐匿多发的情况下，坚持以党的领导来举旗定向，用强有力的政治保障才能确保这一进程不会出现重大偏差，不会带来颠覆性的错误。要把党的全面领导贯穿于这一实践活动的全过程，并且通过党的领导来推动中国式现代化高质量发展，不断增强党的自身建设和长期执政能力，在全面深化改革中为丰富人民精神世界、培育时代新人创造良好的制度环境。其次，必须坚持马克思主义在意识形态领域指导地位的根本制度，巩固全党全国各族人民团结奋斗的共同思想基础。要大力弘扬以伟大建党精神为源头的中国共产党人精神谱系，深入开展社会主义核心价值观宣传教育，深化爱国主义、集体主义、社会主义教育，持续推进党史学习教育常态化，在坚决反对和驳斥"历史虚无主义"等错误思潮中营造良好的社会文化生态。还有，要重点推进文化建设领域的重大项目、重大工程，充分发挥其对于丰富人民精神世界、优化精神文化环境的带动作用。既要推进新时代哲学社会科学的创新工程和社科普及工作，提升公众人文素养，也要积极推进新时代公民道德建设工程，弘扬中华美德，提高全社会文明程度，以文化人，善化乡邦，优化治理。此外，要更加强调文学艺术工作的重要性，在秉持以人民为中心的创造导向中生产更多思想深邃、价值正确、积极向上的优秀文化艺术作品，更好发挥以文弘业、以文培元，以文立心、以文铸魂的强大功用。

（四）以守正创新繁荣中华文明为深厚基础

习近平总书记指出："中华文明延续着我们国家和民族的精神血脉，既需要薪火相传、代代守护，也需要与时俱进、推陈出新。"① 在历史中赓续发展所形成的中华文明是中国人精神世界赖以生存的沃土，在时代传承与发展中更离不开这一深厚基础。因此，我们要在守正创新中发展和繁荣中华文明，使其与时代同呼吸、与人民共命运，在同频共振中以中华文化特有的价值追求和人文关怀来丰富当代中国人的精神世界。

一方面，要加强对中华文明的历史保护，系统整理研究中华文化基因的理念体系，不断深入挖掘中华文明中的思想精华，特别是中华优秀传统文化中的仁爱、民本、诚信、正义、和合、大同等思想，通过"融入到社会主义核心价值观之中，成为现代中国人自觉遵循的道德规律和行为准则"②。加强历史考古研究，加大历史文物遗迹的保护力度，让更多的文物和文化遗产活起来，让其承载的中华文化、中国精神等深刻意蕴重新焕发出来并有效融入人民群众的日常生活，在潜移默化中影响和丰富人民的精神世界。另一方面，以内容创新、形式创新、载体创新等多样化渠道激活中华优秀传统文化活力，对传统文化进行创造性转化、创新性发展，使之与现实人民群众的精神世界相融相通，以文化中国丰富人民精神世界，增进当代中国人对于中华民族的文化认

---

① 习近平：《在哲学社会科学工作座谈会上的讲话》，人民出版社 2016 年版，第 17 页。
② 范赟、王月清：《论习近平总书记系列重要讲话中的中华传统文化理念和情怀》，《理论学刊》2014 年第 9 期。

同、历史认同和情感认同。此外，中华文明在守正创新中丰富人民精神世界，还需要讲好中华文明故事，以深厚强大的文明自信为新时代中国人精神世界的极大丰富创造良好条件。我们要基于中华文化资源宝库多元创作，分众传播，讲好中国故事，推动中华文化更好走向世界，显著提升中华文化影响力的同时，让广大人民群众感受到中华文明、中国文化更鲜亮、更生动，进而为丰富自我精神世界注入强大的历史自信和文化自信。

论中国式教育现代化的意蕴
及其实践逻辑*

陈建华①

摘　要　党的二十大报告提出了中国式现代化的重大理论论断，也向教育研究领域提出了中国式教育现代化的重大理论课题。中国式教育现代化是中国式现代化的重要组成部分，具有自身的独特内涵：一是坚持以马克思主义为指导，以科学的思想和方法论引领教育高质量发展；二是坚持中国共产党领导，培养有理想有担当的社会主义接班人；三是坚持人民至上，办人民满意的教育。中国式教育现代化植根于中华优秀传统文化，吸收人类文明成果，以高质量发展为内在要求，以创新驱动为不竭动力，推动建设人类命运共同体。推进中国式教育现代化的实践逻辑在于：顶层设计和实践探索结合；在守正基础上创新；把握问题导向和探寻解决方法并重；效率与公平兼顾；活力与秩序统一；自立自强与对外开放并举。

---

* 原载《南京社会科学》2023 年第 4 期。
① 陈建华，上海师范大学教育学院教授、博导。

关键词　中国式现代化；中国式教育现代化；理论内涵；实践逻辑

党的二十大报告提出了中国式现代化的重大理论论断，也向教育理论领域提出了中国式教育现代化的重大理论课题，在推进社会主义教育强国建设、科技强国和人才强国的背景下，探索中国式教育现代化的理论内涵和实践逻辑成为教育理论工作者的重要使命。

一　教育现代化与中国式现代化同向同行

（一）中国式现代化是中国现代化建设的重大理论创新

习近平总书记在党的二十大报告中庄严宣告："从现在起，中国共产党的中心任务就是团结带领全国各族人民全面建成社会主义现代化强国、实现第二个百年奋斗目标，以中国式现代化全面推进中华民族伟大复兴。"① 中国式现代化是党的二十大报告的一个重大亮点，是我国现代化理论的一个重大丰富和发展，也是一个重大的理论创新点。

中国式现代化向世界阐明了现代化建设的中国声音、中国方案、中国经验和中国主张，呈现了现代化发展的新样态，丰富了世界现代化的理论与实践，为那些既希望开放发展又希望独立自主的发展中国家提供了很好的路径选择。中国式现代化有其自身的科学内涵和理论体系，它对今后整个中国社会的政治、经济、

---

① 习近平：《高举中国特色社会主义伟大旗帜　为全面建设社会主义现代化国家而团结奋斗——在中国共产党第二十次全国代表大会上的报告》，人民出版社 2022 年版，第 21 页。

教育、文化和军事工作均有重要的指导价值。

（二）　教育现代化与中国式现代化同向同行

党的二十大报告强调，"教育、科技、人才是全面建设社会主义现代化国家的基础性、战略性支撑"①，首次将教育、科技、人才一体化安排部署，赋予教育新的战略地位、历史使命和发展格局，明确提出到 2035 年建成教育强国、科技强国和人才强国的目标要求。从中可以看到，在强调教育、科技、人才的基础性、战略性支撑地位中，教育居于首位；在 2035 年的强国建设目标中，教育强国也居于首位。

教育现代化是中国式现代化的组成部分和重要基础，如何应对中国式现代化的基本要求，加快推进教育现代化支撑中国式现代化，助力实现中华民族伟大复兴是作为基础性、战略性支撑的教育应当承担的责任与使命。2020 年 8 月，习近平总书记在经济社会领域专家座谈会上强调："时代课题是理论创新的驱动力。"②中国式现代化作为一个最重要的时代课题，为教育现代化提供了动力和理念的支持。中国式现代化迄今为止取得的经济和制度建设方面的成就，为教育现代化提供了物质和制度的支持。尤其是"中国式"的表述，彰显了一个大国推进现代化建设的磅礴大气和自信豪迈，在思维方法上对教育现代化建设具有重要的启示。

概括而言，中国式现代化这样一个重要论断和重大时代课题，为中国教育现代化提供了物质条件、制度支持、思想指导和思维方法启示，中国式现代化呼吁教育领域开展中国式教育现代化的探索和研究。在此背景下，"中国式教育现代化"的表述就

---

① 习近平：《高举中国特色社会主义伟大旗帜　为全面建设社会主义现代化国家而团结奋斗——在中国共产党第二十次全国代表大会上的报告》，人民出版社 2022 年版，第 33 页。

② 《习近平在经济社会领域专家座谈会上的讲话》，http：//www. gov. cn/xinwen/2020 - 08/25/content_ 5537101. htm，2020 年 8 月 25 日。

应运而生了。

中国式现代化是中国共产党领导全国各族人民在长期探索和实践中历经千辛万苦、付出巨大代价取得的重大成果。近代以来，整个中国社会的现代化经历了一个由发生到发展、由低水平到高水平、由模仿借鉴到自主创新的曲折的历史过程。自 1840 年开始到新中国成立之前，近代中国尝试的是一条亦步亦趋西方的现代化道路。起初是洋务运动时期重在学习西方器物的"中学为体，西学为用"，然后是注重引进西方先进制度的维新变法，再然后是主张思想观念革命的新文化运动。尽管无数仁人志士在中国现代化道路上进行了苦苦求索，尝试了各种办法，但均以失败告终。只有在中国共产党的正确领导下，建立了人民当家作主的中华人民共和国，实现了民族独立和人民解放，才为追求现代化创造了根本社会条件。中华人民共和国成立之后，确立了社会主义基本制度，推动了中华民族有史以来最为系统而深刻的社会变革，建立起独立完整的工业体系和国民经济体系，社会主义建设取得了独创性理论成果和巨大成就，为现代化建设奠定了宝贵经验、理论准备和物质基础。改革开放以来，我们党把工作中心转移到经济建设上来，以创新为发展动力，实行社会主义市场经济体制，实现了中国人民从"站起来"到"富起来"进而到"强起来"的历史性跨越，为中国式现代化提供了丰沛的物质条件和充满活力的体制机制。尤其是党的十八大以来，我们党在已有基础上接续奋进，不断实现理论和实践上的创新突破，成功推进和拓展了中国式现代化。

在中国人民探索现代化的艰辛进程中，无论是哪一个阶段，教育均发挥着重要的作用。从历史发展来看，中国教育现代化与近代以来中国社会现代化同向同行，结伴互动，同样经历了一个由发生到发展、由低水平到高水平、由模仿借鉴到自主创新的历史过程，虽然在此过程中遭遇一些曲折甚至是挫折，但最终结果是总体上持续推动了中国特色、世界水平现代教育体系的建立和完善，为我国经济社会的现代化、国家的现代化和国民素质的现代化提供了有力支撑。①

二　中国式教育现代化的独特意蕴

教育在推进中国式现代化过程中承担基础性、战略性支撑的地位，它能够为建设社会主义现代化强国做出自己的重要贡献。第二个百年奋斗目标的确立，赋予了中国式现代化在中华民族复兴过程中独特的使命与责任，同时也为教育理论领域提出了中国式教育现代化的重大课题。在此背景下，探讨中国式教育现代化的独特意蕴就具有非常重要的价值。中国式教育现代化的独特意蕴集中体现在"中国式"上，所谓"中国式"，就是力图在教育现代化探索进程中发出中国声音、提供中国方案、呈现中国智慧和表达中国主张，为整个世界的教育现代化做出中国独特的贡献。

（一）中国式教育现代化是社会主义的教育现代化

2018 年，习近平总书记在全国教育大会上明确指出，"我们要坚持我国教育现代化的社会主义方向"②。中国式教育现代化的首要特征在于，它明显不同于西方资本主义的教育现代化，它的根本性质是社会主义教育现代化。

1. 坚持中国共产党的全面领导

坚持中国共产党的全面领导，是推进中国式教育现代化的基

---

① 这一观点受中国教育学会秘书长杨银付的启发。2022 年 12 月，中国教育学会教育哲学研究分会召开第 21 届学术年会，杨银付秘书长在会上做了富有启发和指导意义的致辞。

② 《习近平谈治国理政》第 3 卷，外文出版社 2020 年版，第 348 页。

本前提和根本保证。中国共产党领导是中国特色社会主义最为本质的特征，也是中国特色社会主义制度的最大优势。教育事业是"党之大计""国之大计"，必须不断加强党对教育事业的全面领导。"我国是中国共产党领导的社会主义国家，这就决定了我们的教育必须把培养社会主义建设者和接班人作为根本任务，培养一代又一代拥护中国共产党领导和我国社会主义制度、立志为中国特色社会主义奋斗终身的有用人才。"①

坚持中国共产党的全面领导，在教育领域就要坚持社会主义的办学方向，培养有理想、有本领、有担当的合格的社会主义建设者和可靠的接班人。坚持中国共产党的领导，就要加强意识形态对教育事业的影响与控制，充分发挥党对学校意识形态工作的主动权和领导权，紧紧抓住意识形态工作的话语权，传播社会主义核心价值观。坚持中国共产党的领导，就是要健全党对教育事业全面领导的体制机制。在中小学落实党组织领导下的校长负责制，是坚持为党育人、为国育才，保证党的教育方针和党中央决策部署在中小学校得到贯彻落实的必然要求。②

2. 坚持以马克思主义为指导

坚持以马克思主义为指导，为中国式教育现代化提供了科学的思想和方法论基础。马克思主义是我们立党立国的根本指导思想。中国社会主义建设以马克思主义思想为指引，马克思主义中国化时代化带领中国社会主义建设从胜利走向胜利，马克思主义的科学性和真理性得到了充分的实践检验。"在历史和人民的选

---

① 《习近平在全国教育大会上强调，坚持中国特色社会主义教育发展道路，培养德智体美劳全面发展的社会主义建设者和接班人》，http：//www.moe.gov.cn/jyb_ xwfb/s6052/moe_ 838/201809/t201809 10_ 348145.html，2018 年 9 月 10 日。

② 中共中央办公厅印发《关于建立中小学校党组织领导的校长负责制的意见（试行）》，http：//www.gov.cn/zhengce/2022－01/26/content_ 5670588.htm，2022 年 1 月 26 日。

择中，马克思主义成为我国社会主义教育最鲜亮的底色。"①

马克思主义能够教会我们以科学的立场观点方法观察世界，分析目前教育面临的问题，把握教育发展趋势与走向，引领教育高质量发展。不坚持马克思主义在教育领域中的指导地位，我们的教育就会失去前途和方向，处于迷惘和困惑之中。

3. 坚持以人民为中心发展教育

坚持以人民为中心发展教育，确立了中国式教育现代化的根本价值方向。党的二十大报告指出："人民性是马克思主义的本质属性，党的理论是来自人民、为了人民、造福人民的理论。"②一切脱离人民的理论都是空洞乏力的理论，一切不为人民谋幸福的理论都是没有生命力的理论。"我们要站稳人民立场、把握人民愿望、尊重人民创造、集中人民智慧，形成为人民所喜爱、所认同、所拥有的理论，使之成为指导人民认识世界和改造世界的强大思想武器。"③

中国式教育现代化必须坚持人民至上，办人民满意的教育。要着力解决人民群众在教育上的急难愁盼问题，满足人民群众对美好教育的追求，从满足人民群众"有学上"的基本需求转化为满足人民群众"上好学"的发展需求，不断增加人民群众的教育获得感，不断促进教育改革成果更多更公平地惠及全体人民。

从本质上分析，中国式教育现代化属于社会主义现代化。中国式教育现代化必须坚持中国共产党的全面领导，必须坚持以马克思主义为指导，必须坚持以人民为中心，三个"坚持"阐明了中国式教育现代化的根本性、全局性和方向性的问题，它为新时

---

①　《习近平总书记教育重要论述讲义》，高等教育出版社 2020 年版，第 94 页。

②　习近平：《高举中国特色社会主义伟大旗帜　为全面建设社会主义现代化国家而团结奋斗——在中国共产党第二十次全国代表大会上的报告》，人民出版社 2022 年版，第 19 页。

③　习近平：《高举中国特色社会主义伟大旗帜　为全面建设社会主义现代化国家而团结奋斗——在中国共产党第二十次全国代表大会上的报告》，人民出版社 2022 年版，第 19 页。

代中国教育现代化建设指明了正确的政治方向。

（二）中国式教育现代化是植根中华优秀传统文化、吸收人类文明成果的教育现代化

习近平总书记在学习贯彻党的二十大精神研讨班开班式讲话中指出："要守好中国式现代化的本和源、根和魂，毫不动摇地坚持中国式现代化的中国特色、本质要求、重大原则，确保中国式现代化的正确方向。"[①] 中国式现代化的本和源、根和魂，既来自马克思主义的正确指导，又来自中华优秀传统文化。中国式现代化具有中华优秀传统文化的优秀基因，借鉴吸收了一切人类优秀文明成果，代表人类文明进步的发展方向，是一种人类文明的新形态。

习近平总书记高度重视中华优秀传统文化的继承与弘扬，他认为优秀传统文化是一个国家和民族传承与发展的根本，丢弃优秀传统文化，就等于割断了精神命脉。他在党的二十大报告中明确指出："中华优秀传统文化源远流长、博大精深，是中华文明的智慧结晶，其中蕴含的天下为公、民为邦本、为政以德、革故鼎新、任人唯贤、天人合一、自强不息、厚德载物、讲信修睦、亲仁善邻等，是中国人民在长期生产生活中积累的宇宙观、天下观、社会观、道德观的重要体现，同科学社会主义价值观主张具有高度契合性。"[②] 中国式现代化，打破了现代化等同于西方化的迷信，呈现了发展中国家追求独立自主的现代化的美妙图景，为发展中国家的现代化道路提供了中国方案。中国式现代化独立自主的路径选择为我们追求教育现代化树立了典范，具有深刻的指导价值。

---

① 《习近平在学习贯彻党的二十大精神研讨班开班式上发表重要讲话强调　正确理解和大力推进中国式现代化》，《人民日报》2023 年 2 月 8 日第 1 版。

② 习近平：《高举中国特色社会主义伟大旗帜　为全面建设社会主义现代化国家而团结奋斗——在中国共产党第二十次全国代表大会上的报告》，人民出版社 2022 年版，第 18 页。

1. 开展中华优秀传统文化教育，为中国式教育现代化铸魂培根

文化兴则国运兴，文化强则民族强。没有高度的文化自信，没有文化的繁荣昌盛，就没有中华民族的伟大复兴。继承和弘扬中华优秀传统文化、积极培养民族共同体意识，对于中华民族的伟大复兴具有重要价值。在教育领域，要扎实开展传统文化教育，为中国式教育现代化铸魂培根。

开展中华优秀传统文化教育，梳理、提炼与弘扬中华民族优秀教育传统，可以为中国式教育现代化建设提供发展的精神动力。在教育领域，认真梳理和提炼蕴含于经典之中的中华优秀教育传统，比如道德为先、尊师重教、中和位育、学思结合、知行合一、学以成人等优秀传统，可以为解决西方教育现代化过程中难以回避的"理性至上""功利至上"等现代性困境问题提供纠偏方案，进而为中国式教育现代化提供发展的精神动力，最终为实现中国式教育现代化铸魂培根。

2. 克服西方教育现代化弊端，阐释中国式教育现代化文化基因

著名学者沈湘平指出："我们探寻中国式现代化道路的传统文化根基不是简单地将整个传统文化作为根基，而是要坚持现实导向、问题导向，即从解答西方现代化总问题的角度去反思。"[①] 无独有偶，著名国学大师季羡林先生于 20 世纪 80 年代末提出东西方文化是"三十年河西，三十年河东"的著名论断，认为西方文化要吸收东方文化的精华，二者融会贯通，形成新的人类文化。

西方教育现代化发展到今天，取得了一些成就，但也带来不少问题。与西方教育现代化进程如影相随的科学主义、功利主义和虚无主义，就给当代社会和当代教育带来了许多负面影响，导致教育领域出现了许多问题，以儒家思想为主的中华优秀传统文

---

① 沈湘平：《中国式现代化道路的传统文化根基》，《中国社会科学》2022 年第 8 期。

化可以帮助解决这些问题，进而克服西方教育现代化的弊端。中国式教育现代化必须重视挖掘中华优秀教育传统智慧，在推进过程中必须重视传统与现代的整合，反对把传统与现代对立起来的观念。中华优秀教育传统中蕴含着中国式教育现代化的文化基因与文化密码，要充分尊重它在现实教育活动中的反映和价值。通过梳理、挖掘、提炼和渗透中华优秀教育传统，有助于形成具有深厚文化底蕴的教育话语，诠释中国式教育现代化的文化基因，最终建设具有中国特色、世界一流的教育现代化体系。

（三）中国式教育现代化是追求高质量发展的教育现代化

党的二十大报告中指出："贯彻新发展理念，着力推进高质量发展，推动构建新发展格局。"[①] 高质量发展是全面建设社会主义现代化强国的首要任务。高质量发展是中国式教育现代化的内在要求，是新时代中国教育现代化的重要主题。以教育高质量发展推进中国式教育现代化，构建教育高质量发展新格局，是中国式教育现代化的责任担当和使命选择。

2021 年，党的十九届五中全会通过《中华人民共和国国民经济和社会发展第十四个五年规划和 2035 年远景目标纲要》，明确提出"建设高质量教育体系"的战略任务。中国式教育现代化的目标是实现教育高质量发展，坚持教育"质"的提升和"量"的增长之间的协调发展，推进教育强国建设。处于新时代的中国式教育现代化，必须贯彻新发展理念，构建新发展格局，把握教育高质量发展的丰富内涵和现实要求。

1. 贯彻新的教育发展理念

传统经济学发展观有一个主导思想，它把工业增长等同于社

---

① 习近平：《高举中国特色社会主义伟大旗帜　为全面建设社会主义现代化国家而团结奋斗——在中国共产党第二十次全国代表大会上的报告》，人民出版社 2022 年版，第 8 页。

会发展，把发展等同于经济增长，认为效率是压倒一切的中心任务，它对经济要素的考虑超越了其他非经济要素，把 GDP（国民生产总值）及人均国民收入的增长作为发展的重要指标甚至唯一的评定标准。这种单纯注重经济增长的发展观，其背后的指导思想是物质主义和功利主义，它并没有产生预期的良好效果，相反却有可能带来诸多社会问题，如环境恶化、分配不公、通货膨胀、风气低俗、失业剧增、贫富悬殊和社会动荡等。

从高速增长转向高质量发展，是中国经济领域从量变到质变的一个飞跃。教育领域也不例外，应当从片面追求量的增加的外延式发展转变为追求质的提升的内涵式发展。中国式教育现代化注重教育的内涵式发展，这种新的内涵式教育发展，超越了西方社会追求的功利主义兴味浓厚的教育发展模式，它体现了新的发展理念，是创新成为第一动力，协调成为内生特点，绿色成为普遍形态，开放成为必由之路，共享成为根本目的的教育发展。

2. 坚持人的发展与社会发展的协调统一

教育发挥自身的功能有两个重要的维度，其一是促进人的发展，其二是促进社会的发展。单单强调其中一个都有可能产生偏颇；只有坚持二者之间的协调统一，才能发挥教育功能的最佳效果。中国式教育现代化领域中的高质量教育体系建设，超越了西方社会片面地注重效率的发展观，它坚持促进人的发展和促进社会发展的协调一致，坚持服务人的自由全面发展和服务经济社会发展相结合，避免了西方社会教育现代化过程中难以克服的各种两难纠结。

坚持人的发展与社会发展的协调统一，保证教育高质量发展具有正确的目的与方向，在此基础上教育高质量发展为中国式教育现代化提供品质的保障。在具体操作层面，高水平教育普及、高质量教育公平、高标准课程配置、一流教师队伍建设以及治理体系和治理能力的现代化成为教育高质量发展的重要内容与抓手。在推进中国式教育现代化的过程中，教育领域要做好统筹规划，扎实开展各个方面的工作，最终推进教育高质量发展。

（四）中国式教育现代化是创新驱动的教育现代化

创新是一个国家和民族发展的不竭动力。党的二十大报告指出："实践没有止境，理论创新也没有止境。"[①] 正如中国式现代化是我们党历经千辛万苦而取得的创新性伟大成果一样，中国式教育现代化同样是创新驱动的教育现代化。

创新驱动的中国式教育现代化既包括理论创新，也包括实践创新。要推进中国式教育现代化的理论创新，必须准确把握马克思主义的世界观和方法论，坚持好、运用好贯穿其中的立场观点方法。教育理论工作者要在马克思主义思想指导下，聚焦中国式教育现代化过程中的基本问题、重大问题和瓶颈问题，深入开展研究，凝练创新性研究成果。比如，深入研究中国式教育现代化的内涵、特征与路径；研究百年以来中国教育现代化与国家现代化之间的历史关系；对改革开放以来，尤其是党的十八大以来习近平总书记有关推动教育现代化的重要论述进行学理论证和阐释；在当今世界百年未有之大变局加速演变和中华民族伟大复兴进入不可逆转历史进程的背景下，回应中国式教育现代化必须回答的"时代之问"：培养什么人？怎么培养人？为谁培养人？教育理论工作者在系统研究基础上，提炼创新性理论成果，用以指导具体的教育实践活动。

概括而言，通过理论创新促进实践创新，推进中国式教育现代化，加快建设社会主义教育强国。改革开放以来，我国在教育理论创新方面积累了一些经验。一是通过回应时代课题，开展教

---

① 习近平：《高举中国特色社会主义伟大旗帜　为全面建设社会主义现代化国家而团结奋斗——在中国共产党第二十次全国代表大会上的报告》，人民出版社 2022 年版，第 18 页。

育大讨论。迄今为止，开展了关于教育本质、人的全面发展、素质教育和教育市场化方面的讨论，这些讨论促进了教育理论创新。二是从传统文化中汲取养料。教育理论工作者坚持文化自信，认真研读经典，从经典中梳理中华民族优秀教育传统，从传统文化中汲取养料来滋养教育理论创新。三是开展教育实验探索，推进教育理论创新。中国教育理论的创新与发展，离不开生动鲜活的教育实验探索。改革开放以后，以叶澜教授为代表的新基础教育实验，以朱永新教授为代表的新教育实验，以及裴娣娜教授主持的主体教育实验，各地参与的学校数量众多，在中国产生了比较大的影响，教育实验探索为教育理论创新提供了丰厚的土壤。

（五）中国式教育现代化是追求人类命运与共的教育现代化

党的二十大报告指出，中国式现代化必须坚持胸怀天下。中国共产党既是为中国人民谋幸福、为中华民族谋复兴的党，也是为人类谋进步、为世界谋大同的党。我们要拓展世界眼光，积极回应各国人民普遍关切，为解决人类面临的共同问题做出贡献，以海纳百川的宽阔胸襟借鉴吸收人类一切优秀文明成果，推动建设更加美好的世界格局。

当今世界面临着百年未有之大变局，在教育领域西方教育现代化以工具理性为指导，遭遇了诸多难题，如教育价值取向功利化、人的道德品质下降、教育意义感丧失和教育不公平等问题仍然存在。解决当今世界问题和教育问题的重要思路是加强全球团结和国际合作，树立人类命运共同体意识，追求命运与共的教育现代化。

正因为如此，中国式教育现代化既肩负着牢固树立中国人民人类命运共同体意识的重要使命，又承担着促进世界人民树立人类命运共同体意识的重要任务。教育学者靳玉乐和赵瑞雪认为：

"弘扬人类共同价值，推动文明交流互鉴，为解决人类面临的共同教育问题做出贡献，是中国教育现代化发展的重要议题。"① 在推进中国式教育现代化过程中，一方面要发掘优秀传统文化的基因，开展中华民族优秀教育传统教育；另一方面要学习一切西方文明成果，以独立自主、开放包容的心态推进教育现代化，与各国人民一起创造美好的教育新世界。不仅要积极开展人类命运共同体意识教育，还要开展中国教育与人类教育、生态教育间的协同意识教育。

三　中国式教育现代化的推进逻辑

2023 年 2 月 7 日，习近平总书记在学习贯彻党的二十大精神研讨班开班式上明确指出，推进中国式现代化是一个系统工程，需要统筹兼顾、系统谋划、整体推进，正确处理好顶层设计与实践探索、战略与策略、守正与创新、效率与公平、活力与秩序、自立自强与对外开放等一系列重大关系。② 习近平总书记的重要论述对推进中国式教育现代化具有重要指导意义。基于习近平总书记所强调的正确理解和大力推进中国式现代化必须把握的一系列重大关系的指引，结合教育领域的具体情况，我们认为中国式教育现代化在推进过程中必须遵循以下实践逻辑，才能实现教育强国之梦，促进中华民族的伟大复兴。

1. 顶层设计和实践探索结合

党的二十大报告提出："加强改革顶层设计，敢于突进深水区，

---

① 靳玉乐、赵瑞雪：《中国式教育现代化的发展逻辑》，《西南大学学报》（社会科学版）2023 年第 1 期。

② 《习近平在学习贯彻党的二十大精神研讨班开班式上发表重要讲话强调　正确理解和大力推进中国式现代化》，《人民日报》2023 年 2 月 8 日第 1 版。

敢于啃硬骨头，敢于涉险滩，敢于面对新矛盾新挑战，冲破思想观念束缚，突破利益固化藩篱，坚决破除各方面体制机制弊端。"①

　　中国式教育现代化是社会主义的教育现代化，在实践探索过程中必须基于顶层设计，这样才能把握方向与大局。所谓顶层设计，就是运用系统论的方法，从全局发展的高度，统筹规划改革的各个方面、各个层次和各个要素，以集中有效资源，做到远近结合、内容协调、上下贯通，高效快捷地实现目标。目前中国的教育改革已经进入深水区。在经济全球化、价值多元化背景下，教育改革的复杂性增加。教育活动不是纯粹和简单的活动，它与其他社会活动紧密关联，往往牵一发而动全身，当前学校改革的全局性增加。正因为如此，教育改革一定要加强顶层设计。教育领域的顶层设计，就是要坚持社会主义办学方向，体现教育高质量发展和教育强国建设的目标要求，落实教育的基础性和战略性支撑地位。顶层设计要求认真分析整个世界教育发展的大趋势，准确把握人民群众的共同教育愿望，深入探索经济社会发展规律，制定科学的体现时代性、把握规律性、富有创造性的教育规划和教育政策。

　　袁振国教授主持出版了一套 10 卷本的《教育现代化的中国之路》，总结了中国教育现代化之路的基本经验，他认为中国已经创造性地形成具有鲜明特色的"双优先"教育现代化模式，即"国家优先发展教育、教育优先满足国家发展需要"。② 教育事业属于"国之大计""党之大计"，顶层设计要落实与推进"双优先"的中国教育现代化模式，各级政府要充分重视和落实教育的基础性和战略性支撑地位，把教育放在优先发展的位置上，教育要优先满足国家整体发展的需要，满足社会主义现代化强国建设的需要。

---

　　① 习近平：《高举中国特色社会主义伟大旗帜　为全面建设社会主义现代化国家而团结奋斗——在中国共产党第二十次全国代表大会上的报告》，人民出版社 2022 年版，第 9 页。

　　② 袁振国：《双优先：教育现代化的中国模式——为改革开放四十周年而作》，《华东师范大学学报》（教育科学版）2018 年第 4 期。

顶层设计与实践探索相结合，在具体落实过程中就是要求把握好教育战略的原则性和教育策略的灵活性。在战略上要有充分自信，要走自己的路，把自己的命运牢牢地抓在自己手中；同时在策略上要灵活，要以创新的理念和丰富多样的方法手段推进中国式教育现代化。要把教育战略的原则性和教育策略的灵活性结合起来，灵活机动、相机应变、临机决断，在因地制宜、因势而动、顺势而为中把握战略的原则性与策略的灵活性。

2. 在守正基础上创新

推进中国式现代化要把握守正与创新之间的关系。"必须坚持守正创新"，"守正才能不迷失方向、不犯颠覆性错误，创新才能把握时代、引领时代"①。一方面要守好中国式现代化的本和源、根和魂，坚持中国式现代化的中国特色、本质要求和重大原则，确保中国式现代化的正确发展方向。另一方面要把创新摆在国家发展全局的突出位置，顺应时代发展要求，着眼于解决重大理论和实践问题。习近平总书记指出，推进中国式现代化"还有许多未知领域，需要我们在实践中去大胆探索，通过改革创新来推动事业发展，决不能刻舟求剑、守株待兔"②。

推进中国式教育现代化是一项探索性事业，同样需要在守正基础上追求创新。守正即始终牢记中国教育的底色和基因，始终坚持以马克思主义为指导，传承中华优秀传统文化的基因。坚持马克思主义是推进中国式教育现代化最鲜亮的底色，不坚持以马克思主义为指导，中国教育现代化就会失去灵魂、迷失方向。中华民族有上下五千年的文化积淀，推进中国式教育现代化必须坚守自己的文化基因，要在教育领域开展中华优秀传统文化教育，为推进中国式教

---

① 习近平：《高举中国特色社会主义伟大旗帜　为全面建设社会主义现代化国家而团结奋斗——在中国共产党第二十次全国代表大会上的报告》，人民出版社 2022 年版，第 20 页。

② 《习近平在学习贯彻党的二十大精神研讨班开班式上发表重要讲话强调　正确理解和大力推进中国式现代化》，《人民日报》2023 年 2 月 8 日第 1 版。

育现代化培根铸魂，树立民族自信和文化自信。要把改革创新作为推进中国式教育现代化的动力，教育工作者要以创新的理念、态度和方法对待教育工作，深化教育领域综合改革，转变人才培养观念，创新人才培养模式，优化教育内容，探索灵活多样的教育方法，通过创新积累教育改革新动能新优势，推动教育高质量发展。

3. 把握问题导向和探寻解决方法并重

习近平总书记指出："推进中国式现代化，是一项前无古人的开创性事业，必然会遇到各种可以预料和难以预料的风险挑战、艰难险阻甚至惊涛骇浪。"① 正因为如此，他强调推进中国式现代化"必须坚持问题导向"。② 把握问题导向也是推进中国式教育现代化的重要实践逻辑。所谓问题导向，就是强调把问题解决作为教育现代化建设的重点与方向，分析和解决问题成为教育现代化建设的重点，抓工作重点首先要抓住问题。

问题是时代的声音，理论是问题之树上绽放的美丽花朵。回应并指导解决中国式教育现代化过程中的问题是教育理论研究的根本任务和重要使命。教育属于复杂系统，今天我们所面临教育问题的复杂程度、解决问题的艰辛程度明显加大，给教育理论研究提出了很大挑战。教育学者刘保存等人的研究表明，尽管自新中国成立以来，中国式教育现代化建设取得了一系列丰硕的成果，但仍面临核心教育资源的供给存在不足、教育结构体系的优化调整相对滞后、教育对经济社会的支撑能力亟须提高、教育对外开放的整体布局仍待完善等挑战。③ 另外，教育功利化、教育

---

① 《习近平在学习贯彻党的二十大精神研讨班开班式上发表重要讲话强调　正确理解和大力推进中国式现代化》，《人民日报》2023 年 2 月 8 日第 1 版。

② 习近平：《高举中国特色社会主义伟大旗帜　为全面建设社会主义现代化国家而团结奋斗——在中国共产党第二十次全国代表大会上的报告》，人民出版社 2022 年版，第 20 页。

③ 刘宝存、苟鸣瀚：《中国式教育现代化：本质、挑战与路径》，《中国远程教育》2023年第 1 期。

发展不均衡、优质教育资源供给失衡和教育评价异化等问题也一直存在。我们要加强问题意识，聚焦教育现代化过程中存在的深层次瓶颈问题，聚焦广大人民群众关心的急难愁盼问题，加强教育理论研究，提出真正解决教育问题的新办法。

4. 效率与公平兼顾

推进中国式教育现代化要处理好效率与公平之间的关系，既要推进高效率的教育，又要维护社会公平，实现效率与公平的兼顾与统一。

教育现代化通常有自己的要求与指标，从教育的经济性要求看，主要追求效率，教育资源的投入和产出之比符合预期即体现了教育效率。而教育公平则属于教育的社会性要求与指标，主要强调教育资源的公平分配。社会公平是一个社会的理想与追求，教育公平则是社会公平的体现。教育公平指的是教育资源的合理性分配。褚宏启认为："教育公平包含着教育资源配置的三种合理性原则，即平等原则、差异原则和补偿原则，教育公平因之分为平等性公平、差异性公平和补偿性公平。"① 问题在于，二者会成为一种矛盾体，过度追求效率会影响教育公平，反过来也一样，过度追求教育公平会影响教育效率。而解决二者之间矛盾的唯一途径是树立一种正确的教育目的观，形成一种合理的教育价值导向，以此来协调效率和公平之间的矛盾与冲突。西方教育现代化的症结就在于过度重视教育中的工具理性而忽视价值理性，重视教育中的功利价值而不重视人的全面发展价值，导致教育现代化过程中产生一些难以克服的矛盾。中国式教育现代化是社会主义的教育现代化，一切以人民至上为指导思想，以增加人民群众的教育获得感为追求，以促进人的全面发展为最终旨归。在推进中国式教育现代化

---

① 褚宏启：《教育现代化的路径——现代教育导论》（第 3 版），教育科学出版社 2021 年版，第 217 页。

过程中，要克服二者之间的矛盾与冲突，树立效率与公平兼顾的教育目的观，在效率与公平之间取得协调统一。

5. 活力与秩序统一

推进中国式教育现代化，要把握活力与秩序的统一。活力与秩序是教育治理的两个目标，秩序代表着教育的有序、和谐与稳定，主要通过法律、制度和道德来规范社会上各种教育主体的行为，它是教育理性和教育安全的体现；而活力则指教育发展创新的生命力和教育形态的丰富多样性，它代表着教育主体蓬勃的创造力和无限的发展潜力。教育活力和教育秩序两者相辅相成，构成有机的统一体。

公平有序的教育治理不会导致教育活力的丧失，只有不合理的制度、不科学的管制才会导致教育活力的丧失。良好的教育秩序为人们创造力的绽放和潜能的发挥提供了基本前提。没有稳定安全的教育秩序，就没有健康发展的教育活力。反之，如果缺乏教育活力，人的创造性和发展潜能也难以得到发挥，人们参与现代化建设的积极性就难以有效地调动，教育活动就会因为缺乏创造性而陷入暮气沉沉的状态。教育活力的蓬勃绽放则会进一步促进良好教育秩序的建立。

中国式教育现代化应该创造一种既充满活力又拥有良好秩序的发展格局，呈现出活力和秩序的有机统一，实现活而不乱、活跃有序的动态平衡。在推进中国式教育现代化过程中，既要以不断创新的教育改革为现代化建设注入新的活力，为教育现代化建设增添强大的动力，又要营造安全、和谐与稳定的教育秩序。

6. 自立自强与对外开放并举

推进中国式教育现代化，要坚持自立自强与对外开放相结合。一方面，要坚持独立自主，自信自强，要有充分的理论自信、文化自信、制度自信和道路自信，坚持把中国教育发展放在自己力量的基点上，把中国教育发展的命运牢牢地掌握在自己手中。中国有自己独特的历史、文化和国情，中国的教育必须按照中国的特点和中国的实际办，这是推进中国式教育现代化必须坚持的正确道路。习近平总书记指出："脱离了中国的历史，脱离了中国的文化，脱离了中国人的精神世界，脱离了当代中国的深刻变革，是难以正确认识中国的。"① 独特的历史、文化和国情决定了中国式教育现代化必须坚持自立自强，走自己的改革与发展的道路。另一方面，我们也要意识到，中国式教育现代化是处于世界坐标之中的积极参与国际教育治理的教育现代化，我们绝不应该故步自封、僵化保守，而是要坚持对外开放。中国式教育现代化有责任、有使命为国际教育治理体系和治理能力的提升做出自己的贡献。中国式教育现代化要以构建人类命运共同体为根本遵循，以文明交流互鉴为基本范式，构建共商共建共享的全球教育治理模式。党的二十大报告首次将教育、科技、人才一体安排部署，赋予教育新的战略地位、历史使命和发展格局，明确提出到 2035 年建成教育强国、科技强国和人才强国的目标要求。推进中国式教育现代化就是为了建设教育强国，而教育强国建设要求范围更广、路径更宽、基础更实、影响更深、竞争力更强的教育对外开放。② 加强教育对外开放是教育现代化建设的内在要求，提升我国教育对外开放的实力和竞争力是教育现代化建设的关键。中国式教育现代化要扩大教育对外开放力度，加快构建教育国际国内双循环发展的新格局。

总之，我们既要自力更生，自信自强，也要不断扩大高水平对外开放与交流，运用好国内国际两种资源，进一步拓展中国式教育现代化的发展空间。

---

① 习近平：《出席第三届核安全峰会并访问欧洲四国和联合国教科文组织总部、欧盟总部时的演讲》，人民出版社 2014 年版，第 45 页。

② 徐小洲、阚阅、冯建超：《面向 2035：我国教育对外开放的战略构想》，《中国高教研究》2020 年第 2 期。

党的自我革命战略意蕴的三个维度[*]

徐东源　王立新^①

摘　要　自我革命是党跳出治乱兴衰历史周期率的第二个答案。找到这一答案是我们党对马克思主义做出的一个原创性、历史性贡献，标志着我们党对自我革命的认识达到了新高度。新时代新征程，我们要把党的自我革命作为一个永恒课题，从理论价值、实践路径、能力要求等维度深刻把握自我革命的战略意蕴，保持以自我革命解决大党独有难题的清醒和坚定，不断提高坚持党的自我革命，确保党不变质、不变色、不变味的思想自觉、政治自觉和行动自觉。要始终坚持党对自我革命的领导，切实强化思想武装，加强自我革命的组织保障和制度保障，坚持以自我革命推进作风建设，打赢反腐败斗争攻坚战持久战，不断提高自我革命的能力，从而更好地发挥自我革命在治党治国中的作用，确保党跳出治乱兴衰的历史周期率。

关键词　历史周期率；自我革命；从严治党

---

* 原载《南京社会科学》2023 年第 6 期。

① 徐东源，南京师范大学公共管理学院博士生；王立新，南京特殊教育师范学院院长，南京师范大学公共管理学院教授、博导。

习近平总书记在党的二十大报告中指出："经过不懈努力，党找到了自我革命这一跳出治乱兴衰历史周期率的第二个答案，自我净化、自我完善、自我革新、自我提高能力显著增强，管党治党宽松软状况得到根本扭转，风清气正的党内政治生态不断形成和发展，确保党永远不变质、不变色、不变味。"①

中国共产党经过长期不懈的努力和探索最终找到了自我革命这一跳出治乱兴衰历史周期率的第二个答案。在这一长期探索中，中国共产党对自我革命的认识有一个逐步深化、不断提高、螺旋式上升的过程。自我革命的内涵和其所担负的历史使命也在不断丰富和发展。新时代新征程，我们必须进一步加深对党的自我革命这一马克思主义中国化时代化最新理论成果战略意蕴的认识和把握，从而更好地不忘初心、牢记使命，以党的自我革命引领社会革命，实现中华民族伟大复兴的历史使命。

一　从理论价值维度深刻把握
自我革命的战略意蕴

自我革命是中国共产党对马克思主义做出的一个原创性、历史性的贡献。自我革命赋予了党的先进性和纯洁性以新的时代内涵，实现了"两个答案"在理论和实践上的贯通一致，为党始终保持马克思主义政党政治本色，跳出治乱兴衰历史周期率指明了方向。

---

① 习近平：《高举中国特色社会主义伟大旗帜　为全面建设社会主义现代化国家而团结奋斗——在中国共产党第二十次全国代表大会上的报告》，人民出版社 2022 年版，第 14 页。

（一）马克思主义党建理论的新贡献

党的十八大召开前，虽然我们党始终坚持不懈探索和推进党的自我革命，但是尚未明确提出自我革命这一概念。党的十八大之后，习近平总书记在 2015 年 5 月召开的中央全面深化改革领导小组第十二次会议上的讲话中，首次提出要"勇于自我革命"的命题。习近平总书记要求，领导干部"要自觉服从改革大局、服务改革大局，勇于自我革命，敢于直面问题，共同把全面深化改革这篇大文章做好"。① 这里的"自我革命"主要针对的是深化改革等问题。2016 年 7 月，在庆祝中国共产党成立 95 周年大会上，习近平总书记要求全党"以自我革命的政治勇气，着力解决党自身存在的突出问题"②，正式将自我革命运用到党的建设领域。2018 年 1 月，习近平总书记在十九届中央纪委二次全会上的讲话中指出："全面从严治党是一次自我革命，必须探索出一条党长期执政条件下实现自我净化的有效路径，这关乎党和国家事业成败，关乎我们能不能跳出历史周期率。"③ 这是习近平总书记首次把自我革命与跳出历史周期率联系在一起所做出的阐述和强调。2019 年 6 月，习近平总书记在十九届中央政治局第十五次集体学习的讲话中，从理论上概括了自我革命的基本内涵：坚定理想信念、加强党性修养、从严管党治党、接受人民监督，不断纯洁党的思想、组织、作风等。2021 年 11 月，习近平总书记在党的十九届六中全会上明确提出自我革命是跳出治乱兴衰历史周期率的第二个答案，在党的历史上首次提出了跳出历史周期率"两个答案"的重要思想。2022 年 1 月，习近平总书记在十九届中央纪委

---

① 《习近平谈治国理政》第 2 卷，外文出版社 2017 年版，第 104 页。
② 《习近平谈治国理政》第 2 卷，外文出版社 2017 年版，第 43 页。
③ 《十九大以来重要文献选编》（上），中央文献出版社 2019 年版，第 191 页。

六次全会正式提出了关于党的自我革命的战略思想。2022 年 10 月，习近平总书记在党的二十大报告中再次强调了自我革命这一跳出治乱兴衰历史周期率的第二个答案在推进全面从严治党战略中的重要地位和重大作用，为全党深刻领会党找到第二个答案的重大战略意义、深入推进新形势下党的自我革命提供了战略遵循。

创立党的自我革命理论并在实践中推进党的自我革命实现了"两个答案"的贯通一致。中国共产党自诞生以来，始终坚持不懈探索和推进党的自我革命。毛泽东同志在延安窑洞提出了让人民监督政府这个跳出历史周期率的第一个答案。第一个答案是毛泽东在探索党如何跳出治乱兴衰历史周期率过程中，坚持马克思主义唯物史观，经过长期思考与实践提出的重大理论。第一个答案的提出集中代表了以毛泽东同志为主要代表的中国共产党人强化民主监督、推进党的建设的思想。新时代，以习近平同志为核心的党中央在推进全面从严治党的实践中，提出了自我革命这个跳出历史周期率的第二个答案，使百余年来党对自我革命的长期探索，既保持了阶段性的历史特征又凸显了连续性的时代特征。正如习近平总书记所指出的："我们党历史这么长、规模这么大、执政这么久，如何跳出治乱兴衰的历史周期率？毛泽东同志在延安的窑洞里给出了第一个答案，这就是'只有让人民来监督政府，政府才不敢松懈'。经过百年奋斗特别是党的十八大以来新的实践，我们党又给出了第二个答案，这就是自我革命。"① 从"两个答案"的着力点看，人民群众的监督强调的是"外力"作用，"自我革命"强调的是"内力"作用。我们党要跳出历史周期率仅有外力是不够的。"外因"要通过"内因"才能起作用。同样，只有内力缺少外力，党就无法听到人民的意见和建议，就

---

① 《习近平谈治国理政》第 4 卷，外文出版社 2022 年版，第 541 页。

会自我膨胀，导致"政怠宦成""人亡政息"。第二个答案的提出使得"外力"和"内力"两个力量有机结合起来，形成了强大的推进党的自身建设的内在合力。正如习近平总书记所指出的："一百年来，党外靠发展人民民主、接受人民监督，内靠全面从严治党、推进自我革命，勇于坚持真理、修正错误，勇于刀刃向内、刮骨疗毒，保证了党长盛不衰、不断发展壮大。"①

（二）新时代新征程解决大党独有难题的理论指南

习近平总书记在党的二十大报告中向全党提出了"必须时刻保持解决大党独有难题的清醒和坚定"的要求。这是着眼于我们党所处的历史方位、面临的新形势新任务做出的论断，彰显着中国共产党居安思危的政治清醒、高瞻远瞩的战略眼界和攻坚克难的战略自信。那么，作为世界上最大的马克思主义执政党，我们党面临着哪些独有难题呢？习近平总书记在二十届中央纪委二次全会的讲话中指出："如何始终不忘初心、牢记使命，如何始终统一思想、统一意志、统一行动，如何始终具备强大的执政能力和领导水平，如何始终保持干事创业精神状态，如何始终能够及时发现和解决自身存在的问题，如何始终保持风清气正的政治生态，都是我们这个大党必须解决的独有难题。"②

习近平总书记以六个"如何始终"对大党独有难题进行了深入分析、系统阐述，深刻回答了如何建设长期执政的马克思主义政党的重大时代课题，为新时代新征程解决好大党独有难题提供了理论指南。通过对这六个大党独有难题的分析，我们可以清楚地看到，每一个独有难题都与党的自我革命息息相关，都必须始

---

① 习近平：《全面从严治党探索出依靠党的自我革命跳出历史周期率的成功路径》，《求是》2023 年第 3 期。

② 《习近平在二十届中央纪委二次全会上发表重要讲话强调　一刻不停推进全面从严治党　保障党的二十大决策部署贯彻落实》，《人民日报》2023 年 1 月 10 日第 1 版。

终坚持以问题为导向，紧密联系全面从严治党的实际，在深入推进党的自我革命中切实加以解决。一是解决如何始终不忘初心、牢记使命的问题。我们必须牢固确立"江山就是人民、人民就是江山，打江山、守江山，守的是人民的心"①的执政理念，始终坚持以党的自我革命锻造党，使党始终坚持为人民谋幸福，为中华民族谋复兴。二是解决如何始终统一思想、统一意志、统一行动的问题。我们必须坚持不懈用习近平新时代中国特色社会主义思想凝心铸魂，深入推进思想上的自我革命，确保全党在思想上政治上行动上同党中央保持高度一致。三是解决如何始终具备强大的执政能力和领导水平的问题。我们必须始终保持自我革命的精神，着力提高党科学执政、民主执政、依法执政的水平，建设一支政治过硬、思想过硬、能力过硬、廉洁自律的高素质干部队伍。四是解决如何始终保持干事创业精神状态的问题。我们必须把深入推进党的自我革命与鼓励担当作为统一起来，坚持严管和厚爱结合、激励和约束并重，营造有利于干事创业的良好环境。五是解决如何始终能够及时发现和解决自身存在的问题。我们必须针对党的建设面临的突出问题，把纠治形式主义、官僚主义摆在更加突出位置，驰而不息推进党的自我革命，着力提高党员干部，尤其是各级领导干部发现问题和解决问题的能力。六是解决如何始终保持风清气正的政治生态问题。我们必须在深入推进党的自我革命中，不断清除党内腐败分子，着力建设风清气正、政通人和、任人唯贤的政治环境。

习近平总书记在二十届中央纪委二次全会的讲话中指出："治国必先治党，党兴才能国强。"②党的十八大以来，以习近平

---

① 《习近平谈治国理政》第 4 卷，外文出版社 2022 年版，第 9 页。
② 《习近平在二十届中央纪委二次全会上发表重要讲话强调　一刻不停推进全面从严治党　保障党的二十大决策部署贯彻落实》，《人民日报》2023 年 1 月 10 日第 1 版。

同志为核心的党中央抓住管党治党这个治国理政的关键，以"十年磨一剑"的政治定力坚持党的自我革命，打出一套自我革命"组合拳"，清除了一大批党内腐败分子，管党治党宽松软状况得到根本扭转，全面从严治党管党取得了巨大成效。同时，我们应该清醒看到"四个考验""四种危险"将长期存在，反腐败斗争形势依然严峻复杂。解决大党独有难题绝不是一朝一夕、轻轻松松就能够办到的，而是"实现新时代新征程党的使命任务必须迈过的一道坎，是全面从严治党适应新形势新要求必须啃下的硬骨头"。① 这就要求我们抓住"必须时刻保持解决大党独有难题的清醒和坚定"的精神实质，紧盯解决大党独有难题的主要矛盾、关键环节，大兴调查研究之风，加大排查问题的力度，以"刮骨治毒""壮士断腕"的勇气，以"刀刃向内""重典治乱"的决心，逐一解决好我们党面临的"大党独有难题"。

（三）确保党不变质、不变色、不变味的思想武器

习近平总书记在党的十九届六中全会第二次全体会议上的讲话中指出："坚持自我革命，确保党不变质、不变色、不变味。"② 百余年来党的建设的经验告诉我们，只有确保党不变质、不变色、不变味才能实现党跳出治乱兴衰历史周期率的历史使命，而要确保党不变质、不变色、不变味就必须牢固确立自我革命意识，不断探索和总结自我革命的新经验、新思想，深入持久地坚持以党的自我革命推进党的建设。这是确保党不变质、不变色、不变味的根本所在、关键所在。

第一，只有坚持自我革命才能始终保持马克思主义政党的本

---

① 《习近平在二十届中央纪委二次全会上发表重要讲话强调　一刻不停推进全面从严治党　保障党的二十大决策部署贯彻落实》，《人民日报》2023 年 1 月 10 日第 1 版。
② 《习近平谈治国理政》第 4 卷，外文出版社 2022 年版，第 541 页。

质属性，确保党"不变质"。党的性质是政党建设的核心问题，决定了政党组织及其全部活动的发展方向。马克思主义政党是为绝大多数人谋利益的政党，先进性和纯洁性是马克思主义政党的本质属性。中国共产党是中国人民和中华民族的先锋队。马克思主义政党的本质属性决定了党必须始终保持先进性和纯洁性。纵观马克思主义政党发展史，党的先进性和纯洁性既不是一劳永逸的，也不是一成不变的。这就要求我们必须始终把党的自我革命贯穿于党的建设全过程，始终保持党在思想、纲领、路线和选人用人等方面的先进性和纯洁性，着力增强党的创造力、凝聚力和战斗力，从而确保党"不变质"，使党始终成为中国特色社会主义事业的坚强领导核心。

第二，只有坚持自我革命才能始终坚守以人民为中心的政治本色，确保党"不变色"。习近平总书记指出："中国共产党的根基在人民、血脉在人民、力量在人民。"[①] 历史告诉我们，一个政党能否得到人民群众的真心拥护是这个政党能否跳出历史周期率的决定性因素，而坚持自我革命是赓续红色血脉，使党始终保持与人民群众同呼吸、共命运的根本举措。中国共产党始终坚持不懈推进自我革命就是为了防止党背离马克思主义政党的初心和使命，脱离人民群众。因此，共产党人必须始终坚持把一切为了人民作为自我革命的根本目的，坚持以自我革命精神检视自己，着力解决好人民群众的急难愁盼问题，不断增强人民群众的获得感、幸福感和安全感，使党始终得到人民的支持和拥护，从而永远立于不败之地。

第三，只有坚持自我革命才能始终坚守共产党人的理想信念，确保党"不变味"。毛泽东同志《在延安文艺座谈会上的讲

---

① 习近平：《在庆祝中国共产党成立 100 周年大会上的讲话》，人民出版社 2021 年版，第 11 页。

话》中指出："有些人就是一辈子也没有共产党员的气味，只有离开党完事。"① 共产党人的味道，是党员身上"内化于心"与"外化于行"所体现出的对马克思主义的坚定信仰。这是共产党人安身立命的根本。正如习近平总书记所说："理想信念就是共产党人精神上的'钙'，没有理想信念，理想信念不坚定，精神上就会'缺钙'，就会得'软骨病'。"② 思想是行动的先导。一个人的蜕化变质，往往是从思想上滑坡、思想上"变味"开始的。因此，坚定对马克思主义的信仰是自我革命的永恒主题，也是我们党坚持自我革命的内在动力。作为一名共产党人，必须铸牢马克思主义信仰的思想根基，坚持不懈用党的创新理论武装头脑，积极开展思想上的自我革命，在改造客观世界的同时下功夫改造主观世界，不断涤荡思想上的尘埃污垢，始终保持思想上自我革命不松懈，保持共产党人的浩然正气，从而确保党永不"变味"。

二　从实践路径维度深刻把握自我革命的战略意蕴

　　习近平总书记在十九届中央纪委六次全会的讲话中科学总结了党百余年来对自我革命探索的基本经验，提出了"六个必须坚持""九个坚持"的实践要求，为新时代新征程深入推进党的自我革命提供了理论依据。实践中，我们要紧紧围绕习近平总书记关于党的自我革命的战略思想，从政治建设、思想建设、组织建设、纪律建设、作风建设、制度建设和惩治腐败等方面，准确把

---

① 《毛泽东选集》第 3 卷，人民出版社 1991 年版，第 875 页。
② 习近平：《坚定理想信念，补足精神之钙》，《求是》2021 年第 21 期。

握深入推进党的自我革命的实践要求，从而更好地发挥自我革命在治党治国中的作用。

（一）强化党的领导是坚守自我革命政治方向的根本保证

习近平总书记指出："坚持党的政治领导，最重要的是坚持党中央权威和集中统一领导，这要作为党的政治建设的首要任务。"① 党的建设的历史经验告诉我们，只有坚决维护党中央权威和集中统一领导，才能确保党的政治路线的顺利贯彻，才能确保党的事业始终沿着正确的道路前进。实践中，我们要深刻把握"两个确立"的决定性意义，增强"四个意识"、坚定"四个自信"、做到"两个维护"，把维护党中央权威和集中统一领导体现在坚决贯彻落实习近平总书记重要批示和党中央决策部署上来，体现在勇于担当和负责，求真务实，干事创业，推动本地区、本部门工作发展上来，体现在坚决同一切弱化、虚化党的领导的斗争上来，始终不渝坚持党对自我革命的领导，牢牢掌握自我革命的主动权，通过坚持不懈自我革命全面推进党的领导，防止祸起萧墙。

习近平总书记指出："政治方向是党生存发展第一位的问题，事关党的前途命运和事业兴衰成败。"② 坚持党的自我革命必须确保全党在政治立场、政治方向、政治原则、政治道路上同党中央保持高度一致。党的各级组织必须担负起政治建设的主体责任，以党章为根本遵循，聚焦党的政治属性、政治使命、政治目标持续发力，把党的政治建设贯穿于深入推进党的自我革命的全过程，着力提高广大党员干部的政治判断力、政治领悟力、政治执行力，坚决纠正和查处违反政治纪律和政治规矩的"七个有之"，

---

① 《习近平谈治国理政》第 3 卷，外文出版社 2020 年版，第 94 页。
② 《习近平谈治国理政》第 3 卷，外文出版社 2020 年版，第 93 页。

坚决防止和反对个人主义、分散主义、自由主义、本位主义、好人主义，坚决防止和反对宗派主义、圈子文化，不断清除隐藏在党内的"两面派""两面人"，切实增强党的团结统一，确保党的自我革命始终沿着正确的政治方向推进。

（二）坚持理论武装是淬炼自我革命锐利思想武器的必然要求

习近平总书记指出："必须坚持把思想建设作为党的基础性建设，淬炼自我革命锐利思想武器。"[①] 党的思想建设是党的建设中的"灵魂"工程。中国共产党之所以能够在百余年的奋斗中始终沿着正确的方向前进，不断发展壮大，关键就是党始终坚持不懈地加强党的思想建设，推动全党始终保持统一的思想、坚定的意志、强大的战斗力。正如习近平总书记所指出的："中国共产党之所以能够历经艰难困苦而不断发展壮大，很重要的一个原因就是我们党始终重视思想建党、理论强党，使全党始终保持统一的思想、坚定的意志、协调的行动、强大的战斗力。"[②] 新时代新征程深入推进党的自我革命必须切实解决好世界观、人生观、价值观这个"总开关"问题，提升广大党员认识问题、分析问题、解决问题的能力和水平，不断增强党员干部推进党的自我革命的思想自觉、政治自觉和行动自觉，为深入推进党的自我革命打下坚实的思想基础。

淬炼自我革命锐利思想武器必须着力推进马克思主义中国化时代化。我们党是坚定的马克思主义政党。从诞生之日起，党就把马克思主义鲜明地写在了自己的旗帜上，坚持把马克思主义同中国具体实际相结合，同中华优秀传统文化相结合，不断推进马

---

① 《习近平谈治国理政》第 4 卷，外文出版社 2022 年版，第 550 页。
② 《习近平谈治国理政》第 3 卷，外文出版社 2020 年版，第 74 页。

克思主义中国化时代化。作为一名共产党人，必须永远追随马克思主义真理的脚步，把思想建设作为自我革命的终身课题永不放松，在改造客观世界的同时下功夫改造主观世界，铸牢马克思主义信仰的思想根基。坚持不懈用习近平新时代中国特色社会主义思想凝心铸魂，深刻领悟习近平新时代中国特色社会主义思想的核心要义、精神实质、丰富内涵和实践要求。坚持好、运用好贯穿其中的立场观点方法，自觉做共产主义远大理想和中国特色社会主义共同理想的坚定信仰者和忠实实践者。

（三）增强党组织政治功能和组织力凝聚力是为自我革命提供组织保障的关键所在

习近平总书记在党的二十大报告中指出："严密的组织体系是党的优势所在、力量所在。各级党组织要履行党章赋予的各项职责，把党的路线方针政策和党中央决策部署贯彻落实好，把各领域广大群众组织凝聚好。"① 我们党是依靠革命理想和铁的纪律组织起来的马克思主义政党。党从成立之日起就高度重视党的组织建设，发挥党组织的政治功能，形成了包括党的中央组织、地方组织、基层组织在内的严密组织体系，形成了其他政党都不具有的强大政治功能和组织优势。党的十八大以来，以习近平同志为核心的党中央坚持全面从严治党，完善坚定维护党中央权威和集中统一领导的各项制度，以提升党组织的政治功能和组织力凝聚为重点，坚持大抓基层的鲜明导向，切实强化党的组织建设，使党在革命性锻造中更加坚强有力，确保把党中央决策部署贯彻落实好，把基层党组织建设成为有效实现党的领导的坚强战斗堡垒。

---

① 习近平：《高举中国特色社会主义伟大旗帜　为全面建设社会主义现代化国家而团结奋斗——在中国共产党第二十次全国代表大会上的报告》，人民出版社 2022 年版，第 67 页。

增强党组织政治功能和组织力凝聚力必须着力增强自我革命的组织保障，大力加强机关、事业单位和国有企业的党建工作，着力打造让党中央放心、让人民群众满意的模范机关。同时，要积极适应农村社会经济结构和群众生活方式、就业方式等出现的多样化趋势，坚持以自我革命的精神整顿软弱涣散的基层党组织，不断推进各领域党的组织和党的工作全覆盖。党的干部是党的事业的骨干力量，建设一支政治过硬、适应新时代要求、具备领导现代化建设能力的干部队伍是为自我革命提供组织保障的迫切任务。习近平总书记指出："要把树立正确选人用人导向作为重要着力点，突出政治标准。"① 实践中，必须坚决贯彻新时期好干部的标准，破除选人用人上的弊端，坚决防止"劣币驱逐良币"，着力培养选拔"信念坚定、为民服务、敢于担当、清正廉洁"的好干部，把带头担当作为，关键时刻站得出来、危难时刻豁得出去的好干部选拔出来，培养造就千百万坚定的社会主义事业接班人，聚天下英才而用之，形成强大的、不可战胜的党的人才优势，为党的自我革命提供可靠的组织保障。

（四）抓住"关键少数"以上率下是坚持以自我革命推进作风建设的有效途径

党的作风关系到人心向背，关系到党的生死存亡。正如习近平总书记所指出的："执政党如果不注重作风建设，听任不正之风侵蚀党的肌体，就有失去民心、丧失政权的危险。"② 党的十八大以来，以习近平同志为核心的党中央率先垂范，颁布并带头执行中央八项规定，开展了群众路线教育实践主题活动，对形式主义、

---

① 《习近平谈治国理政》第 3 卷，外文出版社 2020 年版，第 96 页。
② 《习近平关于党风廉政建设和反腐败斗争论述摘编》，中央文献出版社、中国方正出版社 2015 年版，第 8 页。

官僚主义、享乐主义和奢靡之风这"四风"进行了坚决整治，党的优良传统和作风得到弘扬，党员干部的形象得到极大提升。但是，面对取得的成绩，我们应该清醒地认识到，形式主义、官僚主义现象仍较为突出，党的作风建设永远在路上。

习近平总书记指出："坚持发扬钉钉子精神加强作风建设，以优良党风带动社风民风向上向善。"① 党员，尤其是党的各级领导干部，在各行业起着领导和表率作用。党员领导干部作风优良，严于律己，就能够以自己的良好作风感召和激励群众干事创业，带动社会风气健康发展。坚持以自我革命推进作风建设，必须抓住党员干部，尤其是党员领导干部这个"关键少数"以上率下，坚持党性党风党纪一起抓，坚持以严的基调持续强化正风肃纪，防止"四风"问题反弹复燃。党员干部要把为人民谋利益、为中华民族谋复兴作为自己人生价值的最高追求，倾听群众意见，转变作风，推动作风建设常态化长效化，以优良的党风赢得人民群众的信任和拥护。

（五）强化制度保障是推进自我革命的长远之策、根本之策

制度建设具有根本性、全局性、稳定性和长期性。推进自我革命必须依靠完善健全的制度来保障。党的十八大以来，以习近平同志为核心的党中央把制度建设贯穿到新时代党的建设的各个方面，全方位、立体式推进党内法规制度建设，形成了以党章为根本，以民主集中制为核心，以党的组织法规、党的领导法规、党的自身建设法规、党的监督保障法规为框架的制度规范体系，走出了一条依靠制度优势、法治优势推进党的自我革命、严惩腐败的成功之路。正如习近平总书记所指出的：

---

① 习近平：《全面从严治党探索出依靠党的自我革命跳出历史周期率的成功路径》，《求是》2023 年第 3 期。

"有些人迷恋西方多党轮替、三权鼎立那一套，认为一党执政无法解决自身存在的问题。实际上，纵观各国政党，真正像中国共产党这样能够始终如一正视自身问题，能够形成一整套自我约束的制度规范体系，能够严肃惩处党内一大批腐化变质分子的，可以说少之又少。"①

在新时代新征程上，完善党的自我革命制度规范体系，必须坚持以习近平新时代中国特色社会主义思想为指导，全面贯彻落实党的二十大战略部署，健全不忘初心、牢记使命的制度，筑牢推进自我革命的思想根基。加强对领导干部的监督既是监督工作的重点，也是监督工作的难点。实践中，要坚持以党内监督为主导，加强对各类监督主体的领导和统筹，健全党统一领导、全面覆盖、权威高效的监督体系，完善权力监督制约机制。各级党组织和领导干部要切实扛起责任，全面贯彻中央巡视工作方针，发挥政治巡视利剑作用，把自我革命的各项要求转变为具体的规范性规章制度，最大限度地发挥制度在推进自我革命过程中的权威效能，将自我革命制度体系的优势转化为全面从严管党治党的治理效能，为党在新时代更好推进自我革命提供制度保障。

（六）坚决打赢反腐败斗争攻坚战持久战是自我革命的重大战略任务

习近平总书记在党的二十大报告中指出："腐败是危害党的生命力和战斗力的最大毒瘤，反腐败是最彻底的自我革命。"② 我们党作为世界上最大的马克思主义执政党，要始终赢得人民拥

---

① 《习近平关于坚持和完善党和国家监督体系论述摘编》，中央文献出版社、中国方正出版社2022年版，第12页。

② 习近平：《高举中国特色社会主义伟大旗帜　为全面建设社会主义现代化国家而团结奋斗——在中国共产党第二十次全国代表大会上的报告》，人民出版社2022年版，第69页。

护、巩固长期执政地位必须把反腐败斗争摆在更加突出的位置，坚决打赢反腐败斗争攻坚战持久战。党的十八大以来，以习近平同志为核心的党中央把全面从严治党纳入"四个全面"战略布局，坚定不移正风肃纪反腐，党在革命性锻造中更加坚强，赢得了人民群众对党的信心、信任和信赖。但是，我们也应该清醒地认识到，"反腐败斗争形势依然严峻复杂，遏制增量、清除存量的任务依然艰巨"①，腐败和反腐败较量还在激烈进行，并呈现出"四个任重道远"这一新的阶段性特征。只有准确把握反腐败斗争的变化趋势，才能有效应对腐败手段隐形变异、翻新升级的新形势，清除一切侵蚀党的健康肌体的病原体。

习近平总书记在二十届中央纪委二次全会上的讲话中强调："必须深化标本兼治、系统治理，一体推进不敢腐、不能腐、不想腐。"② 对此，我们必须提高政治站位，准确把握自我革命在推进全面从严治党战略中所担负的重大使命，把不敢腐、不能腐、不想腐有效贯通起来，三者同时发力、同向发力、综合发力，坚决查处政治问题和经济问题交织的腐败，防止领导干部成为利益集团和权势团体的代言人、代理人。同时，各级党组织和纪检部门要加大对群众身边的不正之风和腐败问题的惩治力度，维护人民群众的切身利益，让群众更多感受到正风肃纪反腐的实际成效，不断推动党的自我革命向纵深发展，坚决打赢反腐败斗争攻坚战持久战，确保党能够带领全国各族人民跳出治乱兴衰的历史周期率。

---

① 《习近平在二十届中央纪委二次全会上发表重要讲话强调　一刻不停推进全面从严治党　保障党的二十大决策部署贯彻落实》，《人民日报》2023 年 1 月 10 日第 1 版。
② 《习近平在二十届中央纪委二次全会上发表重要讲话强调　一刻不停推进全面从严治党　保障党的二十大决策部署贯彻落实》，《人民日报》2023 年 1 月 10 日第 1 版。

三　从能力要求维度深刻把握
自我革命的战略意蕴

随着全面从严治党的不断推进，党的自我革命面临的问题和挑战愈加严峻和复杂。提高全党自我革命的能力也就更加迫切。广大党员干部，尤其是党的各级领导干部要把党的自我革命作为一个永恒的课题，不断探索其内在规律，提高能力水平，从而更好地适应自我革命的新形势和新任务，不断开辟自我革命的新境界。

（一）持续提高"四个自我"的能力和水平

习近平总书记在党的二十大报告中指出："我们要落实新时代党的建设总要求，健全全面从严治党体系，全面推进党的自我净化、自我完善、自我革新、自我提高，使我们党坚守初心使命，始终成为中国特色社会主义事业的坚强领导核心。"[①] 党的自我革命能力从广义上讲，包括政治能力、思想引领能力、组织动员能力、宣传教育能力、执行落实能力等方面。从党的自身建设方面来讲，自我革命的能力主要集中在以下四个方面，即自我净化、自我完善、自我革新、自我提高的能力。这"四个自我"构成了逻辑严密、步骤清晰、目标明确的自我革命能力。新时代新征程，深入推进党的自我革命必须坚持以提升"四个自我"能力为基本要求，全面增强自我革命的本领和水平。

自我净化能力是深入推进党的自我革命的基本功。党员是党

---

① 习近平：《高举中国特色社会主义伟大旗帜　为全面建设社会主义现代化国家而团结奋斗——在中国共产党第二十次全国代表大会上的报告》，人民出版社 2022 年版，第 67 页。

的细胞。我们党就是由一个个有血有肉的党员组成的整体。党员自我净化的能力强则全党自我净化的能力就强。党员自我净化的主要任务是坚持理论学习，提高党性觉悟，及时发现自己的"短板"和问题，坚持以自我革命剔除思想上的杂质和灰尘，始终保持对"围猎"腐蚀的高度警惕，始终保持拒腐防变定力，从而不为私心所扰、不为名利所累、不为物欲所惑，做一名真正的共产党员，永远跟党走。

自我完善能力是深入推进党的自我革命的核心能力。党的自我革命继承和弘扬了中华优秀传统文化中"修身与内省"的思想精华，体现了中华优秀传统文化"为政之道，修身为本"的文化智慧。"修身与内省"的过程就是自我反思、自我解剖、自我完善的过程。在"修身与内省"的过程中，党员要坚定信仰，站稳政治立场，洗涤心灵，提升道德修养，培养"富贵不能淫、贫贱不能移、威武不能屈"的浩然正气，从而达到闻过则喜、知错即改、臻于完善的境界，实现自我完善的目的。

自我革新能力是深入推进党的自我革命的必备能力。自我革新就是在提高自我净化、自我完善能力的基础上，党组织与党员努力革除旧弊，吐故纳新，焕发新的生机和活力的能力。各级党组织和广大党员要立足新时代，从战略全局的高度对自我革新进行精心设计，明确自我革新的目标和任务，不断总结自我革新的经验和新做法，在革故鼎新和守正创新中充分调动党员的积极性，把自我革新当成提高自己、锻炼自己的强大动力，坚持批评和自我批评，敢于刀刃向内，自觉克服缺点错误，祛病疗伤，强身健体，实现自己的全面跨越，不断推进自我革新能力的提升。

自我提高能力是深入推进党的自我革命能力建设中最重要的能力。自我革命搞得好不好，最终都要落实在自我提高能力上，落实在坚持真理、修正错误的能力建设上。进入新时代以来，我们面临的风险和考验只会越来越复杂，甚至会遇到难以想象的惊涛骇浪。每一名党员都要坚持理论学习，向实践学习、向人民群众学习，加强党性锻炼和政治历练，坚守政治纪律和政治规矩，提高专业素养和能力，完善知识结构，努力增强自己直面问题的能力、化解矛盾的能力和驾驭复杂局面的能力，这样才能担负起新时代新征程深入推进党的自我革命的重大使命。

（二）着力提高敢于斗争、善于斗争的能力和水平

习近平总书记在党的二十大报告中指出："全党同志务必不忘初心、牢记使命，务必谦虚谨慎、艰苦奋斗，务必敢于斗争、善于斗争，坚定历史自信，增强历史主动，谱写新时代中国特色社会主义更加绚丽的华章。"[①] 习近平总书记向全党提出的"三个务必"是对毛泽东同志提出的"两个务必"思想的继承和发展，具有重大的现实指导意义。其中"务必敢于斗争、善于斗争"既是对我们这个百年大党求得生存、获得发展、赢得胜利的历史经验总结，也是对党在新时代新征程上掌握历史主动、发扬斗争精神、深入推进党的自我革命的基本要求。敢于斗争、善于斗争是党不可战胜的强大精神力量。党自诞生以来就始终强调敢于斗争、敢于胜利。正如习近平总书记所指出的："我们党诞生于国家内忧外患、民族危难之时，一出生就铭刻着斗争的烙印，一路走来就是在斗争中求得生存、获得发展、赢得胜利。"[②]

党的十八大以来，以习近平同志为核心的党中央以壮士断腕的勇气、猛药去疴的决心同一切损害党的肌体健康的病毒作斗争，着力解决党内存在的各种突出问题，不断增强党敢于斗争、善于斗争的能力，不断增强党拒腐防变的能力。新时代新征程

---

① 习近平：《高举中国特色社会主义伟大旗帜　为全面建设社会主义现代化国家而团结奋斗——在中国共产党第二十次全国代表大会上的报告》，人民出版社 2022 年版，第 1—2 页。

② 《习近平谈治国理政》第 3 卷，外文出版社 2020 年版，第 542 页。

上，错综复杂的风险和挑战、矛盾和问题对进行伟大斗争提出了更高要求。正如党的二十大报告所指出的："我国改革发展稳定面临不少深层次矛盾躲不开、绕不过，党的建设特别是党风廉政建设和反腐败斗争面临不少顽固性、多发性问题，来自外部的打压遏制随时可能升级。"① 这就要求我们必须从国内国际两个大局发展大势出发，深刻把握新的历史条件下开展斗争的新特点，"在斗争中学会斗争，在斗争中成长提高，努力成为敢于斗争、善于斗争的勇士"②，以积极主动的历史自觉夺取斗争的胜利，在全面从严治党的实践中不断推进党的自我革命。

敢于斗争、善于斗争必须充分运用好自我革命这个"法宝"。广大党员要弘扬大无畏的自我革命精神，勇敢地运用自我革命这个锐利的武器，坚定地同党内各种不正之风和各种错误思想作斗争，同形式主义和官僚主义作斗争。同时，要从思想上固本培元，涵养正气，推动形成积极健康、生动活泼、昂扬向上的政治文化，营造风清气正、政通人和、团结一致、同心同德的党内政治生态。各级党组织要准确把握新时代发扬斗争精神的现实要求，教育和引导广大党员在大是大非面前，不做"犹豫者、观望者、懈怠者、软弱者"，坚持在斗争中谋求发展，坚持以斗争来防范政治风险，不断清除体制和机制中的各种弊端，确保我们党在长期执政条件下始终保持旺盛的战斗力、凝聚力和创造力。

（三）切实提高把党的自我革命进行到底的能力和水平

习近平总书记在二十届中央纪委二次全会上的讲话中指出，要"把全面从严治党作为党的长期战略、永恒课题，始终坚持问

---

① 习近平：《高举中国特色社会主义伟大旗帜　为全面建设社会主义现代化国家而团结奋斗——在中国共产党第二十次全国代表大会上的报告》，人民出版社 2022 年版，第 26 页。

② 《习近平谈治国理政》第 4 卷，外文出版社 2022 年版，第 80 页。

题导向，保持战略定力，发扬彻底的自我革命精神，永远吹冲锋号，把严的基调、严的措施、严的氛围长期坚持下去，把党的伟大自我革命进行到底"①。习近平总书记的这一重要论述，彰显了我们党持之以恒坚持自我革命、坚决铲除腐败的坚定决心，深刻揭示了我们党历经百年依然风华正茂的奥秘所在，为把党锻造得更加坚强提供了根本遵循。我们党自诞生以来，能够从仅有50多名党员发展成为目前世界上唯一建党时间超过100年、拥有9800多万党员、连续执政超过70年、领导着14亿多人口大国的世界第一大执政党，一个根本原因就是党始终坚持从严治党，始终坚持不懈地清除党内腐败分子，永不停歇地进行激浊扬清的自我革命。

提高把党的自我革命进行到底的能力，必须深刻认识自我革命的长期性、艰巨性和复杂性。新时代，党领导人民进行伟大社会革命，涵盖领域的广泛性、触及利益格局调整的深刻性、涉及矛盾和问题的尖锐性、突破体制机制障碍的艰巨性、进行斗争形势的复杂性都是前所未有的。"把党的伟大自我革命进行到底"的重要论断，正是适应这一战略要求的前瞻之举。党的建设的实践一再告诫我们，推进党的自我革命，绝不是一时的要求，决不能有松劲歇脚、疲劳厌战的情绪，必须久久为功，持之以恒把党的自我革命进行到底，才能把党建设好。全党要始终保持思想从严、监督从严、执纪从严、治吏从严、作风从严和反腐从严的有机统一，紧紧依靠党的自我革命，深入持久地推进新时代党的建设新的伟大工程。

提高把党的自我革命进行到底的能力，必须始终坚持真理、修正错误。中国共产党之所以伟大、光荣、正确，并不在于不犯

---

① 《习近平在二十届中央纪委二次全会上发表重要讲话强调　一刻不停推进全面从严治党　保障党的二十大决策部署贯彻落实》，《人民日报》2023年1月10日第1版。

错误，而在于敢于直面问题，坚持真理、修正错误，继续前进。如果我们党丢失了坚持真理、修正错误的政治优势，自我革命就无从谈起，也就不可能把党的革命进行到底。因此，坚持真理、修正错误是提高把党的自我革命进行到底能力的本质要求。全党必须从确保党跳出历史周期率这一根本目标出发，始终坚持真理、修正错误，敢于揭短亮丑，绝不讳疾忌医，拓宽人民群众监督的渠道，发展全过程人民民主，听取人民群众的意见和建议，有什么问题就解决什么问题，什么问题突出就解决什么问题，不断推动自我革命取得成效，把党的自我革命进行到底。

"时代是出卷人，我们是答卷人，人民是阅卷人。"① 在这场历史性的"赶考"路上，全党只有不忘初心和使命，牢记党的自我革命永远在路上，努力向人民、向历史交出满意的答卷，才能得到人民群众的衷心拥护和支持，实现跳出治乱兴衰历史周期率的历史使命。正如习近平总书记所指出的："现在，世人惊叹中国理论创新、实践创新、制度创新步伐之快，惊叹中国社会面貌变化之大，要看到在这些发展变化背后是我们党永不自满、永不懈怠的品格，是我们党不断自我净化、自我完善、自我革新、自我提高的精神。"②

---

① 《习近平谈治国理政》第 3 卷，外文出版社 2020 年版，第 70 页。

② 《十八大以来重要文献选编》（下），中央文献出版社 2018 年版，第 590—591 页。